ISIS 정체와 야망
"뉴욕에서 보자!"

전호진 지음

글샘

머리말

　2014년 여름 이라크와 시리아에서 탄생한 소위 "이라크와 시리아의 이슬람 국가"(Islamic State of Iraq and Syria : ISIS) 등장은 이슬람 세계는 물론 전 세계를 충격으로 빠지게 하였습니다. 알 카에다의 두목 빈 라덴을 죽이면 세계는 테러 공포에서 해방될 것으로 기대하였는데, 더 무서운 테러 집단이 등장하였습니다. 아놀드 토인비는 미래에 세계적 종교(universal religion)가 등장하여 세계에 평화를 줄 것이라고 예언하였습니다. 그런데 그 예언은 빗나가고 있습니다.

　필자는 오랫동안 종교 원리주의와 과격 이슬람 운동을 연구하면서 ISIS 등장의 원인과 이들의 이념을 책으로 내기로 결심하였습니다. ISIS의 이념과 야망은 부제 "뉴욕에서 보자!"에 다 함축되어 있습니다. ISIS(이슬람 국가) 창설을 선포하고 스스로 칼리프라고 선언한 알 바그다디는 이슬람 대학교에서 이슬람학으로 박사 과정 공부를 하면서 미군을 대상으로 테러를 하다가 미군 형무소에 수감되었습니다. 출옥하면서 미군 병사에게 뉴욕에서 보자는 식의 인사를 하였습니다. 외신 기자가 보도한 영어로 정확하게는 "I will see you guys in New York"입니다. 알 바그다디가 존칭어로 말했다고는 생각되지 않습니다. 이 한 마디는 ISIS 야망을 잘 표현하고 있습니다. 온 세계를 정복하겠다는 것입니다.

　작년 1월 일본인 두 명이 ISIS 인질로 잡혔다가 무참하게 살해당하였습니다. 일본 사회는 충격에 빠졌었습니다. 이슬람 전문가 두 사람의 좌담 내용이 「문예춘추」(2015년 3월호)에 게재되었습니다. 그 한 분은 이렇게 말했습니다. "만약 그들이 일본에게 승리하면 우리는 술도 못 마시고 모스크에 가야하고, 일본 나라도 일본 국민도 없어질 것입니다." 의미심장한 말이라고 생각합니다. 그러나 이것은 일본만의 문제가 결코 아닙니다. 우리나라도 ISIS가 정복해야 할 리스트에 올라 있습니다.

그런데 알 카에다나 ISIS의 테러를 오만한 서구(미국 포함)에 대한 무슬림(이슬람을 믿는 신도) 청년들의 불가피한 선택이라고 동정하는 자들이 우리 사회에도 많습니다. 또 이슬람 테러의 원인을 "외로운 늑대" 이론으로 해석합니다. 사회적으로 소외된 무슬림 청년들이 경제적, 사회적 동기로 테러에 가담한다고 생각합니다. 이슬람 테러에서 종교성을 배제하려고 합니다. 그렇다면 테러리스트들은 서구를 향하여 테러를 해야 하는데, 도리어 같은 무슬림들을 대상으로 테러를 하고 있습니다. ISIS를 전문으로 연구한 학자들의 결론은 ISIS가 등장하게 된 일차적 책임은 이슬람의 수니파와 시아파의 갈등과 전쟁이고, 미국과 서구의 개입은 2차적 책임이라는 것이 공통된 견해입니다. 본서는 이들 전문가들의 견해를 종합하면서 나름대로 견해를 피력하였습니다.

우리나라도 15만 명 이상의 무슬림들이 있습니다. 이들은 물론 우리 사회에 중요한 손님들로, 잘 우대해야 할 국가적, 사회적 책임이 있습니다. 그러나 서구는 지금 이슬람 테러와 난민들로 국론이 분열하여 민족주의적 과격한 우파 정당들이 득세하고 있습니다. 서구는 다문화주의가 실패한다고 정치가들이 실토했습니다.

우리도 다문화 사회로 들어갔습니다. 종교와 인종 갈등이 일어나서는 안 되는데, 결코 단순하지 않습니다. 서구의 다문화 실패를 답습하여서는 안 됩니다. 서구가 이슬람이나 무슬림 문제에서 실패하였다면 이념적 실패가 중요한 원인이라고 봅니다. 과격 무슬림이나 이슬람을 너무 낙관하였습니다. 우리 사회도 이 문제가 심각하다고 생각합니다. 그러므로 우리 국민들 모두는 그들의 정체와 야망에 대한 경각심을 가지고 대처하는 지혜를 터득해야 할 것입니다.

본서 제8장과 제9장은 서구와 아시아에 감정 충돌과 종교 충돌의 실제 상황을 소개하면서 우리 사회가 다문화 문제에서 대처해야 할 길을 과감하게 제안합니다. 필자는 일본에서 출생하여 일본어로 주로 이슬람을 연구했기 때문에 일본어 자료를 많이 인용하였습니다. 일본학자들은 비기독교 입장에서, 아랍어도 일본에서 공부하여 객관적으로 이슬람을 보고 있다고 생각합니다.

본서는 가급적인 많은 출처를 밝히지 않고 중요한 것만 각주로 처리하였습니다. 그리고 일부 자료는 필자가 전에 저술한 것을 일부 이용하였음을 밝힙니다.

본서 출판을 위하여 교정 및 편집 작업에 정성을 다해 주신 최석진 국장님과 염성철 간사님, 그리고 글샘출판사 대표 황성연 님께 감사 드립니다.

2016년 10월 10일

저자 **전호진**

목 차

서 론

온 세계는 이슬람의 무서운 테러 집단인 '이슬람 국가'(영어 명칭은 Islamic State of Iraq and Syria : ISIS) 공포증에 걸렸다고 해도 과언이 아니다. 과거에는 특정 지역, 일정 기간에만 테러가 일어났으나 오늘날에는 공간과 시간을 초월하여 온 지구촌이 그들의 테러 무대가 되면서 전 세계가 테러 공포 가운데 휩싸였다. 본서 제목을 『ISIS 정체와 야망 : "뉴욕에서 보자!"』라고 한 것은 마치 영화 제목 같지만 ISIS 칼리프 국가 수립을 선언한 알 바그다디가 2006년 이라크의 미군 감옥에서 출옥하면서 뉴욕 출신의 미군 병사에게 한 유명한 말이다. 필자는 이 말 속에 ISIS의 야망이 고스란히 담겨 있다고 본다.

ISIS와 알 카에다 테러로 인한 무슬림(이슬람교도) 난민 문제는 미국과 서구 사회를 심각하게 분열시키고 있다. 서구와 미국에서 증가 추세를 보이고 있는 반(反)이슬람, 반무슬림 정서(Anti-Muslimism)는 각 나라를 이념적으로 분열시키고 있다. 한국 사회에도 서구, 미국, 아시아 및 아프리카 등지에서 일어나는 이슬람 테러를 종교 전쟁 혹은 문명 충돌로 해석하는 것에 대해 신경질적으로 반응하는 사람들이 생겨나고 있다. 이는 우리 사회 또한 이념적 갈등에서 이미 자유롭지 못함을 반증하는 것이다. 서구와 우리나라에서 나타나는 이러한 갈등과 대립은 단순한 감정적 차원을 넘는 이념적 대결이 되고 있다. 미국의 국제 전문가 그레이엄 풀러(Graham E. Fuller)는 저서 『이슬람이 없는 세계 A World Without Islam』에서 이러한 현상을 모하메드 - 막스 협정(Muhammed-Max Pact), 혹은 좌파와 이슬람의 불순한 동맹 (Unholy Alliance of Left and Islam)으로 정의한다.[1] 서구에서 좌파 그룹들은 무슬림 이민을 수용해야 한다는 입장이고, 극우파와 보수파는 장벽을 설치해야 한다고 할 정도로 강경하게 반대한다. 우리 사회도 유사한 현상이 나타나고 있다. 알 카에다와 ISIS 테러에 대한 견해도 극명하게 대립한다. 한편은 이 테러가 종교적이라고 하는 반면 다른 한편에서는 "외로운 늑대론"(사회적, 경제적 소외론 자체에서 일어나는 테러범)에 근거하여 정치 사회적 각도에서 보려고 한다.

그러나 알 카에다와 ISIS의 창설 멤버들은 결코 외로운 늑대들이 아니다. 빈 라덴은 재벌의 아들이었고 알 바그다디 또한 바그다드 대학에서 이슬람 박사 학위를 취득한 이라크의 엘리트이다. 그 외 다른 창설 멤버들도 모두 이슬람 이념으로 무장된 자들이다. 상황이 이런데도 외로운 늑대론 일색으로 테러를 이해, 이들의 테러 행위에서 종교성을 제거한다면 사실상 세계는 테러의 원인 규명과 제대로 된 해결책을 찾기가 어렵게 될 것이다.

2016년 8월 2일, 교황청은 테러로 사망한 프랑스 신부 자크 아멜의 장례식을 엄숙하게 거행하였다. 장례식에는 지역 무슬림들 또한 조문객으로 참석하였다. 이탈리아의 한 정치 지도자는 아멜 신부를 순교자, 성자로 추대해야 한다고 제안하였고 많은 이탈리아 사람들이 동의를 표했다. 그러나 아멜 신부가 순교자와 성자로 추대되면 참으로 아이러니한 일이 벌어진다. 이슬람 성전(聖戰)주의자들(Jihadists)에게 자살 테러는 종교

---

1) Graham, E. Fuller, *A World Without Islam* (London: Back Bay Boooks, 2010), 224-26.

적으로 승화되어 순교자라는 명예가 뒤따른다. 무슬림들은 이러한 순교
가 죄가 아닐 뿐더러 곧바로 천국으로 바로 인도된다는 믿음을 가지고
있다. 이런 맥락에서 ISIS는 프랑스 성당 테러리스트를 이미 순교자 반열
에 올렸을 것이다. 가해자인 테러범도 순교자가 되고 피살자도 순교자가
되는 이 현상을 우리는 어떻게 해석해야 할 것인가?

이슬람 테러로 인해 서구와 이슬람 세계 사이에서 전개되는 복잡한 문
제와 갈등은 단순히 문명 충돌로만 볼 수가 없다. 문명 충돌은 부분적 진
리일 뿐이다. 프랑스의 국제 정치학자인 도미니크 모이시(Dominique
Moisi)는 작금의 상황을 감정의 충돌(Clash of Emotions)로 정의한다. 도
처에서 일어나는 수많은 테러들을 직간접으로 경험한 유럽 사람들은 지
금 공포의 감정(emotion of fear)에 사로잡히고 있다. 그들은 묻고 있다.
지구상에서 안전한 곳이 어딘지를.

반면 유럽의 무슬림들은 유럽에서 멸시 받고 있다는 감정을, 아랍의
무슬림들은 서구 문명의 피해자라는 굴욕의 감정(fear of humiliation)을
가진다. 굴욕감이 증오로, 증오심이 결국 폭력으로 발전하고 있다는 것
이 모이시의 이론이다. 물론 모든 무슬림이 폭력에 동참하는 것은 아니
다. 통계적으로 85% 이상의 무슬림들은 폭력과는 무관한 온건 무슬림들
이다. 배타적 민족주의, 자국 중심의 감정주의는 세계가 하나의 공동체
(global community)라는 정신과는 정반대이다.

이런 시점에서 등장한 ISIS를 두고 지구촌이 합심하면 곧 제거할 수 있
는 한시적 테러 집단이나 종교적 이념으로 단순하게만 접근한다면 이는
오산이다. 세계는 이 테러 집단의 정체를 놓고 이론적으로 심각한 대립
현상을 드러내고 있다. 상황이 이런데도 오바마 대통령은 ISIS가 이슬람

도, 국가도 아니라고 말한다. 그리고 많은 사람들이 여기에 동의한다. 적지 않은 사람들이 이슬람 과격 그룹의 테러가 일어날 때마다 테러는 이슬람과 무관하다고 역설하고 있다.

1. "뉴욕에서 보자!"

ISIS는 이슬람이라는 종교를 바탕으로 한 이념 집단으로, 그 뿌리는 오랜 역사를 경과하면서 서서히 형성된 것이다. 알 카에다와 ISIS는 처음부터 미국뿐만 아니라 세계 정복의 야망을 드러내었다. 이라크와 시리아를 일부 점령하고 있는 ISIS는 이 두 나라에서는 영토를 다 빼앗길 때가 올 것으로 본다. 하지만 이 두 나라에 건설하려 했던 자칭 칼리프 국가(the Caliphate)는 사라져도 ISIS는 지구상에서 쉽게 사라지지 않을 것이다. 테러 전문가 말콤 낸시(Malcolm Nancy)에 의하면 그들은 이미 세계 도처에 지부 형태로 뿌리를 내렸다.

ISIS는 세계 정복을 꿈꾸는 군사적 종교 이데올로기(militant religious ideology)이다. 그들은 세계를 이슬람의 집(Dar al-Islam)과 전쟁의 집(Dar al-Harb)으로 나누고, 전쟁의 집은 정복해야 한다는 강한 신념을 가지고 있다. 모든 종교는 서로 존중하면서 평화적으로 공존해야 한다는 다원주의 이념과 가치관은 "군사적 절대주의"를 표방하는 테러 국가의 위협에 직면하고 있다. 테러와의 전쟁은 새로운 이념의 전쟁이다.

2. 테러와의 전쟁은 장기전이 될 것이다

2015년 12월, 요르단 국왕 압둘라 2세는 ISIS가 서구뿐 아니라 이슬람 세계에 대해서도 명백한 위협이 된다고 말하면서 모든 이슬람 세계가 함께 힘을 모아 ISIS와 싸워야 한다고 강력하게 호소하였다. 또한 이슬람 극단주의자들의 테러로 세계가 3차 대전에 빠져 들고 있음을 경고했다. 테러 연구 전문가인 마이클 와이스는 다음과 같이 경고한다. "테러를 일으키는 무장 그룹들은 무기한으로 우리와 함께할 것이다. The army of terror will be with us indefinitely." 2016년 5월 기준, 미국의 이슬람 대테러 전쟁에 소요되는 일일 비용은 약 1,160만 달러에 달하였다.

본서의 가장 주요한 논지는 ISIS와 알 카에다는 이슬람인가? 이슬람이 아닌가에 초점을 두었고, ISIS의 등장 원인을 이슬람의 교리, 역사 및 중동의 현실과 국제 정치의 상관관계에서 설명하고자 한다. 마지막 부분에서 이슬람과 서구의 관계를 기술(記述)한 '한국 사회는 서구에서 실패한 다원주의 문제를 어떻게 다루어야 할 것인가'라는 문제는 결코 단순하지 아니하다. 이 문제는 곧 우리나라에 있는 무슬림 문제와 직결된다.

제1장

칼리프 국가란 무엇인가?

1. 칼리프 정의

ISIS는 시리아 다비크에서 칼리프 국가 건설을 선언하였다. 후계자 (successor) 혹은 대리자(deputy)를 의미하는 칼리프의 정확한 아랍어 발음은 칼라파 혹은 칼라파흐(*khalaf or khalifah*)이다. 영어 코란에는 다스리는 자(ruler)로 번역되어 있다. 코란에 의하면 아담과 다윗도 칼리프이다. 코란 2:30의 "주님께서 천사에게 지상에 대리인을 두라 하시니"라는 말은 아담에 대한 것으로, 코란 38:26의 "다윗이여 우리가 너를 지상의 대리자로 두었거늘"이라는 구절은 다윗에게 해당되는 것으로 이해한다. 칼리프가 통치하는 국가를 칼리프 국가(Caliphate)라고 하는데, 아랍어로는 다울라 칼리파(*dawla Khalifa*)이다.

칼리프의 정확한 의미에 대하여는 해석이 구구하다고 한다. 최근 칼리프에 대한 가장 권위 있는 연구서는 휴 케네디(Hugh Kennedy)의 저서 『칼리프 국가 *The Caliphate*』이다. 그는 칼리프 개념이 너무 다양하여 하나로 정의하기는 어렵다고 말한다.[2] 일본 역대 군주의 칭호인 '천황'은 '신이자 살아 있는 인간'(現人神)이었다. 과거 동남아 소승 불교 국가의 임금 역시 신이자 사람(deva-jarga)이었는데, **칼리프**는 이런 개념과도 차

---

2) Hugh Kennedy, *The Caliphate* (Milton Keynes, UK : Penguin Radom House, 2016), 4-7.

이를 가진다. **종교, 정치, 군사를 통합하는 최고 지도자**로 혹은 지상에서 **알라의 뜻을 수행하는 대리자**로 해석하는 것이 가장 적절하다고 본다. 그러나 칼리프가 법을 제정하는 사람은 아니다. 칼리프를 다른 종교의 최고 지도자에 비유하기 어렵지만 굳이 비유하자면 로마 가톨릭의 교황과 유사하다고나 할까.

이슬람 국가에서 칼리프는 모든 무슬림에게 명령할 자격이 있다. 그 예로, 1914년 영국과 프랑스에서 모하메드(Muhammad)3)를 모욕하는 희곡이 극장에서 상연된 적이 있다. 당시 오스만 투르크의 술탄은 즉시 두 정부에 강력하게 항의하였다. 프랑스 정부는 상연을 중지시켰지만 영국이 이를 거절하자 술탄은 인도의 무슬림들에게 영국을 대상으로 하는 지하드(성전 : 聖戰)를 호소하였다.

2. 칼리프 선출

이슬람 역사에서 첫 칼리프는 아부 바크르(Abu Bakr, 632-4), 우마르 (Umar b. al Khattab, 634-44), 우트만(Utman b. Affan, 644-56), 알리 (Ali b. Abi Talib, 656-61)이다. 이들 네 명에게는 '바르게 인도함을 받은 칼리프'라는 타이틀이 주어졌다. 이들은 코란과 하디스(예언자의 언행록)을 따라 통치하였고 선출되었기 때문에 정통 칼리프로 불린다. 아부 바크르는 '알라의 대리자'로, 오마르는 '알라의 대리자의 대리자'로 불리다가 칼리프로 정착되었다는 주장도 있다. 휴 케네디에 의하면 칼리프의 타이틀은 2대 우마르 시대 때부터라고 한다. 이 네 명의 칼리프들은 모두 쿠라쉬 부족 출신으로, 모하메드가 성지인 메카에서 메디나로 이주

---

3) 본서에는 영어 명 Muhammad를 모하메드로 표기함.

(히지라 : *Hijrah* - 이를 이슬람에서는 성도 혹은 천도라고 함)할 때 동행한 자들이다. 이것을 아랍어로는 *muhajirun* (무하지룬)이라고 한다. 모하메드 일행이 메디나에 왔을 때 이들을 영접하고 지원해 준 자들은 이 지역의 농민들이었다. 이슬람 역사에서 이들을 '안사르(*ansar*: 도우는 자)'라고 하며 중시했다. 테러 그룹들은 자신들을 지원하는 자들을 안사르로 치켜세운다. 시간이 지나면서 안사르들도 칼리프 선출에 관한 지분을 요구하게 되었고 이로 인해 무하지룬과 갈등을 겪게 되면서 이슬람 공동체 분열의 서막이 오른다. 이슬람은 모든 사람이 평등하다고 말하면서도 이슬람 공동체가 형성되자, 쿠라쉬 부족 출신들이 우위를 차지하게 된다. 후일 아바스 왕조의 시작도 일종의 비(非)아랍, 비(非)쿠라쉬 사람들에 대한 차별 대우가 중요한 요인으로 작용하였다.

동시에 모하메드 사후 칼리프 선출이 논란이 되었다. 3대 칼리프인 우트만이 일종의 자문위원회 격인 슈라(Shura)를 세워 칼리프를 선출하였다. 지금도 이슬람 국가들은 슈라라는 이름의 종교 협의체 혹은 정치 협의체 기구를 운영한다. 그러나 자문위원이면서도 회의에 참석할 수 없었던 모하메드 사위 알리가 이의를 제기한다. 이후 알리를 따르는 무리들은 칼리프 선출이 알라의 임명 권한을 도적질하는 것으로 간주, 슈라를 인정하지 않는다. 알리파는 모하메드의 직계 자손이 칼리프가 되어야 하며 이를 알라의 선출과 동일시한다. 시작부터 모하메드 혈통의 영적, 혹은 신비적 힘이 대를 잇는 것으로 간주한 것이다. 1400년이 지난 지금까지도 스스로를 모하메드의 후손임을 자부하는 알리의 후손, 아랍인들이 많다. 역사에서 많은 이슬람 국가들의 왕들은 스스로 모하메드 후손이라고 주장한다. 모리모토 카주오는 『거룩한 가족 聖なる家族：ムハンマド

一族』에서 현재까지 존재하는 모하메드 일족들의 역사와 전 세계에 흩어진 중요한 가족들의 이름을 열거하고 있다.[4]

휴 케네디에 의하면 칼리프 자격 역시 단순하지 않다. 칼리프 자격 기준은 수니파와 시아파의 기준이 처음부터 달랐기 때문에 분쟁이 일어난 것이다. 여기서 잠시, 칼리프에 대한 과거 역사에서의 규정보다 현재 무슬림들이 생각하는 칼리프 자격에 대한 이야기를 전하는 것이 흥미로울 것 같다. 런던의 한 살라피 무슬림(이슬람 강경 보수파)이 프랑스 이슬람 전문가에게 설명한 칼리프의 자격이 아주 흥미롭다. 런던의 한 무슬림 청년이 말하는 칼리프 자격은 거의 초대 칼리프 자격과 매우 비슷하다. 그가 말하는 칼리프 자격은 ① 남자일 것, ② 무슬림일 것, ③ 성년이 되어야 하고, ④ 자유인이어야 하고(당시 노예 제도가 있었음), ⑤ 신뢰할 사람이어야 하고, ⑥ 건전한 정신의 소유자라야 한다. 이 외에 추가할 조건이 있다면 칼리프는 모하메드의 부족인 쿠라쉬 부족 출신이어야 하고 동시에 샤리아(Sharia : 이슬람 법)에 대한 충분한 지식을 갖추어야 하며 전장에 나가서는 용감해야 한다. ISIS의 칼리프를 자칭 선언한 알 바그다디는 모하메드 부족 출신에 이슬람 법 전공으로 박사 학위까지도 가졌고 이라크에서 이교도와 싸운 자이다. 이러한 남자는 충분히 칼리프 자격이 있다는 것이다.

수니파는 네 명의 칼리프를 평하기를, 아부 바크르는 위엄이 있으면서 상냥한 지도자로, 우마르는 조직가요 근엄한 도덕의 사람으로, 우트만은 선한 사람이지만 가족을 편애하는 결점을 가진 자로 본다. 반면 알리는 정통성을 가진 자이지만 일이 터지면 쉽게 동요하는 사람으로 평가한다.

---

4) 森本一夫, 『聖なる家族 : ムハンマド一族』(山川出版社, 2010)을 참조할 것.

초기 네 명의 칼리프가 이룩한 업적은 나름대로의 특징을 가진다. 아
부 바크르는 모하메드 사후, 이슬람 공동체를 잘 유지하면서 중동의 국
가들을 정복해 나갔다. 우마르는 바크르의 정복 사업을 계승하였다. 우
마르가 죽은 644년에 무슬림 군대는 시리아, 이라크에 이어 이집트까지
정복하였다. 우트만 통치 전반기에는 이란과 북아프리카까지 정복하였
다. 그러나 정복지의 사람들이 즉시 무슬림이 된 것은 아니다. 오랜 시간
이 지나면서 이슬람으로 개종하게 된다.

3. 암살과 분열

모하메드 사후 이슬람 역사는 불행하게도 분열의 역사로 기록된다. 칼
리프라는 후계가 선출 문제로 수니와 시아파로 분리하고, 후일 시아파에
서 특히 많은 종파가 파생한다. 칼리프 제국도 갈등과 분열 중에 세워진
다. 일본의 이슬람 전문가 오츠카 야와라쿠오 교수는 이슬람은 시작하면
서부터 이슬람의 이름으로 대외적 전투와 내부 전쟁 그리고 혁명을 겪었
다고 하였다. 따라서 현재의 급진적 이슬람 운동이 바로 역사의 유산이라
는 점을 강조한다.[5] 일본의 또 다른 이슬람 전문가 사노 아야코도 자신의
저서 『아랍의 격언』에서 이슬람은 수니파와 시아파가 서로 싸우는 역사
였다고 단언한다. 코란 3:98은 "알라의 로프를 함께 붙잡아 분열하지 말
라."라고 하였고, 6:160에도 "분파를 일으키며 불화하는 자가 되지 말라."
라고 하였지만 역사와 현실은 정반대로 간 셈이다.

초대 3명의 칼리프는 다 암살로 최후를 마감한다. 첫 칼리프 아부 바크
르는 불과 2년 동안만 칼리프 노릇을 하였다. 후일, 우마르는 매우 훌륭

---

5) 大塚和夫, 『イスラム現代化時代の中て』(日本放送出版協會, 2000), 128.

한 지도자로 기록되는데도 불행하게도 그의 노예에게 암살당하고 만다. 영국의 역사가 에드워드 기번은 『로마 제국의 쇠퇴와 멸망』에서 우마르를 매우 서민적이면서 부하들에게도 공평하게 전리품을 배분하는 지도자로 높이 평가한다. 당시 서구 계몽주의는 동양의 종교와 문화를 높이 평가하는 분위기였다. 그러나 휴 케네디는 계몽주의 시대 때 칼리프에 대한 자료의 신뢰성에 의문을 제기한다.

그 다음 칼리프 우트만 역시 암살당한다. 우트만은 코란을 편찬하는 데 중요한 역할을 하였다. 코란을 읽던 중 암살당하여 그가 사용하던 코란은 이슬람에서 매우 중요하게 여겨진다. 우트만이 암살당한 후 모하메드의 사위인 알리가 제4대 칼리프로 선출되자 내분이 일어나게 된다. 지지자들은 모하메드의 혈통인 알리를 칼리프로 선출하였다. 그의 선출은 슈라의 선택에 의한 것은 아니었다.

이로 인하여 암살당한 3대 칼리프 우트만의 6촌 무아이야와 그에게 동조하는 메디나의 주바일과 탈하 및 모하메드의 3번째 처인 아이샤가 합세하여 알리에게 도전, 이라크 남부 바스라에서 낙타의 전투를 벌이는데, 주바일과 탈하는 죽고 아이샤는 아라비아의 살던 곳으로 돌아간다.

이것은 이슬람 공동체의 첫 내전으로 기록된다. 곧이어 무아이야가 알리와 대결하여 시핀 전투에서 협상을 벌였는데, 내용은 우트만을 죽인 배후를 밝히는 것과 칼리프 선출 문제가 이슈였다고 사가들은 말한다. 휴 케네디에 의하면 두 사람은 정치와 종교 문제에서 합일점을 찾지 못하였으며 이것이 수니파와 알리파 분열의 단초가 되었다고 본다. 알리는 이라크 남부 쿠파(Kufa)와 바스라(Basra) 지역에서 많은 추종자들을 얻는다. 후일 이라크 지역에 많은 무슬림들이 존재하게 된다.

알리와 우마이야의 협상 과정에서 알리파 일부 과격 그룹은 알리는 알라 (Allah)가 준 권위를 버리고 타협하였다는 식으로 반발하였다. 이들의 주장은, 결정권은 오직 알라에게 있으며 반드시 전투를 통해 사안이 결정되어야 한다는 것이었다. 이 이탈자 혹은 반대파들을 뜻하는 아랍어 *khawariz* (하와리즈 : kh는 카와 하의 중간음 정도)란 '나간 자' 혹은 '떠난 자'라는 의미를 가지고 있다. 이 그룹을 하리지파 (Kharjites)라고 부른다. 661년, 알리는 자기 부하였던 하리지파 그룹의 한 사람에게 암살당한다.

하리지파는 모든 무슬림 중에서 자격이 있는 누구라도 칼리프로 선출 될 수 있다고 보았다. 또한 이들은 중대한 죄를 지은 사람은 진짜 무슬림 이 아니라 배신자(탁피르 : *takfir*)로 선언하고 중형에 처해야 함을 중시 하였다. 매우 급진적인 민주 방식을 제안하였다.

이 종파는 현대 이슬람 과격 이데올기의 원조인 셈이다. 이 시아파를 대상으로 하는 ISIS의 무자비한 살육은 하지리파에서 유래한 탁피르 이 론에 근거한다. 이 그룹은 많은 수는 아니지만 현재까지도 알제리와 오 만에 존재한다. 하리지 그룹이 알리를 암살하고 심지어 무아이야까지 죽 이고자 하였으나 실패로 돌아가고 말았다. 이후, 이들은 두 개의 파로 갈 라지고 흩어졌는데 이 중 일부 과격 그룹은 우마야드 왕조를 괴롭혀 탄 압을 받게 된다. 현재 이 종파는 이슬람에서 소개되지 않고 있다.

특히 수니와 시아파의 종파 분열은 ISIS 등장의 중요한 원인 중의 하나라고 말한다. 이란이 핵 문제를 해결하면서 서방 국가의 경제 제재 조치가 해제되자 수니파 종주국 사우디와 시아파 종주국 이란이 극한 대립하고 있다. 2년 전 타임지는 이 두 나라의 갈등을 흰 뱀과 검은 뱀의 대결로 묘사하였다. 이라크와 시리아 내전도 두 파의 대리전이다. 이 주제는 마지막 장에서 다시 거론할 것이다.

현재 이슬람의 중요 종파는 다음과 같다. 그러나 여기 소개되지 않은 종파들도 있다. 동남아에는 타브리기 자마트(Tablighi Jamaat)라는 종파도 있으며, 드루즈(Druze)라는 신비파도 레바논에 수백만 명되는데, 이 종파는 이슬람으로 취급하지 않는 자들이 많다.

4. 수니파

이슬람의 다수 종파인 수니파의 아라비아 완전 명칭은 '수나의 사람과 일치'(the People of the Sunnah and the Consensus : ahl as-sunnah wa-l-ijma)이다. 수나란 선지자의 풍속을 의미한다. 수니파는 자신들을 정통파라고 자처하는데, 초대 3명의 칼리프를 정통 이슬람 공동체의 설립자로 찬양한다. 현재 수니파는 전 무슬림의 90%를 차지한다.

수니파의 주장은 모하메드 이후 어떤 후계자도 능력과 본질에서 모하메드를 계승할 수 없고, 다만 공동체의 수장의 권위를 가질 뿐이라는 것이다. 코란이 이미 모든 것을 완성하였기 때문에 후계자는 예언자의 유산을 보호하는 책임을 지며, 이슬람 공동체의 행정가로서의 책임을 다한다. 따라서 수니파는 이슬람 공동체의 법인 사리아를 발전시킨다. 샤리아는 이슬람 공동체를 강력하게 묶어 주는 역할을 한다.

수니파는, 모하메드는 가장 모범적인 인간 모델이고, 코란과 하디스를 규범적인 경전으로 믿으며, 다섯 기둥을 종교적 실천의 중요한 신조로 보고, 샤리아를 모든 인간을 위한 완전한 지침서로 믿는다. 아울러 이들은 이슬람 신앙을 해석하고 보존하는 데 중요한 기능을 하는 집단인 울라마

(Ulama)라는 이슬람 학자들의 전문 집단을 중시한다. 울라마는 코란과 선지자 및 샤리아에 관한 지식의 보호자 노릇을 한다. 따라서 이들은 성전(모스크)에서 선생의 역할과 기도하는 자 및 설교자 역할을 담당한다. 그러나 이들의 권위는 집단적 합일을 통하여서 나타나게 된다. 그럼에도 이들은 기독교나 다른 종교에서 말하는 제사장이나 성직자는 결코 아니다. 이슬람은 성직자가 없는 종교라고 말하기도 한다. 따라서 시골이나 작은 마을의 모스크에는 평신도들이 이들의 기능을 대신 수행한다. 이 점에 대해 이슬람 학자들은 대단한 자부심을 갖는다. 울라마는 성직자가 아니며 안수를 받는 것도 아니다. 일종의 존경 받는 학자 집단에 불과하다는 것이다. 수니파는 4개의 정통 샤리아 학파를 형성한다. 이들은 마키스, 하나피스, 샤피아 그리고 한발리스파이다. 수니파는 정치와 종교의 분리를 주장한다. 바로 이라크의 사담 후세인이 수니파 무슬림이었다.

5. 시아파 : 12 이맘의 종파

시아파란 알리의 추종자를 의미한다. 알리는 모하메드 집안의 사람이라 하여 "집의 사람"으로 불렸다. 이란이 시아파의 종주국이고 이라크 인구 약 60%가 시아파 무슬림이며, 시리아, 레바논, 바레인에 다수가 있으며 사우디에도 시아파 무슬림이 있는데, 사우디 정부로부터 엄청난 박해를 받고 있다.

시아파를 12 이맘의 종파라고 말하기도 한다. 시아파 무슬림들은 알리는 모하메드의 영적 힘을 계승하였기 때문에 코란 해석과 공동체 지도력에서 무오하다고 주장한다. 이러한 능력은 그의 후손과 자자손손 대를 잇는다고 본다. 알리의 가문에서 칼리프가 될 수 있는 이맘(Imam : 지도자,

수니파에서는 칼리프, 시아파에서는 코란을 가르치는 알라의 자손들)이 12명이 있는데, 마지막 12번째 이맘이 사라졌다고 믿는다. 이것을 아랍어로 *ghayba*라고 하며 영어로는 occultation이다. 번역하면 사라진다는 의미이다. 사라진 12번째 이맘이 오는 것은 바로 종말이다. 12번째 이맘은 강력한 힘을 가진 메시야이자 율법의 박사 아야톨라(Ayatollah : 하나님의 증거)이다. 이란에서 호메이니의 등장은 바로 이러한 이맘의 신화에 기초한다. 아야톨라는 시아파의 최고 성직자를 의미하는데 호메이니에게 이 칭호가 주어졌다. 그러나 이러한 메시야 사상으로 인하여 시아파에서는 지금도 자칭 메시야 (Mahdi)가 많다고 한다.

4대 칼리프로 선출된 알리가 극단주의 그룹인 하지리파에게 암살당하고, 아들 후세인(Hussein) 역시 암살당하자 알리파는 두 사람을 순교자에서 성자의 반열로 격상(格上)시켰다. 알리가 죽은 이라크의 카르발라 (Karbala)와 후세인이 죽은 나자프 (Najaf)는 시아파의 성지가 되었고 그들이 죽은 날에는 많은 순례자들이 몰려든다. 특히 두 사람이 죽은 날을 기념하는 축제 행사는 열광적이다. 수니파였던 사담 후세인은 시아파가 이 두 성지를 순례하지 못하도록 조치하였지만 실패하였다. 아바스 왕조 때 바그다드는 수니파 칼리프 국가의 수도였는데, 지금은 시아파의 중심지가 됨으로 다수인 수니파들이 엄청난 소외감을 느끼고 있다.

현 이라크의 시아파 지도자 나자프의 알리 시스타니(Grand Ayatollah Ali Sistani)는 이라크에서는 성자로 존경 받아 미군 침공 후 바그다드 거리엔 그의 초상화가 즐비하였었다. 그는 시아파 수상인 알 말리키를 인정하고 수니파 지하디스트에 보복하는 것을 반대하였다.

6. 칼리프 제국(the Caliphates)의 건설

1) 초기 이슬람 확장

모하메드는 당시 난립한 수많은 다신론의 부족 종교를 코란으로 통일하였고, 부족 간 상쟁이 그치지 않았던 사막의 땅 아리비아 반도 또한 칼로 통일시킨다. 어느 학자는 모하메드와 징기스칸이 사막의 부족을 통일하여 대제국을 만들었다는 점에서 비슷하다고 말한다. 그러나 징기스칸의 다른 점은 종교를 창시하지 않았을 뿐 아니라 점령한 부족의 종교 또한 허용하였다. 모하메드는 반도를 통일한 다음, 칼리프들에게 서쪽으로는 비잔틴 제국, 북쪽으로는 페르시아 제국과 동쪽의 나라들까지 정복할 것을 명령하고, 희랍 정교회 국가인 비잔틴 제국 황제에게 이슬람으로 개종하고 항복할 것을 권유하는 서한을 발송하였다.

이러한 역사에 대하여 일본인 무슬림 와카이하야시반(若林半)은 자신의 저서 『회교 세계와 일본 回教世界と日本』에서 다음과 같이 설명한다.

> 모하메드는 무장 (武將)으로서 칼을 들고 일어나 아라비아 건국의 큰 그림을 그렸다. 그는 동으로는 페르시아(파사), 서로는 아프리카 트리폴리에 이르는 3만 6천개의 도시를 공략하여 영토를 1천 마일로 넓히는 대업을 완성하였다. 그는 메디나에서는 선교의 기초를 확립한 (닦은) 후 12년 후인, 63세를 일기로 생을 마감했다.[6]

와카하야시반은 모하메드의 칼이 거룩한 칼이었다는 점을 강조한다. 모하메드가 칼을 들게 된 동기에 대하여 와카하야시반이 설명하는 것은 다음과 같다. 천사 가브리엘이 다시 내려와서 모하메드에게 이르기를 :

---

[6] 若林半, 『回教世界と日本』(大日社, 昭和13年), 21(소화 13년은 1938년임).

설교로 설득하는 방법으로는 쉽게 지친다. 관용하고 인내하는 것은 이미 지났다. 우상 숭배를 타파하고 별 숭배를 배격하며 이단을 사교로 토벌하여 유일신의 거룩한 종교를 전파하라, 백성을 구원하기 위해서는 옛날의 성인이 신적 놀라운 힘을 가진 것을 대신하라. 그들은 법의 거룩한 칼(聖劍)을 가지고 일어났다. 이것은 알라의 명령이니라.[7]

가브리엘은 전도를 위하여 칼과 창을 주었다고 한다. 대부분의 사가들은 모하메드 이후 칼리프들이 많은 나라를 정복하였다고 하는데, 이 책은 모하메드가 많은 나라를 정복한 것으로 설명한다.

아랍 부족을 선두에 세운 초기 칼리프 국가가 지중해 국가들을 무력으로 정복한 역사에 대하여는 30년 이상을 중동 지역의 특파원으로 근무한 아사히 신문의 기자 무다구지 요시로우는 "코란의 칼"(아랍 부족이 주축이 된 이슬람 군대를 지칭)을 다음과 같이 설명한다 :

이슬람이 당시 지중해를 정복한 주요한 요인으로 하늘의 혜택, 지리적 상황과 인재를 잘 등용하였다. 하늘의 도움이란 당시 기독교는 로마의 기독교와 비잔틴의 기독교가 서로 경쟁하였고, 로마와 페르시아는 지중해에서 주도권 전쟁으로 지쳐서 힘의 공백이 생겼다. 지리적 요인은 당시 기독교인들 중에도 아랍인들이 있었는데, 이들은 서방 기독교로부터 푸대접을 받았기 때문에 도리어 같은 아랍 부족의 침략을 환영하였다는 것이다. 즉 중동의 아랍인들은 아랍의 침공을 도리어 해방자로 맞이하였다. 동시에 사막의 아랍인들은 북쪽의 오아시스를 절대로 필요로 하는 절박한 상황이 승리에 큰 원인이 되었다는 것이다. 그리고 정복 지역에서 좋은 인재를 과감하게 등용하였다.[8]

---

7) 若林半, 21-22.

2) 칼리프 왕국

이슬람 역사에는 3개의 칼리프 왕국이 등장한다. 첫 번째 칼리프 왕국은 다마스쿠스를 수도로 한 우마야드 왕조 시대이고, 두 번째는 바그다드를 수도로 한 아바스 왕조 시대(750-1250년), 마지막으로 오스만 투르크 시대이다. 오스만 투르크에 대하여는 무슬림 세계가 그토록 자랑하지는 않는다. 투르크족은 아랍족이 아니기 때문이다. 그래서 사람들은 오스만 투르크 시대의 칼리프는 칼리프 대신에 지도자를 의미하는 술탄(Sultan)이라고 불렀다. 술탄 국가 오스만 투르크라고 말한다. 칼리프 제국의 수도는 메디나에서 다마스쿠스로, 바그다드, 마지막 칼리프 국가 오스만 투르크 수도는 이스탄불이다. 기독교 국가 비잔틴 제국의 수도 콘스탄티노플이 터키 이스탄불로 바뀌었다.

칼리프 국가는 등장하자마자 세계 정복을 시작하여 북아프리카에서 아프간에 이르기까지 수많은 나라를 차지한다. 성공적인 정복의 이유들은 다양하게 설명되는데 이 가운데 '약탈 심리와 이슬람의 광적 신앙'의 합작품으로 보는 반이슬람 비판가들의 견해도 있다. 그러나 이것은 갈등을 유발하는 해석이지 적절한 표현은 아니다.

당시 지중해를 둘러싼 국제 정치 상황은 아랍 정복에 아주 유리한 조건이었다. 서쪽의 로마 제국은 이미 기독교 국가였지만 서로마와 동로마로 분열하여 서로 경쟁하였다. 서로마 기독교는 현재의 가톨릭이고 동로마는 비잔틴 제국으로 희랍 정교회가 사실상 국교였다. 가톨릭은 로마를 기독교화한 것 같지만 에드워드 기번(Edward Gibbon)의 표현을 빌리면

---

8) 牟田口義郎, 「物語 中東の研究 : オリエント5000年の光芒」(東京 : 中央公論新社, 2001), 79-86.

로마가 기독교를 로마화(Romanaize)한 것에 불과하다. 이미 로마는 Pax Romana(로마의 평화)의 영광이 사라진 뒤였다.

이슬람 등장으로 지중해 세계는 국가를 등에 업은 로마 기독교, 비잔틴 기독교(그리스 정교), 이슬람이 서로 조우하였다. 두 기독교는 국가를 기독교화하는 데 성공하였지만 백성들 마음을 영적으로 정복한 것은 아니었다. 로마 가톨릭 국가 스페인이나 포르투갈은 당시 이슬람의 전진을 저지할 힘이 없었다. 그러나 비잔틴과 샤르망 대제의 프랑스(프랑크 왕국)는 이슬람의 침공을 저지하였다. 이후 이슬람은 유럽 정복을 포기하지만 중앙아시아 탈라스 전투에서 당나라 군대를 패배시킴으로 중앙아시아를 이슬람화하는 데 성공한다. 중앙아시아의 투르크족은 우리말로 돌궐족(突厥族)인데 중국으로부터 오랑캐 취급을 받았다. 그래서 자기 문명이 없는 투르크는 중국 문명보다 이슬람 문명을 택하였다고 학자들은 분석한다.

당시 시리아, 이집트, 에티오피아는 기독교 국가에 가까웠지만 신학적으로 이단시되는 아리우스파가 다수를 차지하자 서구 기독교는 아시아 기독교를 멀리하고야 말았다. 기독교회사에 따르면, 아랍 군대가 당도할 것을 예상한 에티오피아 교회가 서구의 기독교회에 원군 파송을 요청하였지만 거절하였다고 한다. 그래서 후에 아랍 군대가 이 지역에 들어왔을 때, 아랍 기독교인들 중에는 아랍 군대를 같은 아랍이라고 환영하기까지 하였다. 이 점에서 아놀드 토인비는 이슬람의 등장은 기독교가 책임이 있다고 비판한 것 같다. 당시 페르시아 역시 기울어지는 제국이었다.

그러나 무엇보다 아랍 정복이 성공한 결정적인 원인은 용감한 칼리프들의 리더십과 성공적인 인재 등용에 있었다고 볼 수 있다. 이런 맥락에서 한 이슬람 전문가는 칼리프를 '강력한 리더십을 갖춘 예언자'라고까지 말한다. 모하메드는 전투에서 얻게 된 전리품을 반드시 군인들뿐 아니라 백성들과 나누라고 가르쳤는데 이것 또한 정권 정착에 한몫을 담당하였다고 말한다. 물론 이슬람 신앙이 세력 결집과 승리의 요인으로 자리했음을 빼놓지 않는다. 전장에서 죽으면 순교자가 되는 것도 중요한 요인이었다고 말한다. 우마이야 왕조 때 페르시아를 정복하게 되는데, 당시 아랍의 3만 5천 군사력이 페르시아의 10만 대군을 상대로 '알라 후 아크바르'(알라는 위대하다)를 외치며 진격, 적군의 사기를 떨어뜨렸다.

(1) 제1대 칼리프 왕국: 우마이야 왕조(Umayyad Caliphate)

제4대 칼리프 알리가 죽자 그와 라이벌이었던 무아이야가 칼리파로 등극한다. 그는 다마스쿠스를 수도로 정하고 우마이야 왕조를 건설한다. 시작한 해는 661년이고 아바스 왕조에 무너진 것은 750년이다. 우마이야 왕조는 다마스쿠스를 수도로 한 후 711년부터 716년까지 서쪽으로는 스페인, 포르투갈, 모로코를 정복한다. 705년에서 715년까지 중앙아시아를, 712년에는 현재의 파키스탄을 정복한다. 그러나 모하메드가 명한 대로 668년 비잔틴 제국의 수도 콘스탄티노플 공략에 나서지만 실패한다.

우마이야는 로마의 정치 및 행정 제도를 도입, 강력한 제국을 구축한다. 정복지에는 총통을 임명하여 점령지 국가를 다스렸다. 우마르는 화폐를 만들고 이슬람 신앙고백을 체계화하였고 행정과 세금 제도를 발전시켰다. 또한 예루살렘에는 유명한 바위 모스크(Dome of Rock)를, 다마스쿠스에는 우마야드 모스크를 건립한다. 이 두 모스크는 역사적인 모스크이다.[9]

---

9) Hugh Kennedy, 47-48.

칼리프 알 말리크(Abd al-Malik)는 소위 "하늘의 언어" 아랍어를 모든 칼리프 국가에 통용되도록 하였다. 이것은 이슬람을 통일시키는 중요한 매개체가 되었다. 이것은 후일 아바스 왕조가 문화를 발전시키도록 하는 발판을 제공한다.

그러나 우마이야 왕조는 칼리프는 선출되어야 하는 전통과 법을 아예 무시하고 아들에게 세습함으로, 이후 칼리프가 세습 제도로 변형, 정착하고 만다. 무아이야 왕조는 곧 사회적 갈등과 내분을 겪기 시작한다. 쿠라이쉬 부족들은 무아이야 칼리프의 정통성을 인정하지 않았고, 수도를 다마스쿠스로 옮긴 것을 반대, 메디나로 돌아와야 한다는 주장도 일어났다. 그러나 더 중요한 것은, 종족, 신분, 종교 차별이 물질 배분 과정에서 명확하게 드러나고 말았다. 또한 칼리프들의 호화사치가 비판의 표적이 되었다. 칼리프들은 화려한 궁전을, 혹은 오아시스에 호화 별장을 짓고 사치와 문란한 생활을 일삼았다. 사회는 불의했고 부정부패가 가득했다. 우마이야 왕조는 또 내부의 도전을 받아 망하고 아바스 왕조가 등장한다.

(2) 아바스 왕조 : 아랍 제국에서 이슬람 제국으로

일본인 이슬람 연구가 무타구찌 요시로우(牟田口義朗)는 저서 『이야기 중동의 역사 物語 中東の歷史 : オリエント5000年光芒』에서 우마이야 왕조를 아랍 제국으로, 아바스 왕조를 이슬람 제국으로 정의한다.[10] 우마이야 왕조 말기, 우마이야 가문의 권력 독점에 반발하는 그룹이 생긴다. 이들은 우마이야 왕조가 아랍계인 쿠라쉬 부족 중심으로 지나치게 많은 권력을 독점하고 호화 사치를 일삼는 데 불만을 품는다. 안사르나 하심 계

10)牟田口義朗, 『物話 中東の歷史 : オリエント5000年 光芒』, 110-11.

열이 반발 그룹을 형성했다. 아랍인 우대 정책에 반발한 페르시아와 호
라산(현재 아프간 서북쪽) 사람들은 모하메드 혈족을 내세워 우마이야
왕조를 붕괴시키고, 아바스를 칼리프로 세운다. 아바스는 모하메드의 삼
촌인 아부 바르크의 고손자이다. 칼리프로 등극한 아바스는 우마이야 가
문 사람들을 몰살시키는데, 10대 칼리파 히삼의 손자 압드알라흐만은 간
신히 살아남아 스페인 중부 안달루시아 지방으로 망명하여 후일 우마이
야 왕조(751-1031)를 재건하는데, 이 왕조를 후(後)우마이야 왕조(756-
1031)라고 부른다. 이 기간, 이집트에서는 시아파 계열의 파티마 왕조
(909-1171)가 일어났다.

　무슬림들은 아바사 왕조 때를 황금시대라고 그리워한다. 과학, 문학,
기술 모든 분야에서 서구를 앞질렀다고 자랑한다. 특히 서구의 과학은
종교와 대립되는 방향에서 발전하여 가톨릭 시대 과학자들은 과학 이론
을 발표하면 화형을 당하였다. 갈릴레오를 예로 든다. 그러나 이슬람은
과학 발전이 코란과 이슬람 신앙 안에서도 이루어졌다는 것을 자랑스럽
게 생각한다. 무슬림 학자 살레 자이메카는 논문 「이슬람과 과학」에서
아바스 왕조는 이슬람의 영광이었고, 이슬람 과학은 신앙과 과학이 잘 조
화를 이루면서 발전하였다고 자랑한다.[11]

　그러나 아바스 왕조 때 주역은 페르시아 사람들이었다는 것과 인재 등
용은 포용과 관용 정책으로 종교와 신분을 초월하였다는 것을 말하지 않
는다. 바그다드에는 교회와 유대인 회당이 있었다. 다른 지역에서는 교
회들이 수난을 많이 당하였지만 바그다드에서는 적어도 칼리프에 의한

---

11) Saleh Zaimecha, "Islam and Science."

　http://www.muslimheritage.com/uploads/AFC2830PDF.

교회 방화나 박해는 없었다. 물론 소수 종교인들은 딤미(Dhimmis : 보호 받는 자) 신분으로 지자(*Jizya*)라는 종교세를 내야 한다. 소수 종교인들은 2등 시민으로 취급된다. 지금도 이슬람 국가나 불교 국가의 주민등록 중에 종교란을 기재하는데, 이것으로 소수 종교인들은 도리어 차별대우를 당한다.

아바스 왕조 때 희랍의 고전을 아랍어로 번역하는 데 공헌한 사람들 중에 기독교인과 유대인들이 있었다. 당시 이슬람은 문학, 철학, 의학, 과학 등에서 서양보다 앞섰다. 아랍어가 칼리프 제국의 공용어가 됨으로써 문맹률이 낮았다. 노예도 잘 활용하였다는 증거는 탈라스 전투에서 포로로 잡은 중국인 노예로부터 종이 만드는 것을 배워 많은 책을 만들었다. 일설에 의하면 초대 칼리프 우마르는 이집트를 침공할 때 알렉산드리아 도서관의 책들은 코란과 하디스에 유익하지 않으므로 불태우라고 명하였다고 한다. 물론 그 명령은 다행히도 실행되지 않았다. 그런데 아바스 왕조의 칼리프들은 놀랍게도 희랍의 철학, 특히 아리스토텔레스의 철학, 의학, 지리학, 수학 등을 번역하도록 하였다는 것은 놀라운 일이다. 그래서 이슬람에도 중세에 많은 철학자가 나왔다. 10진법의 1, 2, 3 … 은 11세기 스페인의 이슬람 왕조 때에 쓰이기 시작한 것이 전 세계로 퍼진 것이다. 당시 유명한 문학 작품으로는 지금도 많이 읽혀지는 『아라비안 나이트』이다. 이것은 아바스 왕조 시대 때 궁전을 중심으로 일어나는 사건들을 재미있게 엮은 문학 작품이다.

그러나 아바스 왕조의 부흥기는 오래가지 못하였다. 일본 이슬람 전문가 이케우치 사토시의 말을 빌리면, 이때 이미 이바스 왕조 때 복수의 정체(政體)가 난립해 있었다. 후우마이야 왕조, 이집트의 시아파 파티마 왕

조이다. 또한 아바스 왕조의 칼리프가 명목상의 지배를 주장하는 영역조
차 아미르라고 부르는 군사령관이 실권을 쥐고 있었다. 아미르가 웬만큼
큰 국가 칼리프 이상으로 권력을 휘둘렀다는 것이다.[12] 10세기에는 페르
시아계의 바이드 왕조(Buyds dynasty)가 중동의 많은 지역을 석권하면서
바그다드까지 침공한다. 칼리프는 이 왕조에게도 수모를 당한다. 이 왕조
의 설립자는 조로아스트교 신자에서 이슬람으로 개종한 어부 출신의 부족
이다. 다음 셀죽 투르크가 바그다드를 공략한다.

칼리프의 권위가 실추되고 내부적으로는 부패와 타락으로 우마이야
왕조의 전철을 밟는다. 사회적으로는 초기 포용과 관용 정책이 사라지고
유대인, 기독교인, 조로아스트 신도들을 공개적으로 차별 대우를 하였
다. 유대인들과 기독교인들은 죄수복 같은 줄무늬 옷을 입게 하였고 여
자들은 노란색 베일을 착용하도록 강요했다.

아바스 왕조는 결국 1258년 징기스칸 손자 훌레구가 바그다드를 침공,
함락시키고 만다. 마지막 칼리프 무스타심은 잠깐 수감되었다가 훌레구
에게 끌려간다. 그는 엄청난 수모를 당하는데, 거기에 대한 정확한 기록
은 이슬람 세계에서는 공개되지 않는다고 한다. 훌레구는 무스타심의 보
석들을 그에게 먹으라고 할 정도로 모욕을 준다. 훌레구는 무스타심과
아들들을 큰 자루에 넣고 말이 끌고 달려서 죽게 한다. 몽골의 풍속으로
포로를 피 흘리지 않게 죽이는 것은 존경의 표시라고 한다. 이것으로 칼
리프 시대는 막을 내린다. 이집트에 존재했던 시아파의 파티마 왕조는
유명한 무슬림 장군 살라딘에 의하여 멸망당하고, 칼리프 직위는 오스만

---

12) 이케우치 사토시, 『그들은 왜 오렌지색 옷을 입힐까』, 김정환 옮김(서울 : 20세
기 북스, 2015), 14-15.

투르크에게 넘기게 된다. 오스만 투르크는 정통성이 약한 칼리프 국가인지라 술탄 (Sultan)과 칼리프라는 용어를 병행하여 사용하다가 1924년 케말 파샤에 의하여 칼리프 제국은 끝이 난다.[13]

7. 고대 칼리프 제국이 황금시대인가?

많은 무슬림들은 과거 칼리프 시대에 대한 강한 노스탤지어(향수)가 있다. 황금시대였던 고대 칼리프 제국에 대한 향수다. 프랑스 저널리스트 나폴레오니가 저술한 ISIS 관련 서적 중, 『이슬람주의자 불사조 *The Islamist Phoenix*』라는 책이 있다. 일본어 번역판 제목은 『이슬람국 : 테러리스트가 국가를 세울 때』이다.[14] 영어로 '이슬람주의자'란 이슬람 원리주의자(혹은 근본주의자라고 부르나 본서에서는 '원리주의자'로 표현함)를 의미한다. ISIS를 500년 만에 한 번 등장하는 불사조, 신화에나 나오는 '불사조'라는 새에 비유하였다. 그녀의 견해는 알 바그다디의 칼리프 제국 선언은 칼리프 국가를 동경하는 수니파 무슬림들에게는 엄청난 희소식이 된다는 것이다. ISIS는 과거의 위대했던 칼리프 국가를 현재의 이슬람 세계에 돌려주려는 존재로 평가된다. 고대 칼리프 국가가 황금시대였다는 것이다.

그녀는 국제화와 현대적 테크놀로지(기술)가 결합한 이 무서운 공포 집단이 좌절감의 쓴 경험 속에서 살아가는 수니파 무슬림들에게는 청량제 역할을 하는 것으로 이상화한다. 일본 번역본의 그녀의 사진은 매력적이

13) 아바시드 왕조 역사는 Hugh Kennedy, *The Caliphate* 을 참고하였음.
14) ロレッタ・ナボリオーニ, 『イスラム国テロリストが国家をつくる時』(村井章子訳, 文藝春秋), 2015.

다. 그러나 ISIS를 보는 비뚤어진 시각에 실망을 금할 수 없다. 그녀의 글들을 읽다 보면 다음의 질문과 더불어 이러한 결론에 이르게 된다.

1) 만약 ISIS가 불사조로 영원히 살아 있다면 이 세계는 어떻게 될 것인가?

2) 이미 언급한 대로 고대 칼리프 제국은 처음부터 침략과 정복의 역사를 가지고 있다고 일본 무슬림 지식인들이 여러 책을 통해 언급한 바 있다. 이 주제는 제4장 아랍의 굴욕감에서 다시 다룰 것이다. 현대의 역사 서술이 반미, 반서구 감정이 좀 지나쳐 공정한 판단력을 상실하는 것 같아 안타깝다. 7세기에 이미 모하메드가 시리아를 침공하였다는 사실을 언급한 바 있다. 십자군 전쟁은 한참 후의 일이다. 또한 십자군 전쟁을 일으킨 기독교는 로마 가톨릭이다. 이 부분을 개신교와 분리해야 하는데, 모든 것을 하나의 집단으로 생각하는 이슬람 문화는 이것을 분리하지 않는다.

3) 슈라라는 시스템으로 칼리프를 선출하는 것은 멋진 민주주의이다. 그러나 첫 칼리프 제국부터 이것은 실천되지 않았다. 실제는 세습제였다.

4) 칼리프는 하나여야 하는데, 내분으로 동 칼리프와 서 칼리프로 분열하였다.

5) 처음부터 암살 문화가 발전하고 말았다.

6) 이슬람은 모든 사람이 알라 앞에서 평등하다는 것을 자랑한다. 그런데 처음부터 모하메드 가문과 쿠라쉬 부족 사람들은 우위를 점령하였고 이에 메디나의 안사르들이 반발하였다. 우마이야 왕조 때도 종족, 계층 등 차별 대우로 인한 분열이 일어났다. 모하메드 가문을 중시하는 시아파 사상도 현대 사회에는 통할 수 없는 불평등주의이다.

결론

역사가들이 서술하는 초대 칼리프 제국은 현대 무슬림들이 동경하는 그런 유토피아는 아니다. 모하메드는 종교, 정치, 군사가 통합되는 통합적 시스템으로 시작하였지만 법이나 제도가 명확하지 않았다. 이로 인한 혼란, 칼리프 선출을 둘러싼 암투와 암살이 많았다. 무슬림 학자들은 이슬람과 기독교가 같다는 것을 많이 부각시킨다. 모하메드와 모세, 두 사람은 종교 지도자, 정치 지도자, 군사 지도자라는 점이 같다. 그러나 모세는 목동의 지팡이만을 들었고, 이스라엘 왕들은 절대 권력자로 군림하지 못하였다. 이유는 균형과 억제(check and balance) 시스템이 있었다. 선지자, 제사장들은 영적인 권위로 견제할 수 있었다. 물론 신정 국가로 이스라엘도 멸망하고 말았다. 그것은 제도의 문제가 아니라 이스라엘 나라의 죄악 때문이었다.

그런데 이슬람은 처음부터 합리적인 방법으로 절대 권력을 견제하는 시스템이 약하였다고 본다. 이슬람은 처음부터 분열의 역사이다. 그 분열이 바로 ISIS의 원인이라고 말한다. 그럼에도 세계적(universal), 선교적(missionary) 종교로서 이슬람은 무려 17억의 무슬림 인구를 자랑한다.

이슬람은 테러로 인한 이미지 개선을 어떻게 하느냐가 중요한 열쇠이다. 테러는 온 세계에 위협이지만 이슬람 세계에 대한 위협이기도 하다. 이슬람이라는 종교를 중립적 관점에서 보려고 하는 사람들조차 혼란스러워하고 있다. 좋은 종교인데, 어떻게 테러가 다른 종교에 비해 이슬람에서 더 많이 일어나는지? 이슬람 테러가 가시기 전에는 이슬람은 사랑, 관용, 평화의 종교라는 말은 설득력이 약할 것이다.

제 2 장

ISIS의 정체와 야망

1. ISIS 선언과 국제 사회

2014년 6월 29일 알 카에다에서 발전한 ISIS는 스스로 칼리프 국가를 선언하였다. 이것을 번역하면, "이라크와 시리아의 이슬람 국가"이다. 이날은 무슬림들의 금식 기간인 라마단의 첫날이다. 그들은 알라의 뜻으로 자신들이 승리를 거둔, 당연한 결과라고 호언하였다. 국제 사회는 아무도 "새로운 정부 수립"을 인정해 주지 않았다. ISIS는 국가가 될 수 있는 요건을 갖춘 나라가 물론 아니다. 국가 구성의 3대 요소인 백성도, 영토도, 주권도 없는 나라이다. 이집트의 파트와 청(Fatwa : 종교 법령을 선포하는 부서)은 국제 사회가 이 국가를 인정하지 말아 달라는 호소문을 발표하였다. 오바마 대통령은 이들을 이슬람도, 국가도 아니라고 비하했고 반기문 유엔사무총장도 이 그룹을 비이슬람적 국가(Un-Islamic)로 격하하는 말을 사용했다. 패트릭 콕번은 저서 *The Jihadist Return*에서 ISIS를 이라크와 시리아 내전의 부산물로 생긴 전쟁의 아들 (children of war)이라고 하였는데, 일본인 번역자 오오누마 야수시는 추천의 말에서는 이 말을 "귀신의 아들(鬼の子)"로 번역한다.15)

---

15) バトリック・コバーン, 『イスラムの反乱』, 大沼安史 訳(禄風出版, 2015), 197. 원문은 Patrick Cockburn, *The Jishiadist Return : ISIS and the New Sunni*

1) 고대 문명의 발상지 : 이라크, 시리아

우리는 메소포티미아 문명의 발상지 이라크와 시리아가 ISIS의 주무대가 되는 것이 안타깝다. 이라크는 문명 발상지이다. 인류의 첫 문자는 아카디아어이다. 이라크는 아카디아, 아시리아, 바빌론 문명이 시작된 나라이다. 사담 후세인은 과거 바빌론의 신화를 다시 쓰겠다고 신바빌론 건설을 외쳤다.

시리아는 고래로 9개의 문명이 등장하였다가 사라진 고대 유물의 집산지이다. 시리아인들의 전설에 의하면 다마스커스에서 가인이 아벨을 죽였다고 한다. 시리아 기독교인들은 에덴 동산은 시리아에 있었다고 믿고 있다. 그 "에덴 동산"이 5년 넘는 전쟁으로 폐허가 되고 있다. 이라크와 시리아의 문화재와 유물은 돈으로 환산할 수 없는 인류의 자산이다. 고대 유적지와 유물을 마구잡이로 파괴하는 ISIS의 모습은 보기에도 끔찍한, 문명 파괴이다. 어찌 이런 야만이 현대 문명 세계에서 일어날 수 있을까?

일본인 여성 저널리스트 오오다까 미키는 고대 아시리아 제국의 잔인한 역사가 ISIS로 재현되고 있다고 하면서 마닉스(D. P. Mannix)의 『고문의 세계사 : 인간은 어디까지 잔혹한가 *The History of Torture*』에서 고대 아시리아 국가의 잔인한 부분을 인용한다. 이미 많은 세계사 책들은 아시리아와 바빌론 제국의 잔인한 역사를 소개하였다. 하지만 오오다까가 인용한 내용을 일부 옮기면 다음과 같다.

아시리아는 군사 정책으로서 고문만 행한 것이 아니라 최초로 대량 학살을 행한 민족이었다. 다른 국민들에게 겁을 주어 항복하게 하려고 대량학살을

Uprising.

하였다. 전투 후에도 시체가 된 적군들이지만 그 목을 잘랐다. 병사들의 월
급은 적군들의 머리를 취해 온 숫자에 따라 주었다. 또 그 머리는 잔디밭의
장식품으로 사용되기도 하였다. 적군 왕의 머리는 왕의 정문 나무에 매달아
왕과 왕비가 그것을 보면서 식사를 하였다.16)

　너무 잔인한 내용이라 더 이상 인용은 생략한다. 고대 문명의 발상지가
결코 아름다운 동산은 아닌 것 같다. 오오다카 미키에 의하면 아시리아나
ISIS의 잔혹함은 공통점이 있다. 고대 아시리아나 ISIS가 공포심을 일으키
게 하는 것, 대량 학살, 무자비한 살육 행위는 공통적이다. 신(新)아시리
아의 수도 니느베는 성경에 니느웨로 나온다. 요나가 니느웨로 가라는 하
나님의 명령을 거역하고 반대 방향으로 갔다. 성경 나훔 3:1에는 다음과
같이 말한다. "화 있을진저 피의 성이여 그 안에는 거짓이 가득하고 포악
이 가득하며 탈취가 떠나지 아니하는도다." 고고학자들은 아시리아 왕궁
벽면 조각 그림을 발견했는데, 너무나 끔찍한 장면이 있다. 한 비문에:
"나는 그의 도시 성문 앞에 그 성문 위까지 솟는 기둥을 세우고, 반란을
일으킨 모든 수령들의 가죽을 벗겨 그 기둥을 그들의 가죽으로 덮었다."
이것은 신아시리아의 왕 시대의 이야기이다.

　2007년 초 필자는 시리아 다마스쿠스 박물관을 방문, 관장과 대담하였
다. 그 관장은 벌써 시리아를 떠났다. 그는 다마스쿠스 대학교에서 고고
학 전공으로 석사 학위를 받고 폴란드에서 고고학으로 PhD를 취득한 자
이다. 그는 시리아 고고학 연구의 총책임자였다. 그에 의하면 2007년도
당시 미국, 영국, 일본, 심지어 중국의 고고학을 연구하는 127개의 발굴
팀이 시리아에서 고고학 발굴을 하는데, 왜 한국은 한 팀도 없느냐고 반

16) 大高美貴, 『イスラム国 残虐支配の真実』(双葉社, 2015), 7-9.

문하였다. 부끄러운 질문이었다.

2) 아랍 세계의 반응 : "다에쉬"

57개의 이슬람 국가들은 ISIS의 정통성을 인정하지 않는다. 하지만 ISIS의 홍보관 아부 모하메드 아드나니는 도리어 모든 아랍 국가들이 칼리프의 권위와 군대가 없는 아랍 국가는 정통성을 상실하였다고 큰 소리를 친다. ISIS 명칭은 여러 번 바뀌었다. 지금도 두 이름으로 불려진다. 일부 외신은 이라크와 레반트의 이슬람 국가(영어 약칭은 ISIL)로 부른다. 아랍인들은 요르단, 레바논, 이스라엘, 팔레스타인을 샴이라고, 서양에서는 레반트라고 부른다. 하지만 아랍 국가들은 이슬람 국가(Islamic State)로 부르는 것을 강하게 거부한다.

ISIS의 아랍어 정식 명칭은 "알다울라 알이슬라미야 피 알이라크와 알샴"(al-Dawla al-Islamiya fi al-Iraq wa al-Sham)이다. 직역하면 이라크와 샴의 이슬람 국가이다. 이 단어의 아랍어 첫 글자를 합하면 "다에시(*Daesh*)"로 표기할 수 있다. ISIS는 이스라엘도 정복하여 ISIS에 포함시킨다는 야망으로 이라크와 샴 이슬람 국가로 부른다. 다에시는 짓밟는다는 뜻을 의미하기 때문에 ISIS는 "다에시라고 하는 자의 혀는 잘라 버리겠다."라고 엄포를 놓기도 했다. 고대 이집트와 그리스와 로마 신화에 등장하는 여신 이시스(Isis)와 이름이 비슷하다. 이 단어 때문에 벨기에의 ISIS라는 회사는 부득이 회사 이름을 바꾸었고, 이 이름을 쓰는 여자들은 ISIS를 엄청나게 원망한다고 한다.

정치 공동체이며 종교 공동체로서 칼리프 국가를 자처한 ISIS는 잔인성과 무서운 공포 정치로 인하여 시작하면서 일종의 "종교 폭력 국가"로

비난을 사고 있다. 독일의 테러 연구 전문가 크리스토퍼 로이터는 그의
저서 『검은 힘 : 이슬람 국가와 테러 전략 *Die Schwarze Macht : Der
Islamische Staat und die Strategen des Terrors*』에서 ISIS를 "아랍어로 된 북
한(Nordkorea im Arabisch)"으로 표현하였다. 양자는 문화와 언어가 다를
뿐 동일한 무서운 정치 집단이라는 것을 암시한다.[17]

3) 환영하는 아랍 세계

이슬람 테러는 이슬람이 아니라고 하는데도 이상하게도 아랍 세계에서
는 ISIS 등장을 반기는 자들이 많다. 빈 라덴이 2001년 9.11 테러를 자행
하자, 아랍 세계에서 원망하는 자들도 있었지만, 동시에 많은 사람들이
박수를 보내었다. ISIS 대원들이 검은 깃발을 들고 탱크를 앞세워 행진하
자 많은 수니파 무슬림들이 크게 환영하는 모습은 언론에 크게 클로즈업
되었다. 유럽, 아시아, 아프리카에서 많은 무슬림 청년들이 ISIS에 가담하
고 있다. 많은 수니파 무슬림들은 오스만 투르크의 멸망으로 칼리프 국가
가 사라진 데 대해서 자존심이 상하여, 강력한 이슬람 국가인 칼리프 제
국의 등장을 사모하여 왔다.

2013년 1년 동안 이라크에서는 수니파 무슬림 1만 명이, 2015년 5월
한 달에만 천 명이 살해당하였다고 인권 단체가 발표하였다. 그럼에도
불구하고 당시 이라크 말리키 수상은 노골적으로 사우디와 카타르가 이
들을 지원하였다고 비난하자, 사우디와 카타르는 발끈하였다. 미군 침공
이후 시아파, 수니파, 쿠르드 3 종파가 서로 연합하여 새로운 이라크가

---

17) Christoph Reuter, *Die Schwarze Macht : Der Islamische Staat und die
Strategen des Terrors* (Munchen : Deutsche VerlageAnstalt, 2015), 259-281.

되는 것을 기대하였던 수니파 무슬림들은 도리어 시아파로부터 엄청난 수난을 당하였다.

패트릭 콕번은 ISIS의 칼리프 선언은 후세인 정부가 무너진 후, 새로 시작된 이라크 현대사를 마감하게 하는 중요한 사건으로, 심지어 수니파 무슬림의 봉기로 해석한다.[18] ISIS의 전략은 "군사 국가의 새로운 형태"로 해석한다. 일부 전문가들은 지하드 테러는 사막의 베두인들이 낙타를 타고, 치고 빠지는 식의 게릴라전이기 때문에 현대 무기와 많은 병력은 도리어 비효율적이라고 말한다. 그러나 콕번은, ISIS 전술은 전혀 다른 형태의 전술을 발휘한다고 말한다. 즉 종교적 열정과 고도의 군사 기술의 합작품이라는 것이다. 2015년 말 이들이 장악한 지역은 영국 전체의 땅보다 더 넓다. 이제 ISIS는 중동의 지도에서 지리적으로나 정치적으로 하나의 현실이 되고 말았다.

ISIS는 알 카에다의 후신으로, 자기들의 작전 개시 105일 만인 2014년 6월 29일, 시리아 북부 지역 락카를 수도로 하고 칼리프 국가를 선언하였다. 그들은 세계 최강의 미제 탱크 위에 검은 복면을 하고 검은 이슬람 깃발을 달고 사막과 시가를 누볐다. 검은 바탕에 새겨진 글은 무슬림들이 고백하는 가장 중요한 신앙고백이다. "알라 외에 다른 신은 없고 모하메드는 알라의 선지자이다."

2. ISIS의 이념과 정체

테러 연구 전문가 말콤 낸스(Malcom Nance)는 저서 『ISIS를 무너트리자 Defeating ISIS : Who They Are, How They Fight, What They Believ』에

---

18) バトリック・コバーン, 『イスラムの反乱』, 99.

서 매스미이다와 테러 연구 전문가들이 테러 그룹의 Who, What, When, Where에만 관심을 두고 그들의 이데올로기에는 관심이 없다고 예리하게 지적한다. 결론적으로 낸스는 ISIS의 정체는 부유하고 영향력 있으면서도 악한 이슬람 이단 종파(Islam cult)로 단정한다. 그리고 이들의 이데올로기는 온 세계를 전쟁으로 몰아넣는 묵시록적 신앙(apocalyptic global war)이다. 이들의 궁극적 목표는 모든 무슬림들이 기독교와 민주주의와 모든 세계의 종교와 문명 충돌을 일으키도록 하는 것이라고 주장한다.[19] 낸스가 주장한 대로 이들의 이데올로기는 탈(脫)이슬람적 혹은 비이슬람 (Un-Islam) 곧 이슬람 이단 종파인지는 다시 논할 필요가 있다. 만약 이들의 묵시록적 사상이 이슬람 사상에 없다면 분명 이들은 이슬람 이단이다. 2016년 7월 16일자 미국 파이난셜 타임지 사설은 ISIS 이념은 천년왕국적 이념과 이라크 바트당 중심의 수니파 무슬림들의 인종 우월주의가 결합하여 힘이 강하여졌다고 지적한다. 그러면서 사설은 극단주의 폭력은 이념과 무기로 싸워야 한다고 제안한다.

이 문제에 대하여 윌리엄 맥칸트(William McCants)는 『ISIS 묵시록 : 역사, 전략, 종말 비전 The ISIS Apocalypse : the History, Strategy, and Doomsday Vision of the Islamic State』에서 이들의 키 워드는 묵시록, 칼리프 국가, 그리고 혁명으로, 이것은 750년 아바스 왕조가 우마이야 왕조를 전복시킬 때 검은 깃발을 흔든 것의 역사적 재판이라고 하였다.[20]

---

19) Malcolm Nance, *Defeating ISIS* (Skyhorse Publishing Books, 2016), 391.
20) William McCants, *The ISIS Apocalypse: the History, Strategy, and Doomsday Vision of the Islamic State* (New York : St. Martin Press, 2015), 106-111.

1) 살라피주의 이념

ISIS 칼리프를 선언한 알 바그다디는 살라피주의자이다. 이슬람 원리주의 자이지만 무슬림 형제단보다 더 무섭고 악하다. 파와그 걸그가 바그다디의 이념을 한마디로 잘 지적하였다. 살라피의 메시야적 이데올로기, 군사주의, 칼리프 국가 건설이 바그다디의 이념이라고 정의한다. 원리주의자들이 지향하는 공통된 목표는 항상 칼리프가 다스렸던 초대 이슬람으로 돌아가는 것이다. 고대 칼리프 국가는 많은 수니파 무슬림들이 동경하는 유토피아이다.

칼리프 국가(the Caliphate) 정치 제도는 민주주의와는 거리가 먼 신정국가(theocracy)이다. 대통령 중심에, 다당제와 국회가 있는 공화국도 아니고, 왕정 국가도 아니다. 신정 정치란 단어 자체가 의미하는 대로, 신이 다스리는(*cratos*) 나라이다. 칼리프는 모하메드의 후계자이지만 동시에 지상에서 알라를 대신하는 자로서, 종교, 정치, 사법에서 절대 권력을 행사하는 자이다. 그러나 알라의 뜻대로 집행하는 자이다.

그들은 다른 무슬림도 죽이는 것은 살라피주의(Salafism)의 탁크피르(*takfir*) 교리에 근거한 것이다. 탁크피르는 무슬림도 불경건자 혹은 불신앙자로 선언하는 것이다. 알 카에다는, 타크피르는 너무 잔인하다고 반대한다. 그래서 ISIS는 알 카에다와 분열하고 말았다.

이들의 핵심 이념은 종말론이다. 그러나 이들 종말론 역시 다른 지하드 그룹과는 달리, 과격성을 띤다. 그들은 믿기를, 종말이 가까웠고 동시에 종말은 심판의 날이다. 알라가 모든 악을 제거하고 알라를 믿는 자만이 구원을 얻게 된다. ISIS에게 종말론 이론을 제공하는 데 주도적 역할을 한 자는 바그다디의 전쟁성 장관인 아부 아유부 마스리이다. 그는 마

흐디(Mahdi : 메시아에 해당)가 곧 올 것이고, 그가 오면 모든 무슬림들
은 종말적 최후의 전투를 할 수 있도록 적절한 장소에서 대기해야 한다.
그의 종말론은 단적으로 표현하면 '불경건자들'은 이슬람으로 개종이냐
아니면 죽음이냐의 양자택일 뿐이다. 기독교도 이러한 묵시록적 종말 사
상이 있지만 심판은 하나님의 영역이지, 인간이 죽이고 살릴 권한은 없
다. 이들의 종말 사상은 영화에나 나오는 살벌한 묵시록적 전쟁 시나리
오를 연상시킨다.

2) 이슬람의 율법 : 샤리아(Shar'ia)

ISIS의 법은 이슬람의 법인 샤리아이다. 샤리아의 본래의 뜻은 '물 마시
는 곳으로 안내하는 길'을 의미한다. 사막에서 물은 곧 생명이다. 물이 있
는 오아시스로 인도하는 것은 중요한 일이다. 샤리아는 9세기 말에 다수
의 이슬람 법학자들에 의해 체계화되었다. 샤리아는 한 개인과 국가와의
관계뿐만 아니라 절대신과 인간, 양심과의 관계를 포함한다. 둘째는 샤리
아는 서구법과는 달리 알라가 만들었다. 모하메드 사후의 사회적 변천에
도 불구하고 샤리아는 변화하지 않는다. 샤리아라는 법이 모든 것 위에
우선한다. 이슬람의 샤리아는 개인의 규범이라기보다는 공동체의 규범이
요 원칙이다. 샤리아는 이슬람 공동체에 내린 알라의 계명을 표현한 것이
고, 이슬람 신앙을 믿는 무슬림들은 물론 다른 사람들도 따라야 한다.

샤리아 법은 아주 무섭다. 사우디에서는 아직도 참수형이 있는데, 살
인 강도는 참수하고 간음한 자는 돌로 치고 도적질한 자는 오른손을 자
르고, 음란한 행위를 한 사람은 곤장으로 친다. 특히 동성연애자는 참수
형을 면치 못한다.

3) 종말론 사상 : 선과 악의 전쟁

ISIS의 주요 이념은 이슬람 종말론으로, 세상을 선과 악으로 이원화시킨다. 이 사상은 우주를 선과 악으로 분류하는 페르시아의 마니키안적 이원론 철학과 유사하다. 세상의 악을 제거하기 위하여 세상을 파멸시켜야 한다는 것이 이들의 철학이요 신념이다. 악을 제거하기 위한 "순교"는 영웅주의와 예배의 최고 행위로, 인생의 딜레마를 해결해 주는 최고 수단이다.

ISIS는 터키에 가까운 시리아의 다비크 점령에 큰 의미를 부여하였다. 초기 이슬람의 종말 사상도 종말에는 무슬림이 로마(비무슬림 세계의 상징)를 패배시키는데, 다비크(Dabiq)가 바로 그 장소라는 것이다. 다비크를 점령하면서 이들은 칼리프 제국 건설을 선언하였다. ISIS는 자기들의 이데올로기에 동의하지 않는 자들의 세계를 청소하겠다는 것이다. 이들은 자기들이야말로 종말의 전쟁에 참여하는 주요 전사라는 확신에 휩싸여 있다.

4) 검은 깃발

ISIS대원들은 항상 붉은 깃발에 복면을 하고 총을 들고 다닌다. 미제 M5 탱크 위에 올라선 복면의 사나이가 든 검은 깃발은 무서움을 자아내게 한다. 왜 검은 깃발인가? 검은색은 일반적으로 장례식 때 입는 상복으로, 죽음과 슬픔의 상징이다. 성직자들이 입는 복장이기도 하다. 스탕달의 작품 『적과 흑』에서 적(붉은 색깔)은 군인의 상징이고 흑은 성직자의 상징이다.

ISIS 지하디스트(Jihadist)들이 검은 깃발을 드는 것은 모하메드를 모방한 것으로 말한다. 검은 깃발의 윗부분의 흰 글자는 "알라 외 다른 신은 없다."라는 것이고 아랫부분 원 안의 글자는 "모하메드는 알라의 사자(messenger)"라는 이슬람의 첫 신앙고백이다. 검은 깃발의 유래는 모하메드가 강단에서 설교할 때 검은 깃발을 달았고, 전투에서 이기고 돌아올 때도 검은 깃발을 들었다는 것이다. 그리고 마흐디가 올 때는 하나님의 종인 마흐디에게 깃발을 인계하는데, 그 사람이 죽으면 다음 사람이 깃발을 넘겨주어야 한다고 가르친다.

ISIS의 검은 깃발은 복수의 상징으로 해석한다. 모하메드 이전에 사막에서 어느 부족은 사람이 억울하게 죽으면, 복수를 하는데 그때는 검은 옷을 입었다. 아랍 이교도들이 우후드에서 모하메드 군대를 격퇴했을 때도 모하메드 지지자들은 모하메드의 가족들을 박해한 데 대한 복수를 하기 위하여 검은 옷을 입고 전투에 나갔다. 모하메드도 불신자들과 싸움을 할 때 검은 깃발을 들었다. 그는 한 장수에게 "깃발을 들고 불신자에게서 결코 도망하지 말라."라고 하였다.

3. ISIS 목적과 야망은?

ISIS가 의도하는 궁극적 목표는 무엇인가? 온 세계를 정복하여 이슬람으로 복종시키는 것이다. 이것은 빈 라덴도 동일하다. 그들의 성명서는 목표를 분명히 제시하고 있다. 성명서에 나타난 그들이 의도하는 목표는 불경건자들을 다 제거하고, 온 세계에 샤리아(이슬람 율법)를 선포하여 선지자의 재림을 앞당기는 것이라고 하였다. 고대 칼리프를 부활시키어 온 이슬람 세계를 하나로 묶고, 다음 단계로 온 세계를 이슬람화하겠다는 분명한 이념을 가지고 있다. 알 바그다디는 최초의 연설에서 "이전의 존엄, 힘, 권리, 지도적 지위를 도로 찾겠다."라고 서약하였다. 그는 이스라엘을 도로 찾을 뿐만 아니라 과거 무슬림들이 소유하였던 모든 땅들을 도로 회복하여 강력한 종교 국가를 세우는 것이다. 2015년 프랑스 샬리 에브도 잡지사 테러 사건을 전후하여 독일의 한 언론인이 이라크에서 ISIS 대원들과 대담한 내용이 조선일보에 잘 보도되었다. 그들은 구라파를 이슬람화하느냐 안 하느냐의 문제가 아니라 다만 시간문제라고 하였다.

ISIS는 결코 단순 종교 깡패들의 조직이 아니라 분명한 이념과 철학과 야망을 가지고 시작하였다. ISIS 야망은 바드다디가 출옥하면서 뉴욕 출신의 미군 병사에게 "뉴욕에서 만나자!"라고 한 대로 미국까지 정복하려는 너무 거창한 야망을 가지고 시작하였다. 이 야망은 결코 바드다디의 것만이 아니다. 미국은 멸절시켜야 할 불경건한 국가의 대명사이다. 빈 라덴도 2001년 9.11 테러 이후 미국을 향하여 성명을 발표하였다. 만약 미국이 이슬람으로 개종하고 민주주의를 버리면 이라크에서 전쟁을 중지할 것이라고, 마치 이라크 전쟁은 자기 손안에 있는 것처럼 호언장담하였다.

1) 수도 락카 : 엄격한 율법의 도시

ISIS는 시리아 북쪽에 위치한 락카를 수도로 한다. 그들은 락카에 종말론적 의미를 부여하면서 동시에 엄격한 율법의 도시로 만든다. 락카는 8세기 아바스 왕조 때 하룬 아루시드 왕이 수도로 하였는데, 그는 『천일야화』에 나오는 주인공으로 알려지고 있다. 그리고 무서운 샤리아 재판소를 설치, 죄가 완전하게 드러나지 않지만 의심되는 사람은 가혹한 처벌을 면치 못한다. 금연과 금주법을 위반한 자는 채찍질 형벌을 받고 구속되며, 혼외 성 관계를 한 사람과 신성모독자는 사형에 처한다. 물론 심사와 재판 과정이 너무 간단하여 공정성은 결여된다. 십대 미성년자에게

도 엄격하여 벌을 내리지만 고문도 한다. 심지어 사람들이 보는 공공 장
소에서 참수를 한다. 그들은 독자의 모스크를 세우고 학교도 세웠지만
대학은 여자들이 다녔다는 이유로 폐쇄하였다.

특별히 그들은 기독교 신자들에게 다음과 같은 포고령을 선포하였다.

① 공공장소에서 십자가나 성경을 사람들에게 보이게 해서는 안 된다.
② 기독교회의 기도 소리가 스피커로 나가서는 안 된다.
③ 기독교회의 활동은 교회 내로 한정한다. 교회나 수도원 건물의 임대는
  불허한다.
④ 기독교 신자들의 무기 소지는 금지한다.
⑤ 기독교 신자들에게는 인두세를 부과한다. 부유한 신자들은 순금 13
  그람 정도를, 중간 정도의 신자들은 반액으로, 가난한 신자들은 중간
  신자들의 반액으로 한다.

독자들의 이해를 돕기 위해 말하자면, 락카주는 시리아 원주민들인 앗
수르인 혹은 앗시리아인들이 집단 거주하는 지역으로, 이들은 대부분 아
시리아 정교회 신자들이다. 일부 복음주의 신자들도 있다. 6, 7세기에 중
국과 중앙아시아에 널리 전파되었던 네스토리안 교회가 이 지역에 일부
남아 있었다. 따라서 이 지역에는 수도원도 많다. 기독교 신자들에게 부
과하는 인두세란, 7세기 무슬림들이 아랍 국가를 정복한 지역에서 비무
슬림들에게 부과한 일종의 종교세로서, 이것을 지자(Jizya)라고 한다. 공
휴일은 아랍 이슬람 국가들의 공휴일이 대부분 금요일과 토요일인데,
ISIS는 목요일과 토요일이 공휴일이다. 금요일과 토요일을 공휴일로 한
제도는 신앙심이 결여된 아랍 국가들의 잘못이라는 것이다.

이상은 1990년대 아프간에서 탈레반들이 한 것과 아주 유사한 "복고취

미"이거니와 이 제도는 7세기 때 정통 칼리프 시대를 이상화하면서 그대로 흉내낸 것이다.

2) 행정 조직

행정 조직은 바그다디를 포함 12인의 간부 조직이 있고 그 아래에 각부 장관급 지도자가 배정되었다. 바그다디가 칼리프로 최고 지도자이고 이라크 담당 지도자는 과거 이라크 장군 출신 아부 알리 안바리를 시리아 담당으로, 아부 무슬림드와르쿠만은 이라크 담당 지도자로 임명하였다. 지도급 인물들의 나이는 40대와 50대 후반들이다. 후세인 시절의 이라크 군인들, 고위 공무원들, 기타 수니파 무슬림들이 대거 ISIS에 가담하였다. 세금도 징수하는데 과거 후세인 시절보다 세금이 적어 상인들의 환영을 받았다. 과거 시리아 등 아랍 국가에서 외교관을 지내고 『이슬람국의 정체イスラム國正體』를 쓴 쿠니에다 마사키는 이들을 테러 그룹이 아닌 것처럼 보일 정도라고 평한다. 이들은 각 분야의 전문가들을 많이 확보하였다. 그루지아 출신의 유능한 젊은이부터 여러 나라에서 온 다양한 사람들이 있다. 여성 경찰도 있을 정도이다. 이 조직은 국제적 국가라는 인상을 주기 위하여 이라크인 중심으로 하지 않고 다른 나라 사람들도 많이 등용하였다.

3) ISIS의 수입원

세계 많은 테러 그룹 중 ISIS가 제일 부자로 알려지고 있다. 쿠니에다 마수키에 의하면 시리아 반군 그룹인 자유 시리아와 알 카에다의 누스라 반군 대원들 중 많은 대원들이 ISIS로부터 돈을 빌린다고 한다. 이들의 가장 큰 수입원은 이라크, 시리아의 오일이다. 정보에 의하면 석유 수입으로 매일 100만 달러가 들어온다고 한다. 이들은 오래전에 이미 시리아 유전(油田) 공격을 계획했다. 터키가 석유 거래 암시장이 되어 존 케리 국무장관은 이 문제를 해결하기 위하여 터키를 설득하였지만 실패했다. 인질 대금도 큰 몫을 차지한다. 이것은 비밀이지만 인질 대금의 액수가 우리 돈 몇 천만 원이 아닌, 억대를 넘는다.

다음 이들의 큰 자원은 기부금과 세금이다. 2013년에서 2014년 사이에 사우디아라비아 카타르 쿠웨이트 정부가 4천만 불을 이들에게 기부하였다고 한다. 점령지에서는 주민들에게 세금을 징수한다. ISIS는 외부에서 오는 대원들에게 주는 월급이 2천 불에서, 심지어 6천 불까지 준다는 소문도 돈다는 것이다. 돈을 관리하는 재무성이 있어서 각 지역의 자금을 관리한다.

4. ISIS의 잔인성

1) 문명 파괴

ISIS는 문명을 파괴하는 자들이다. ISIS는 2015년 5월 말 시리아의 중요한 유적 도시인 팔미라를 점령하고 무려 300명의 주민들을 살해하였다. 팔미라는 중동에서 사막의 진주라 불리는 고대 로마 문화의 유적지이다. 팔미라는 로마의 원형극장이 그대로 남아 있는 유일한 곳이다. 2015년 2월 23일에는 모술을 점령하자 모술도서관의 장서 8천 권을 불태우고 말았다. 이 장서들은 복원할 수 없는 희귀 도서이다. 초대 칼리프 우마르가 알렉산드리아 도서관 장서는 코란과 배치되니 불태우라고 명령하였는데, 다행히도 실행되지는 않았다. 이것은 폴포트 군대가 프놈펜 대학교 도서관 책을 다 불태운 것이나 다름없는 야만적 문명 파괴 행위이다. 팔미라 유적 파괴 장면은 온 세계 사람들을 실망시키고도 남는다.

2) 참수 문화의 재현

가장 끔찍한 것은 칼로 목을 자르는 참수(excution)이다. 2014년 8월 ISIS는 뉴욕타임즈 기자 제임스 폴리에게 오렌지색 죄수복을 입히고 무릎을 꿇게 한 다음 검은 복면의 대원이 칼로 목을 치는 장면의 동영상을 인터넷에 띄웠다. 종교의 이름으로 사람을 잔인하게 죽이는 끔찍한 장면이다. 초기 이러한 식으로 백인들을 5명 죽이고 시리아 군인 10명도 처형하였다. 오렌지색은 쿠바의 칸타나모 테러범을 수용하는 미군 수용소의 죄수들에게 입히는 옷이다. 미국에 대한 일종의 복수 행위이다. 폴리 기자는 참수당하기 직전에 "미국의 독선과 범죄 행위의 결과이다." "다시 가족들을 만나기 원한다."라는 글을 읽었다고 한다. 물론 강요당한 것으로 보아야 할 것이다.

보기 끔찍한 참수 문화는 옛날 일본의 사무라이 시절에도 있었지만 아랍 사막 문화를 그대로 재현한 것이다. 지금도 사우디 아라비아(이후 사우디로 표기)는 공개 참수를 하여 국제 인권 단체의 거센 항의를 받지만 아랑곳하지 않는다. 이러한 나라가 서방의 우방국가로 취급받는 것 자체가 한심한 국제 현실이다. 과거 부족 중심의 사막에서는 다른 부족의 사람들을 무조건 죽였다고 한다. 이들은 특히 야지디 신자, 크리스쳔, 유대인, 시아파 무슬림은 인권이 없는 불경건자들로 단정, 많이 죽였다. 그래서 특히 이들 소수 종교인들은 ISIS 점령지는 다 떠난다. 죽은 사람은 이루 말할 수 없다.

참수는 코란에 나오는지는 아직 확인되지 않지만, 사우디, 예멘은 참수형이 지금도 시행되고 있다. 사우디는 샤리아 법에 의하여 간음한 자와 살인한 자는 공개적으로 참수한다. ISIS의 참수가 이슬람 세계에서도 논란이 된 것은 수니파 요르단 조종사를 화형으로 죽인 사건이다. IS는 이 참수는 코란의 법을 따랐다고 주장한다. 일부 사람들은 십자가에 매달아 죽이기도 하였다. 이들의 잔인성은 알 카에다를 능가한다. 아프간(이후 아프간으로)에서 탈레반의 만행이나 테러는 아프간과 파키스탄에 국한되지만 이들은 전 세계적이다. 알 카에다는 같은 무슬림을 죽이지 않았는데, ISIS는 다른 무슬림을 더 적으로 취급하고 무자비하게 죽이자, 알 카에다 간부들이 그것은 안 된다고 하였지만 소용없다.

3) 잔인함도 전술이다

이들의 잔인함도 하나의 전략이다. 잔인한 살인 장면이나 고문은 공포심을 일으키게 하여 공개적으로 반대나 비판의 입을 막고 복종하도록 하는 전략이라고 본다. 이들의 잔인성은 알 카에다를 능가한다. 샤리아 법이나 코란은 같은 무슬림을 죽이지 말라고 하는데, 이들은 무슬림도 죽인다. 2014년 5월 락카에서는 7명을 십자가에 달아 죽였고, 리비아 앞바다에서 이집트 콥틱 신자를 목을 치는 장면이 온 세상에 보도되어 그들의 잔인성에 세계는 충격을 금치 못하였다. 이들의 잔인한 행위는 이미 언급한 대로 초기 이슬람 시대의 하리 지파를 모방한 것으로 해석한다.

ISIS가 시아파 무슬림을 죽이는 것은 중세 유명한 이슬람 장군 알라딘을 모방한 것이라고 말한다. 알라딘은 십자군 시대 기독교도와 싸워 예루살렘을 정복한 아랍 세계에서는 영웅이다. 그는 시아파와 싸우는 것을 기독교 십자군과 싸우는 것보다 더 큰 비중을 두었다는 것이다.

4) 야지디 신자를 더 증오한다

이들의 잔인성은 다른 종교의 사람들에게 비교적 더 잔인하다. 크리스천들과 이라크의 야지디 신자들에게 대한 처형은 형용할 수 없다. 그래서 반기문 사무총장도 무서운 인종 살인극을 중단하라고 규탄하였다. 뉴스위크지 2016년 3월 19일자 루시 웨스트코트 기자는 야지디 신자들에게 대한 이들의 잔인함을 잘 보도했다. 나디아 무라드라는 야지디 여신도는 이들에게 성 매매로 팔려가서 당한 끔찍한 이야기를 생생하게 전했다. 수천 명의 야지디 여신도들이 성 노예로 팔리거나 상관들에게 성 상납당하였으며, 한 여자는 한 시간 동안 20-30명의 남자를 상대해야만 하였다고 한다. 1시간 동안 300명이 학살당하였는데, 그때 자기 형제들도 거기 포함되었다고 유엔에서 증언하였다. 나디아는 이어 증언하기를 ISIS가 여성 매매로 3,500만 불에서 4,000만 불의 이득을 챙겼다고 한다. 이 청문회에서 존 케리는 ISIS가 야지디 신자들과 시아파 무슬림들을 죽인다고 증언하였다.[21]

5) 기독교 박해

ISIS 이전 이미 이슬람 국가들은 다른 종교 박해의 강도가 갈수록 높아지는 상황이었다. 이라크의 기독교 신자들은 미군 침공이 자기들에게는 해방이 될 것이라고 크게 기대하였다. 초기 몇 달은 그러한 분위기였다.

---

21) Lucy Westcott, "Naid Murad, ISIS Sex Slavery Survivior, Urges Action to Save Captive Yazid Women" *Newsweek*, March 19, 2016.

필자는 미군 침공 후 9월에 바그다드 복음교회의 주일 아침 예배에 참석하였다. 대단히 활기 있는 분위기였다. 수석 장로는 필자에게 미군 침공은 우리에게 해방이라고 자신 있게 말하였다.

그런데 상황은 반전되고 말았다. 이라크 전 수상 말리키는 시아파 이슬람 원리주의자이다. 그의 새 이라크 정부는 이슬람을 국가 이념으로 하는 헌법을 만들었다. 미국이 의도한 민주주의 국가 설립과는 거리가 멀다. 이것은 곧바로 기독교와 수니파 무슬림들에 대한 탄압으로 이어졌다. 그래서 많은 수니파 무슬림들과 기독교 신자들 및 다른 소수 종교인들 다수가 이라크를 떠나고 말았다.

2015년 4월 3일자 뉴스위크지는 "새 엑소더스"라는 특집 기사로, 중동에서 크리스천들이 거의 없어져 가는 상황을 생생하게 보도했다. 시리아의 말루라라는 산악 지대는 기독교 신자들과 무슬림들이 평화롭게 공존하는 조용한 마을이었다. 세계에서 유일하게 예수님이 사용한 아람어가 남아 있는 동네였다. 그런데 ISIS 대원들이 들이닥쳐, 기독교 신자들을 무자비하게 죽임으로 신자들은 죽거나 탈출하고 말았다. 오래된 교회당과 수도원은 파괴되었다. ISIS 대원들은 수녀들을 납치, 인질로 삼았다. 수년 전 뉴스위크지는 기독교 탄생지가 기독교인이 전무하는 나라가 될 것으로 예언하였다. 이집트의 4백 3십만의 콥틱 신자들, 15만 명의 이스라엘의 크리스천들, 10만 명의 팔레스타인 신자들, 1백 6십만 명의 레바논 크리스천들, 14만 명의 요르단 신자들, 이라크의 1백 4십만 크리스천들은 자기 나라를 다 떠났다. 콥틱 크리스천들과 이라크 크리스천들이 자기 나라를 떠난 것은 ISIS 이전부터였다.

5. ISIS의 이념 제공자

1) 자르카위 : 작은 범죄자에서 큰 범죄자로

ISIS의 실제적 시작자는 자르카위(Abu Musab al Zarqawi)로서, 알 카에다보다 더 가장 악명 높은 지하디스트로 세상에 알려졌다. 스펜서(Robert Spencer)는 그의 이력을 소상하게 소개하였다. 어릴 때 작은 범죄자에서 테러의 두목 격으로 발전한 인물이다. 자르카위는 1966년 요르단의 자르카라는 지방의 한 가난한 집안에서 출생하였지만 출신 부족은 베두윈 족이다. 이 부족은 원래 아랍족의 시조이다. 그의 본명은 칼라이라 (Ahmad Fadhil Nazzal al Kalaylah)인데, 출생 지역 이름을 따서 자르카위 (Abu Musab al Zarqawi)로 개명했다. 그는 17살 때 아버지가 사망, 어머니가 10 자녀를 키웠는데, 9학년을 마치고 학교를 그만두었다. 어릴 때부터 술을 물 마시듯 하였고, 온몸은 푸른 문신을 하여 후일 그것을 특수 알콜로 지우는 데 힘들었다고 한다. 술과 문신은 이슬람이 금지하는 행위이다. 또 상습적 마약 복용과 성폭행으로 감옥살이를 하였다. 그는 감옥에 있으면서 경건한 무슬림으로 변신, 마약 복용을 끊고 코란을 열심히 외웠다. 많은 테러리스트들이 감옥에서 "더 경건한 무슬림이 되고" 테러 조직에 가담하는 경우가 많은데, 자르카위 역시 동일한 경로를 거친다. 그는 처음에 감옥에서 아시아의 이슬람 원리주의 운동 그룹인 타브리기 자마트(Tablighi Jamaat)에 가입한 것으로 본다.

그는 1980년대 아프칸 전쟁에 처음으로 지하드(성전)에 참여한다. 아프간에서는 큰 활동을 하지 못하고 1992년 요르단으로 돌아와서 '샴 군대 (Jund al-Sham)'라는 그룹을 조직, 국내에서 지하드 운동을 시작한다. 샴 군대를 영어로는 레반트 군대로 표현한다. 자르카위는 요르단을 세속적 이슬람 국가로 정죄하고, 정부를 번복시키는 것을 그의 사명으로 생각하였다. 요르단 국왕 압둘라는 온건하고도 세속적 이슬람 국가를 지향하였다. 그는 이것을 정면으로 공격한 것이다. 요르단은 아랍 국가 중에서는 이슬람 테러가 일어날 때 테러를 강력하게 규탄하는 성명서를 발표했다. 그러나 성명서 발표 다음날 암만에서 폭탄 테러가 일어났다.

자르카위는 그의 집에서 무기가 발견되자 1994년 체포되어 15년 징역형을 언도 받았다. 이슬람 테러리스트들에게 감옥은 제자를 만드는 가장 좋은 장소이다. 그는 감옥에서 많은 제자를 만들고 엄격한 규율을 실시하면서도 대원들에게는 친절하였다. 그는 "자기 친척보다 알라의 형제들을 더 사랑한 자"가 되었다. 1993년 압둘라 왕의 특별 사면으로 형기 1/3을 마치고 석방되자마자 바로 '천년의 음모(Millenuim Plot)'라는 지하드 계획을 세운다. 천년의 음모란 호화 호텔과 관광객이 많은 지역을 골라 테러하는 계획이다. 그의 테러 계획은 실패하여 파키스탄으로 도주하고, 다음 아프간으로 넘어가면서 100명의 대원들을 모집, 가짜 여권을 만들었다.

자르카위는 아프간에서 빈 라덴을 만나 "바다로 뛰어들라고 해도 복종하겠습니다."라고 하고 충성을 맹서하였다. 빈 라덴은 그를 이라크 알 카에다 수령(emir)으로 임명함과 동시에 헤랏에 테러 훈련소를 세워 그에게 테러 훈련 책임을 맡긴다. 조비 와릭(Joby Warrick)은 이 두 사람의 결합이 무슬림 땅에서 모든 불경건자와 악한 배교자를 청소하는 운동을 시작하게 하는 중요한 사건으로 해석한다.[22]

아프간에서 그는 '유일신론과 지하드 조직(Organization of Monotheism

---

22) Jobby Warrick, *Black Flags : The Rise of ISIS* (London : Crogi Books, 2015). 245.

and Jihad)'을 결성하고, 시리아, 요르단, 팔레스타인 및 구라파에서 온 테러리스트를 훈련시켰다. 9.11 테러 이후 그는 이란에 입국, 유대인들을 대량 살상하는 것을 시도하다가 발각되어 추방당하자 이라크로 가서 미국 상대로 테러하는 훈련을 시켰다. 그는 미국이 곧 이라크를 침공할 것을 알았다. '순나 사람들의 군대'라는 테러 조직을 동료와 함께 만들었다.

그는 2004년 미국 인질 니콜라스 베르그(Nicholas Berg)를 참수하는 장면을 동영상으로 유포하여 서방 언론에 크게 보도되었다. 그는 베르그를 참수하면서 다음과 같이 연설했다.

지금은 선지자 중의 선지자의 칼을 들고 지하드의 길을 갈 때가 아닌가? 선지자 (모하메드)는 바드르 전투에서 적의 목을 쳐서 죽이라고 명령하였다. 그는 우리에게 본을 보였다.

그 후 그의 그룹은 미국인 두 명을 잔인하게 참수했다. 2004년 10월 17일 그는 명성이 올라가자 조직 이름을 이라크의 알 카에다(al-Qaede in Iraq : AQI)로 바꾸었다. 수개월 후 테러그룹의 조직인 '무자헤딘 슈라 위원회'는 이라크 이슬람 국가(Islamic State of Iraq)를 탄생시켰다. 이들의 독자적 행동을 못마땅하게 생각한 빈 라덴은 이라크의 알 카에다 조직의 해산을 명령하였다. 그는 이라크의 동지가 미래에 동지가 아닌 적이 될 것을 미리 짐작한 것으로 본다. 자르카위는 빈 라덴의 명령을 거부하면서 알라의 권위를 내세웠다. "알라 외에는 나는 누구의 명령도 필요 없다."라고. 자르카위의 테러 행위에 미국 정부는 빈 라덴에게 건 현상금과 같은 액수인 2천 5백만 불의 현상금을 걸었다.

자르카위는 2006년 미군 공습으로 사망했다. 그러나 그의 조직은 죽지 않았다. 자르카위가 사망한 후 그 그룹은 2010년 알 바그다디가 지도자가 된 후 명칭은 이라크와 샴의 이슬람 국가 (Islamic State of Iraq and al-Sham)로 바꾸었다. 이 바그다디는 ISIS를 선언한 바그다디와 다르다. 이 명칭은 '이라크와 레반트 이슬람 국가'(ISIL)로도 사용된다.

그들은 2014년 이라크 모술을 점령하면서 스스로 칼리프 국가를 선언하고, 이름을 영어로는 Islamic State(IS)로 표기한다. 바그다디가 이 조직의 장이 되면서 ISIS는 규모, 인원 등 모든 분야에서 일약 모체 그룹인 알 카에다를 능가하여 무슬림 세계로부터 폭넓은 지지를 얻게 된다.

"성자는 기도하는 동안 악인들이 세상을 움직인다."라는 서양 속담은 바로 IS에 해당될지도 모른다. 자르카위의 지하드론을 연구한 조비 와릭은 자르카위의 지하드 이론을 자르카위주의(Zarqawism)라고 정의하면서, 그의 과격한 이론을 사람들이 따르는 것을 다음과 같이 개탄한다.

소수의 이맘들이 자르카위를 잘못되었다고 해도 그것은 ISIS가 사람들을 유혹하는 것을 감소시키지 못한다. 수천 명의 젊은 ISIS 대원들은 신학적 동기로보다는(이집트) 알 시시 같은 독재와 싸우자는 동기로 지원한다. 이슬람 테러를 4십년 간 연구한 레바논 언론인 라미 코우리는 자르카위의 무서운 증오심은 이슬람의 설교나 글에서 온 것이 아니라 형무소에서 생긴 것이다.23)

2) 알 바그다디란 어떤 인물인가?

2014년 6월 27일 알 바그다디(Abu Bakr al-Bagdadi)는 시리아 한 작은 도시 다비크에서 칼리프 국가(Caliphate) 건설을 선언하고 자신을 스스로 칼리프 이브라힘(Caliph Ibrahim)이라고 불렀다. Caliphate는 칼리프

---

23) Jobby Warrick, 428.

국가를 의미한다. 다비크는 시리아 북쪽의 한 타운으로, 이슬람 종말론
에서는 이 지역이 종말에 기독교인들과 무슬림이 전투하는 장소로 예언
되었다고 한다.

그러면 바그다디란 어떤 인물인가? 그는 1971년 이라크 중부 사마라에
서 아부 두아라는 이름으로 출생하여 사마라(Samarra)의 경건한 가정에
서 자랐다. 고등학교 시절, 수학은 잘하였으나 영어 성적이 좋지 않아 바
그다드 법학부를 가려다가 이슬람학부(College of Islamic Sciences)에 입
학, 처음에는 샤리아를, 나중에는 코란 연구 전공으로 바꾸었다.

알 바그다디는 바그다드 대학을 마친 후 사담 후세인이 세운 이슬람대
학교 (Islamic University)에서 코란 연구로 박사학위를 받았다. 후세인은
살라피주의가 자신의 정권에 큰 위협이 되었기 때문에 이슬람을 연구하
도록 많은 지원을 하고 이슬람 전공의 대학까지 세웠다. 그는 90년대 무
슬림 형제단에 가입하였으나 살라피 연구로 무슬림 형제단을 떠났다. 그
것은 이라크 침공 3년 전이었다. 그는 무슬림 형제단을 떠나면서 형제단
지도자에게 "내 그룹이 나를 영접하지 않는다."라고 말하였다. 그러나 논
문이 통과되기 전에 남부 지방의 부카 미군 캠프에 구속되었다. 이 캠프
가 지하드를 가르치는 온상이 되기 때문에 미군들은 이 형무소를 '아카데
미'라고 불렀다. 당시 이슬람대학교 대학원 지도교수는 바그다디가 장기
결석한 이유를 간단하게 '체포됨'이라고 교수회에 보고하였다. 그는 석방
된 후에 이슬람대학교에서 박사 학위를 받았다.[24]

그는 학생 시절에는 아주 조용한 성격이었고, 축구팀 주장 노릇을 하였

24) William McCants, *The ISIS Apocalypse : the History, Strategy, and Doomsday Vision of the Islamic State* , 74-76.

다. 학생 시절에는 반미주의자도 아니었고 과격하지도 않았다. 대학에서 이슬람 법 강사도 하고 사마라의 모스크에서 이맘으로도 봉사하였다. 이슬람은 공식적으로는 성직자가 없다. 이맘은 엄밀히 말하면 일종의 선생이다. 그러나 설교를 하고 코란 학교 선생도 된다. 주로 이슬람학과 출신이 이맘이 되는데, 이맘은 무슬림들에게 존경 받는 직책이다. 전사에 걸맞지 않게 오른손에는 6천 불짜리 시계를 찬 왼손잡이라고 말한다. 그러나 무슬림들은 이교도와 다르다는 것을 표시하기 위하여 왼손에 차는 전통이 있다.

바그다디는 대학밖에 안 나온 빈 라덴과 비교하면 엄청난 지식인이다. 대원들에게 존경 받을 만한 수준을 갖춘 인물이다. 특히 그의 아랍어 실력은 아랍 세계에서도 드물 정도로, 7세기 코란 시대의 아랍어를 구사하였다고 한다. 마치 옛날 우리나라 지식인들이 한자를 잘하는 것이나, 유럽의 지식인들이 라틴어를 잘 구사한 것과 유사하다. 지금 아랍 국가의 지도자들 중에도 이러한 정석 아랍어(후스아 아랍어)를 구사하는 사람은 적다. 아랍국가의 정치 지도자나 고위층 사람들은 벼락부자에 불과하여 수준 높은 어학 공부를 받은 자는 적다. 정석 아랍어를 하는 자는 시리아의 알 아사드 대통령으로, 그는 영국에서 의학을 전공하였다. 아사드 아랍어도 고쳐야 할 때가 많다고 한다. 바드다디는 할아버지가 살라피주의자이면서 아랍어학자여서 어릴 때 아랍어와 살라피주의를 배웠다.

이 주제와 관련된 재미있는 에피소드가 있다. 1991년 이라크의 사담 후세인이 쿠웨이트를 침공하기 직전 후세인과 이집트 대통령 무바라크가 회담을 가졌다. 회담 후 무바라크는, 전쟁은 "멀리갔다"라고 발표했는데, 바로 후세인이 쿠웨이트를 침공하고 말았다. 속았다고 생각한 무바라크가 후세인을 거짓말쟁이라고 비난하였다. 그러자 후세인은 무바라크를 향하여 "바보"라고 응수했다는 것이다. 두 사람의 "어설픈" 아랍어 실력이 커뮤니케이션에서 오해를 가져왔다는 것이다.

초기 칼리프는 슈라라는 자문위원이 선출한다. 그런데 바그다디를 선출한 자문위원이 있다는 말은 없다. 다만 ISIS가 지배하는 지역의 울라마(이슬람 학자들 그룹)와 유력한 지도자들로부터 복종의 서약을 받았다고 한다. 바드다디는 모술에서 행한 최초 연설에서 자신의 위치를 '대단히 중요한 책임'이라고 하였다.

영국의 한 살라피 청년은 바드다디의 할 일은 전시하의 국가를 다스릴 뿐만 아니라 주변의 적들을 저지해야 하고 이들 나라들을 합병해야 한다. 이유는 칼리프 국가란 끝없이 확대해 나가는 나라이다. 일부 강대국가들이 ISIS를 파괴하려고 하지만 알라의 뜻이라면 신앙이 없는 나라를 이길 수 있을 것이라고 확신한다. 그 청년의 말대로라면 IS는 이슬람 종교와 일치되는 나라로, 칼리프는 구세주와 다름없다.

그러나 불행하게도 2011년 미국 정부는 그에게 1천만 불의 현상금을 걸고 지명 수배하였다. 왜? 2003년 미국이 이라크를 침공하자 그는 무장세력을 조직, 미군을 조직적으로 괴롭혔다. 그로 말미암아 많은 미군들이 그해에 특히 많이 죽었다. 그래서 미군들은 그해를 전쟁의 해로 불렀다. 결국 체포되어 이라크 남부 지방의 미군 포로수용소에 수감되었다가 2006년 석방되었다. 미군 형무소를 나오면서 뉴욕 출신의 미군 병사에게 "뉴욕에서 보자!"라고 하였다. 바그다디는 영어가 약하다고 하지만, 만약 영어로 이 말을 하였다면 분위기를 보아서는 결코 존칭이나 정중한 말을 할 리가 없었을 것이다. 바그다디의 이 말이 각기 다르게 번역되어 알려지고 있다.

그러면 그는 왜 미군 형무소에 수감되었는가? 바그다디가 미군 켐프에 구속된 데 대하여 다른 해석이 있다. 바그다디는 후세인 시절에도 벌써 후세인에 저항하는 운동에 가담하여 늘 이라크 정보원의 감시 대상이었고 미군이 침공하자 수니 공동체 군대라는 무장 그룹을 조직, 종교재판소의 수장 노릇을 하였다. 미군을 많이 괴롭혔거니와 미군에게 우호적인 수니파 무슬림들도 잔인하게 처형함으로 이라크군도 그를 기피 인물로 경계하였다. 조직원의 배신으로 2004년 미군에게 체포되어 감옥살이를 하였다.

3) 바그다디는 실세가 아니다?

로란 기자는 알 카에다 대원의 말을 인용하면서 바그다디는 실세 인물이 아니라 누군가 모르는 배후 인물설을 암시한다. 로란은 2014년 시리아에서 ISIS 지도자들 모임에 옵저버로 참석하였다고 말한다. 그가 증언하는 내용에 의하면 바그다디가 주재하는 수 시간의 회의에서 갑자기 누군가가 바드다디에 다가가서 귀엣말로 무언가 말하자 즉시 회의는 중단되었다는 것이다. 이것을 근거로 로란은 바드다디가 실세가 아니라 배후에 누군가 그를 조종하는 세력이 있다는 것을 암시하면서도 구체적 내용은 밝히지 않았다.

4) ISIS 대원들

ISIS가 청년 대원들을 유인하는 비결은 무엇인가? 먼저 이슬람 국가의 수니파 무슬림들, 특히 청년들은 고대 칼리프 국가에 대한 강한 향수심을 가지고 있다. ISIS의 영문 선전지 「다비크*DABIQ*」 창간호는 ISIS를 지상의 낙원이라고 선전하고, 표지는 "칼리프 제국 부활"이라고 하였다. 이 제목 자체가 무슬림 청년들을 유혹하는 대목이다. 소셜미디어를 통한 홍보 전략은 탁월하다는 것은 다 인정하는 사실이다. 「다비크」는 전 세계에 인터넷으로 유포되고 있다. 기사 내용은 지하드 이념을 잘 소개하고, 동시에 고아와 가난한 전투원들에게 음식과 전리품을 나누어 주는 장면은 보는 이들을 감동시키고도 남는다.

60년대부터 아시아 종교와 이단들이 서구에서 더 포교 활동을 잘하는 비결은 아시아 종교라는 소프트를 서구 기술 문명과 하이테크로 잘 포장하여 서구로 역수출하는데, 알 카에다나 ISIS도 마찬가지이다. 이들 테러 그룹의 핵심 요원들은 결코 무식한 건달들이 아니라 서구에서, 혹은 자기 국가에서 고등교육을 받은 지식인들이다. 이들 중 일부는 서구에서 기술을 배웠다. 모집 대상도 단순 전투 요원만 아니라 석유 시추 기술자, 석유 정제 기술자, IT 기술자 등 아주 다양하다.

5) 전 세계로 확산되는 ISIS

ISIS 조직은 이미 전 세계에 세워졌다. 이라크와 시리아의 본부 격인 나라는 없어져도 지부는 건재할 것으로 본다. 아울러 보이지 않는 명령 체계가 전 세계의 대원들을 컨트롤할 것이다. 작년 10월 시나이 반도에서 러시아 여객기를 격추한 것은 ISIS 본부 요원들이 아니라 윌라야트(Wilayat)라는 산하 그룹이다. 윌라야트라는 명칭은 7세기 칼리프 통치 시절 지방 주지사에게 붙여진 이름이다. ISIS와 알 카에다의 전 세계에 흩어진 지부 조직들이 테러를 자행할 경우 그야말로 세계는 테러의 공포를 면하기 어려울 것이다. 2015년 1월 라피 찰리 에브도 잡지를 테러한 그룹은 알 카에다의 아라비아 반도의 알 카에다 그룹인 AQAP(al Qaeda in the Arabian Peninsula)이다. 조지타운 대학교 교수 다니엘 바이만(Daniel Byman)은 국제정치학회지 *Foreign Affairs*에서 오바마 대통령은 ISIS 테러를 언급하면서 이들 하부 조직의 테러가 더 무서운데도, 이것을 전혀 무시하고 있다고 우려하였다.[25)]

바이만은 ISIS가 아프간, 알제리아, 이집트, 리비아, 나이제리아, 파키스탄, 아라비아, 예멘과 코카사스 지방에 지방 조직 윌라야트(Wilayat)를 세웠다고 주장하지만 테러 전문가 말콤 낸스는 ISIS 지부는 전 세계적이라고 주장한다. 낸스는 각 지부 조직의 명칭, 활동 상황을 자세히 설명한다. 레반트 국가의 레바논, 요르단, 팔레스타인 가자 지구의 ISIS 조직은 기존의 알 카에다 조직과 대립, 경쟁하고 있으며, 아프리카에는 이집트, 리비야, 투니시아, 알제리아, 말리에 지부가 조직되었다. 특히 서부 아프리카는 보코하람이 나이제리아, 케냐 등 많은 나라에서 납치, 살인을 저지르는데, 호코하람 일부 대원들은 알 카에다에서 ISIS로 소속을 바꾸었다.

충격적인 사실은, 2003년에 이미 프랑스에는 알 카에다 그룹이 조직되어 많은 테러를 일으켰다. ISIS 등장 이후 이들 중 상당수가 ISIS 대원으로 변신하여 잠복한 것으로 본다. 이들이 자행한 큰 테러는 2015년 11월 13일 131명을 살해한 사건이다. ISIS대원들은 프랑스 외에도 벨기에, 캐나다, 오스트리아, 미국, 사우디, 예멘, 방글라데시, 아프간과 파키스탄

---

25) Daniel Byman, "ISIS Goes Global Fight the Islamic State by Targeting Its Affiliates," *Foreign Affairs,* Vol. 94, No. 6(2016) : 76-85.

및 코카사스 지방에도 이미 뿌리를 내렸다고 한다.

유럽 국가 시민권자 약 5천 명이 ISIS 대원으로 활동하고 있는데, 이들이 귀국하면 더 큰 테러 가능성이 있어서 국외로 추방하려고 하지만 국제 여론을 무시하지 못한다. 하지만 이들이 국내로 들어오면 온 국민이 공포에 휩싸이게 될 것이라고 고민하고 있다. 사실 영국 프랑스 네덜란드 등 많은 나라들은 인권과 국가 안보(security) 사이에서 고민하고 있다고 이코노미스트가 특집으로 보도한 적이 있다.

6) 국제 정치학자들의 잘못된 낙관론

2015년 11-12월 *Foreign Affairs*는 미국의 중동 정책 특집을 다루었다. 한 논문은 ISIS 국가 건설도 과거 공산 혁명, 프랑스 혁명, 모택동 혁명, 폴포트의 유토피아 혁명론이 실패한 것처럼 결국 실패할 것이라고 설명했다. 대신에 제안하는 것은 중동에 합리적이고도 민주적인 정권이 들어서서 이들과 잘 협력하면 ISIS를 제압할 수 있다는 것이다.

그러나 이것은 불가능한 제안이라고 생각한다. 아랍 국가에서 아직도 민주주의가 발전한 나라가 없다. 과격 무슬림들은 이슬람과 민주주의는 함께하지 못한다고 노골적으로 주장해 왔다. 국제정치학자들은 ISIS 혁명론의 종교적 본질을 무시하는 경향이 있다. ISIS의 혁명 이론은 과거 혁명이론과 전혀 다르다.

첫째로, 과거 혁명 이론은 모두 영적, 종교적 가치관과는 무관한 세속적인 가치관에 기반을 두었다. 세속주의적 혁명 이론은 오히려 종교를 부정적으로 본다. 종교가 제시하는 유토피아(천국 혹은 낙원) 대신에 지상

에 세워지는 유토피아를 약속한다. 그러나 이 시대에는 19세기 합리주의
와 계몽주의 사상에 근거한 낙관주의 역사관은 더 이상 설득력이 없다.

　이슬람 테러는 철저히 초자연적 가치관을 추구한다. 종교적 동기와 자
발성이 중요한 동기로 작용한다. 지하디스트들은 종교적 신념, 알라에
대한 충성, 조직체 지도자에 대한 절대 복종으로 무장되었다.

　둘째로, 과거 혁명 이론은 지상에 정치적, 경제적 유토피아를 약속했
다. 이슬람 테러리즘은 종교적 유토피아, 낙원을 약속한다. 지하디스트
에게는 죽은 후의 보상을 약속한다. 과거 혁명에 참여하는 자들은 죽을
각오를 한 것은 아니었다. 그러나 테러리스트들은 도리어 죽음을 순교로
받아들인다. 이미 순교할 준비가 된 자들이 대기하고 있다.

　세속적 혁명론이 미래 지향적이라면, ISIS는 과거에 존재했던 이상향
을 다시 세우려는 열정을 가지고 있다. 폴포트 공산 정권은 과거 크메르
제국의 농촌 국가를 이상화하여 프놈펜의 모든 시민들을 다 농촌으로 강
제 추방하였다. 그러나 ISIS는 과거에 있었던 유토피아를 기대하고 있다.
이것이 메시야 왕국이다. 그러나 이 왕국 건설은 지하드를 요구한다는
것이다. 공산 혁명은 가진 자와 권력자를 제거하는 일종의 계급투쟁이
다. 그러나 ISIS는 모든 비무슬림 세계를 투쟁의 대상으로 여긴다.

　과거 세속적 혁명 운동은 제한된 지역에서만 지지자들이 있었다. 그러
나 이슬람 과격 그룹은 무슬림들로부터 비난도 받지만 동시에 광범위한
지지도 얻는다. 특히 수니파 무슬림들의 지지를 받고 있다. 많은 수니파
무슬림들은 칼리프 국가 건설을 갈망하고 있다. 다만 ISIS의 살인 행위를
반대한다.

제 3 장
이슬람 원리주의의 뿌리

알 카에다와 ISIS 등장은 이슬람의 오랜 역사의 산물이다. ISIS는 이슬람에서 과격 이념을 그대로 수용하고 실천한 그룹이다. 과격 이념의 역사적 뿌리는 살라피즘 - 와하비즘 - 무슬림 형제단 - 빈 라덴의 알 카에다 - ISIS이다. 모하메드 이후 알리파와 수니파의 전쟁에서, 알리파의 한 과격 그룹이 알리와 추종자들을 불경건자 혹은 배신자라고 정죄한다. 이것이 소위 타크피르(takfir) 선언이다. 타크피르 선언을 받은 자는 죽여야 한다고 주장하는 과격 하리지파가 등장하였다. 하지리파의 과격 사상이 후일 살라피주의(salafism)의 이념이 된다. 사우디에서 일어난 살라피즘은 와합주의(Wahabism)의 창설자 와하브를 통하여 와하비즘으로 발전한다. 살라피파와 와하비파라는 두 과격 그룹이 현대 이슬람 테러 그룹의 이념적 모체가 된다. 두 과격파의 지하드 이념을 기본으로 하여 1920년대 이집트에서 무슬림 형제단(Muslim Brotherhood) 운동이 일어난다. 사우디의 청년 빈 라덴은 무슬림 형제단의 제자이다.

1. 이슬람 살라피주의(Salafism)

이슬람 테러 그룹의 원조는 사우디아라비아에서 시작된 살라피주의이다. 살라피란 아랍어 조상을 의미하는 살라프(*salaf*)의 파생어이다. 이

파는 초대 경건한 조상들(the pious forefathers)의 신앙으로의 복귀를 주
장한다. 하디스에 의하면 모하메드는 그와 첫 세대 사람들은 경건한 조
상들이었고 후 세대는 그들보다 좀 못하다는 인상을 남겼다. 첫 경건한
조상들은 첫 정통 칼리프 세 사람이 포함되고 알리는 제외된다. 이것을
주장한 그룹은 수니파이다.

　살라피주의자들은 개혁과 혁신을 외치지만 그들이 말하는 개혁이나 혁
신은 현재를 개혁하는 것이 아니라 먼 과거에 있었던 보다 순수하고 보다
완전한 창조 때의 이슬람으로 회귀를 목표로 삼는다. 이것을 살라프 파
혹은 이데올로기로서 살라피주의라고 말한다. 이들은 샤리아를 그대로
가르치고 실행하였던 초대 이슬람 공동체가 황금시대였다고 확신한
다.[26]

　그러나 수니파 위주의 첫 조상들에 대하여 10세기 이집트 파티마 칼리
프 제국의 칼리프 하킴은 첫 조상들인 초대 3명의 칼리프를 정죄하는 선
언을 하여 파문을 일으킨다. 첫 3명의 칼리프는 수니파가 정통이라고 믿
는 칼리프들이다. 하킴은 알리파이기 때문에 수니파의 쿠라시 칼리프를
정죄한 것이다.[27] 초대 이슬람 시대 때 하지리파가 탁피르 교리를 주장
하였는데, 14세기 이븐 타미야가 몽골 침략 때 몽골에 협조한 자들에게
탁피르 이론을 적용하였다. 사우디 살라피주의자들은 이븐 타미야 이론
을 부활시킨 셈이다.

　살라피주의는 정적인 살라피주의, 정치적 살라피주의, 지하드 살라피
주의로 분류한다. 정적인 살라피주의파는 정치에 관심이 없고, 사우디

---

26) オリヴァー・リーマン, 『イスラム哲學とは何か』, 佐藤陸雄 訳(草思社, 2012), 76.
27) Hugh Kennedy, *The Caliphate*, 270.

정부를 향하여 절대로 저항하지 않는다. 윤리적으로 자기 백성들에게는 엄격하고 통치자들에게는 아주 부드럽다. 정치적 살라피주의는 정치 참여에 적극적이다. ISIS의 알 바그다디와 추종자들은 살라피주의 지하디스트들이다. 알 카에다와 ISIS는 주로 이들 출신으로, 폭력적 지하드가 이슬람의 중요한 교리라고 확신한다. 이들은 인간의 법이 결코 알라의 법 위에 있을 수 없다고, 선거를 부정한다. 그들에게는 가까운 적(near enemy)이 있고 멀리 있는 적(far enemy)이 있다. 가까운 적은 아랍 국가의 통치자들이고 멀리 있는 적은 서구와 시아파이다. 일반적으로 전통적 수니파 무슬림들은 자기 나라 통치자들에게 저항하는 것은 코란이 금지한 것이라고 생각한다. 2011년 아랍의 봄에 일어난 민중 봉기는 이슬람 세계에서 전혀 예상치 못한 사건이다. 살라피주의 지하드스트들은 무슬림 형제단과 극보수 살라피주의에서 과격한 교리는 다 차용한 혼합 이데올로기이다. 무슬림 형제단은 이집트 대통령 낫세르를 불경건자(*takfir*)로 선언하고 암살했다. 코란에서 모든 불신자는 불경건자인 타크피르에 해당한다.

유럽에는 지금 살라피주의자들의 위험이 심각하다. 2012년 독일의 한 언론은 "20세기 초반에는 나치스, 후반에는 공산주의, 이제는 살라피주의이다."라고 보도하였다. 독일은 살라피주의라는 새로운 이데올로기 위협에 직면하였다는 것이다. 그해 6월 독일 경찰은 독일 전역에 1000명의 경찰 병력을 투입, 살라피주의 무슬림들의 가옥, 학교 및 모스크를 수색했다. CBN도 살라피주의자들은 서유럽에서 가장 인구가 많은 나라에서 급성장하고 있다고 보도한 적이 있다.

2. 와합주의(Wahabism)

1) 창시자 : 와합

와합주의의 창시자 와합(Muhammad Abd al-Wahhab, 1703-1787)은 엄격한 이슬람 가문에서 출생하였다. 와합의 아버지는 아들에게 수니학파의 엄격한 종파 신앙을 가르쳤다. 와합은 여러 곳을 여행하면서 여러 형태의 이슬람 신학과 신화를 공부한 자로서, 그는 수피(Sufi) 이슬람을 공격하고 아라비아로 돌아와서 자신이 해석한 이슬람 교리들을 설교하기 시작하였다. 그는 과거 이슬람 학자들이 쓴 이슬람 책은 문제가 많다고 정죄한다. 그는 이전의 이슬람 학자들(물라)이 쓴 책에서 비이슬람에게 관용을 가르치는 부분은 다 삭제시킬 정도로 이슬람을 전투적 종교로 개조하고 만다. 그리고 모하메드가 가르친 본래의 이슬람으로 돌아가자는 것이었다. 즉 코란과 순나로 복귀하여 이슬람에 첨가된 미신적 신앙이나 거짓된 실천과 관습은 다 제거하자는 것이다.

와합은 베두인들이 성자 숭배를 하고 묘비를 세우며 미신을 믿는 것에 분개하였다. 예를 들면, 어떤 무덤 자리나 장소에는 신성한 기운이 있다고 믿고 숭배하는 행위가 많았다. 와합은 이런 모든 행동을 비다(bida)라고 일컬었다. 즉 하나님이 금지한 행위라는 것이다. 그는 모하메드의 무덤을 방문하는 것과 그의 탄생을 축하하는 것도 금지했다. 이유는 그런 행동은 기독교에서 예수를 하나님과 동격화시키는 행위와 같아서 일종의 우상 숭배나 마찬가지라는 것이었다. 그리고 이런 여러 가지 생각을 함축해 원칙을 정했다. 그는 또한 이슬람 교리에 대해 '의심 또는 주저함'을 보이는 사람은 '목숨과 소유를 포기하는 것'으로 간주해도 된다고 주장하였다.

2. 와합주의(Wahabism) 73

사우드 왕가와 손을 잡은 와합은 무슬림들은 지도자들에게 순종해야 한다는 것을 가르쳤다. 모든 무슬림은 오로지 한 명의 무슬림 지도자에게 자기의 충성을 맹세해야 한다. "이를 따르지 않는 자에게는 죽음이 마땅하고 그의 아내와 딸들은 훼손을 당해야 하며 그의 모든 소유를 압수해도 좋다."라고 했다. 그는 배교자 목록에서 시아파와 수피파를 비롯한 다른 이슬람 교리 추종자도 무슬림에서 제외시켰다.

그의 이러한 과격주의는 고향에서도 환영 받지 못하였다. 그의 형마저 동생을 극단주의라고 배격하였다. 과격한 사상으로 2년 간의 은둔 생활 후에 많은 책을 저술하지만 술래이만이라는 그의 형마저 동생의 오만과 광신적 신앙을 도리어 증오한다. 형은 『와합파를 반대하는 신의 분노』라는 저서에서 동생의 성직자 자격을 노골적으로 비난하였다.

그러나 와합이 시작한 와합주의(Wahabism)는 18세기 초 아라비아 반도의 사우드 왕가를 만나 엄격한 이슬람 국가를 이루게 된다. 당시 혼란한 부족사회의 아라비아 반도는 사우드 왕가가 18세기 와합주의를 이념으로 아라비아를 통일한다. 이 주제는 제4장에서 다룰 것이다.

2) 서구 문명은 야만이다

와합주의(Wahabism)는 서구 문명을 무지한 야만의 문명으로 규정하고 파괴해야 할 것으로 해석한다. 서구 세계 사람은 신(神) 쟈힐리야(*jahiiliyya* : 무지의 시대)로 취급한다. 이 말은 이슬람에서는 종교적인 무지나 우상 숭배를 '쟈힐리야'라고 말한다. 이 말의 더 정확한 의미는 모하메드 선지자 이전에 신을 몰랐던 시대의 사람을 의미한다. 그런데 서구인들을 신 쟈힐리야로 규정하고 이들을 대상으로 성전을 수행해야 한다고 가르친다. 즉 서구 문명은 새로운 형태의 우상 숭배라는 것이다. 서구인들이 섬기는 신은 돈이나 물질이고 물질주의는 바로 우상 종교라는 것이다. 네덜란드 저널리스트 이안 부르마 (Ian Burma)는 이것을 정치적 서구주의(Occidentalism)라고 말한다.

3) 와합주의(Wahabism) 사상

와합주의는 엄격한 율법을 강조하는 이슬람 원리주의이다. 18세기 오스만 투르크 제국 시절 사우디아라비아 왕가의 지원을 받은 와합은 이슬람 사회가 타락하고 있으므로, 모하메드 시대로 되돌아가자며 와합주의를 제창했다. 수니파의 분파인 와합주의는 코란을 문자 그대로 해석해야한다고 주장한다. 와합주의를 간단히 소개하면 다음과 같다.

첫째로, 와합주의는 종교가 정치화하여 종교적 파시즘(Fascism) 혹은 종교적 전체주의의 첫 모델이라고 할 수 있다. 독일인 국제 정치학자 스테픈 슈발츠는 『두 이슬람의 얼굴 : 사우디 원리주의와 테러리즘에서 이들의 역할 Two Faces of Islam : Saudi Fundamentalism and Its Role in Terrorism』에서 와합주의의 정치 시스템을 다음과 같이 혹평한다.

놀랍게도 와합파들은 다른 어떤 정치에서 볼 수 없는 자신들만의 독특한 파시즘의 모습을 드러내었다. 이들은 볼셰비키나 나치스와 유사한 준군사적 정치 기구 (paramilitary political structures)를 세워 엘리트들이 부(富)를 독점하도록 하며, 극단적 억압에 의존하고 피 흘리기를 좋아한다. 보조 수단으로 잔인한 비밀 경찰과 언론 검열, 엄격한 교육 통제, 소수자에 대한 인종 청소를 자극하는 것이다. 이것은 시아파를 억압하고 나아가서는 비와합주의자들과 기독교와 유대인들을 청소하는 것이다.[28]

둘째, 와합주의는 반과학적이다. 미국이 달에 로켓을 쏘았을 때 이것을 보도하지 않은 나라는 사우디이다. 지구가 둥글다는 것을 거부하고 계속 평평하다는 것을 주장한 자는 이 나라에서 가장 존경 받았던 장로 빈 바스이다. 신은 과학을 버린다고 가르친다. 따라서 압둘라아지즈 왕조차 자동차, 라디오 등 근대 과학 문명을 도입하기 위하여 물라와 부족들을 설득하는 데 일 년이 걸렸다고 술회하였다. 전화기도 왕궁에 도입하는 데 먼저 코란을 읽는 것으로 시작한다는 조건으로 설치하였다는 것이다.

셋째, 와합주의는 철학, 예술을 증오한다. 사우디에서는 미술전은 불가능하거니와 철학도 신중해야 한다. 이슬람 초기에 벌써 코란 해석에 지식을 활용하는 것을 이단시한 전통과 역사가 있었다. 이 전통에 따라 코란을 문자적으로 해석하는 것이 원리주의의 특징이다. 이 전통대로라면 하루 다섯 번 기도하지 않는 자는 배신자 취급을 당하게 되어 있다.

넷째, 와합주의는 이슬람의 유일신론(*Tawhid*) 교리를 극단화시킨다. 기독교, 유대교, 시아파도 우상 숭배자, 다신론으로 간주. 타도 대상으로 삼는다. 특히 미국을 시대의 우상(Idol of the Age)으로 단정, 증오한다. 기독교, 유대인, 시아파 및 명목상 수니파 (lax Sunnis)는 가짜 일신론인데도, 미국이 이들과 결탁하여 참 이슬람 세계를 파괴하려는 음모를 꾸민다는 것이다. 종교가 반미 이데올로기를 조장하는 셈이다.

다섯째, 와합주의는 세계를 이슬람 세계(Dar al-Islam : 평화의 집)와 비이슬람 세계(Dar al-Halb : 전쟁의 집)로 구분하고 비이슬람 세계는 무

---

28) Stephen Schwartz, *The Two Facets of Islam: Saudi Fundamentalism and Its Role in Terrorism* (New York: A Division of Random House, 2003), 115.

력으로 정복해야 한다는 급진적 사상을 주장한다. 이 사상에 근거하여
기독교와 유대교, 미국은 다 적이다. 현대 와합주의의 해석자인 빈 바스
는 코란과 순나에 의하면 기독교 신자와 유대교도들에 대하여 적대심을
표명하는 것이 모든 무슬림들의 의무라고 강조한다. 와합주의는 기독교
를 잘못된 무신앙으로 간주한다. 그래서 아라비아에는 절대로 기독교 예
배 처소를 허용해서는 안 되며, 만약 있다면 파괴하라고 권면한다.

여섯째, 여성을 비하한다. 이슬람을 비판적으로 보는 사람들은 이슬람
천당에 여자가 있을까 의아해 한다. 탈레반이 여성을 천대한 것은 와합
주의(Wahabism)에서 나온 것이다. 최근 사우디의 한 공주는 이슬람에
서 여성 해방을 호소하는 책을 냈다. 가명으로 내었지만 사우디에서 여
성을 학대하는 생생한 이야기이다. 내용은 자기 아버지는 아들만 사랑하
고 딸인 자신을 냉대하였으며, 남편은 지성인이지만 네 여자를 거느리
며, 남녀가 함께 간음을 하는데도 여자만 처형당하고 남자는 구제되며,
강간범의 경우도 도리어 강간당한 여성을 처벌하고 남자는 그냥 두는 모
순이 있다.

이 점에서 사우디는 이슬람의 종주국이지만 모로코의 이슬람 단체가
지적한 대로 참 이슬람 대신 과격 이슬람을 전 세계에 수출하는 나라가
되고 말았다. 오사마 빈 라덴이나 탈레반 같은 급진적 이슬람 운동의 뿌
리는 와합주의이다.[29]

ISIS가 시리아 락카 지역에서 학생용 교육 자료를 배포하였는데, 그 내
용 중 후두드라는 처벌 규정은 완전히 사우디 복사판이었다고 한다. 사

---

[29] 이 주제에 대하여는 Michael State Doran, "The Saudi Paradox," *Foreign
Affairs*, January/Faebruary, 2005, 35-51을 참조할 것.

우디 처벌 규정은 와합주의의 이론이다. 여기서 와합주의와 알 카에다, ISIS의 커넥션이 입증된다.

3. 무슬림 형제단(Muslim Brotherhood)

무슬림 형제단을 긍정적으로 평가하는 자들은 이 운동을 이슬람 개혁 운동 혹은 이슬람 부흥 운동으로 해석한다. 이 운동 역시 서구화와 식민지 및 세속화에 대한 위기를 심각하게 생각하고 순수 이슬람으로 국가와 사회를 재건하자는 의도로 출발한다. 그러나 그 결과는 시초의 동기와 아주 다르게 발전하고 만다.

창설자 하산 알 바나((Hasan al-Banna, 1906-1949))는 칼리프 국가 오스만 부르크가 붕괴하자 크게 실망, 칼리프 복원을 선언하고 무슬림 형제단을 창설한다. 이 일을 위하여 그는 청년들을 훈련시키면서 조직을 확대하기 시작한다. 무슬림 형제단의 목표는 이슬람에 기초한 신정 국가(theocracy) 건설이다.

무슬림 형제단(Muslim Brotherhood : MB)은 1930년대에 하산 알 바나가 이집트에서 시작하였다. 알 바나는 원래 학교 교사로서 지적인 사람이었지만 사우디의 와합주의(Wahabism), 살라피주의에 감동한다. 당시 이집트가 서구 문명을 도입하고 서구적 정치 시스템을 도입하는 데 대하여 위기감을 느끼고 철저히 반서구 운동을 전개하면서 한편으로는 이슬람에로의 복귀를 외쳤다. 그는 서양의 도와 이슬람의 도라는 이분법적 등식을 세우고, 서양의 도인 자유주의와 공산주의는 다 물질주의로 정죄한다. 그는 자본주의를 탐욕과 독재로, 공산주의는 유물주의로 해석한다. 물론 자본주의는 퇴폐와 타락의 문화이고 이슬람은 경건한 문화이다. 그래서 이슬람의 도는 서양의 도에 대치될 수 있는 위대한 이념이자 종교로 확신한다. 그는 이슬람이 사회에 정착하기 위하여 교육, 출판, 농촌 운동, 복지 운동 등을 전개하여 많은 추종자를 얻는다. 그를 추종하는 정회원이 50만 명, 단순 추종자가 50만 명이나 될 정도로 이집트 전역으로 이 운동은 요원의 불길처럼 번진다.

당시 무슬림 형제단이 대중의 엄청난 인기를 얻는 배경에는 이슬람의 성직자에 해당하는 이맘들이나 이슬람 학자 그룹인 물라가 정부의 녹을 얻어먹음으로 백성들의 존경을 얻지 못하였다는 데에도 있다. 이 점에서 무슬림 형제단은 기독교식으로 말하면 철저한 평신도 운동이다.

이렇게 무슬림 형제단은 1940년대와 50년대에 엄청난 추종자들을 기반으로 이집트 전역에 테러를 확산시켰다. 민족주의자 대통령 가말 압둘 나세르(Gamal Abdul Nasser, 1918-1970)의 세속적 민족주의에 대한 반발로 생겨난 이 급진 원리주의 집단은 이슬람적 민족주의 형태를 취하였다. 1960년대까지 무슬림 형제단은 나세르와 팽팽하게 적대 관계를 유지하였다. 심지어 이 단체의 몇몇 지도자들은 나세르 정권을 전복하려고 하였다. 그래서 나세르는 이 집단의 지도자들을 투옥시켰으며, 알 바나는 후에 암살당하였다.

그러자 지도자 압드 알- 살람 파라즈는 모든 무슬림들에게 지하드를 호소하였다. 그는 코란과 하디스는 근본적으로 전쟁에 관한 책이라고 합리화했다. 파라즈는 이슬람법(샤리아)이 가르치는 도덕적 의무에서 이탈하는 이는 누구든지 지하드의 대상으로 간주하였다. 즉 지하드의 대상은 무슬림 공동체 밖에만 있는 것이 아니라 안에도 있다는 것을 의미한다. 무슬림 공동체 내의 배교자들도 타도해야 할 적인 셈이다.

이 그룹에서 잘 알려진 인사 중 다른 한 사람은 사이드 쿠트브(Sayyid Qutb)였다. 그는 농촌 출신으로 어릴 때부터 코란을 암송하였고 대학을 졸업한 후에는 문교부 공무원이었으나 정부의 대영 굴욕 외교에 저항감을 느끼고 공무원을 사직했다. 그러나 그는 공무원으로 재직 시 미국에서 공부를 하던 중 미국 사회의 인종 편견, 성적 자유, 친이스라엘 정책에 환멸을 느끼고 반미주의자로 돌아섰다. 그리고 공무원을 사임하고 무슬림 형제단에 입단하여 이 운동의 언론 편집장이 되고 선전부도 담당한다. 그는 알 바나처럼 서구의 자본주의나 공산주의는 실패한 이데올로기이기 때문에, 이슬람이 이에 대한 대안적 이데올로기가 되어야 한다. 그럼으로 이집트는 이슬람으로 복귀해야 한다고 역설하였다. 서양 문명은 육체와 영혼, 정신과 물질, 교회와 국가라는 이분법인데, 이러한 가치관은 결국 파멸하고 만다는 것이다. 그는 결국 정부 전복에 가담한 죄로 두 번이나 투옥되었다가 처형당하여 순교자가 되었다.[30]

아랍 스프링 이후 대부분의 이슬람 원리주의 집단들은 이슬람 정당 이름으로 정치에 진출하였다. 그러나 이슬람 정당들은 대체로 나라마다 분열하는데, 무슬림 형제단도 같은 원리주의인 살라피주의와 기타 원리주의 그룹과 분열하고 심지어 서로 암살한다. 2011년 선거를 앞두고 무려 20개의 이슬람 정당이 난립하였었다. 아랍 스프링 이후 이집트에서는 살라피주의자들이 숫자가 더 많았다. 무슬림 형제단이나 살라피주의 정당도 강경파 온건파로 대립하거나 분열하였다. 다 칼리프 국가를 희망하면서도 국회에 진출하였다. 이미 언급한 바 있지만 칼리프 국가는 국회란

---

30) 이 두 사람에 대하여는 中村廣治郞, 『イスラムと近代』(岩波書店, 1997), 132-54를 참조할 것.

존재할 수 없다. 그들은 제도 정치권에 진입하면서 이념 위주보다 실리와 주도권 경쟁을 벌임으로 종교의 이미지를 실추시켰다. 결국 정치권에 들어가서는 강경파들이 샤리아 법을 우선시하는 헌법을 제안하여 세속주의자들과 마찰을 불러오고 만다.

무슬림 형제단은 이슬람 윤리와 복장을 강요하여 세속주의자들과 지금도 충돌하고 있다. 인구 1천만 명 중 98%가 무슬림인 리비아에 서구식 자유가 이미 유행하였었다. 해수욕장에서 여자들은 비키니를 입고 슈퍼에서 술이 판매되고 바에서 술을 마신다. 그래서 여성 단체들은 혁명의 요란한 후유증으로 나라가 무리하게 세속주의 방향으로 나아가지 않을까 우려하기도 하였다. 세속주의자들은 "모스크와 국가는 분리되어야 한다." "종교가 정치를 망쳤고 정치가 종교를 망쳤다."라고 외쳤다. 르네상스라는 이슬람 정치 운동 단체는 당시 한 폴란드 신부의 죽음을 애도하는 과격한 모습을 보였다. 이들은 리비아도 말레이시아나 터키식 관용과 온건주의 이슬람 국가가 되어야 한다고 주장하였다. 그래서 일부 사람들은 이 상황을 우려하였는데, 우려대로 리비아는 지금 ISIS가 일부 지역을 점령, 혼란 상태이다.

원리주의자들은 암살 등 폭력을 사용함으로 스스로 반발을 자초하고 있다. 아랍스프링 이후 튀니지아 야당 지도자 초크리 발레이드가 암살당하였다. 백성들은 대체로 무슬림 형제단 소행으로 의심하였다. 프랑스 내무장관 마누엘 발은 암살을 이슬람주의적 파시즘(Islamist fascism)이라고 비난하자 튀니지아 정부가 도리어 항의하였다. 내정 간섭이라고. 정부도 무슬림 형제단을 편드는 상황이었다. 하나의 종교 이념 학파로서 무슬림 형제단은 파시즘이 강하여 배타성이 강하고 비판이나 건의를 허용하지 않는 상의하달의 계급주의이다. 반대자는 추방당하는 케이스가 너무나 많다.

그래서 비판자들은 이 집단은 멸망하는 길로 가고 있다고 주장하였다. 무슬림 형제단이 파시즘이라는 것은 프랑스 대사의 주장이 필요 없다. 그것은 완전한 현실이다. 일부 범아랍주(Pan-Arabianism)의 사람들은 무슬림 형제단은 아랍 국가를 후퇴시키려는 국제적 음모로 보기도 한다.

이상 이슬람 내의 과격주의 사상과 운동들은 테러를 자행하는 이슬람 원리주의로 발전하였다. 다시 말하면 이슬람 테러는 급진주의 이슬람 사상의 뿌리에서 탄생한 것이다.

위에서 설명한 세 개의 원리주의 그룹은, 이념은 유사하지만 서로 협력하지 못하고 경쟁한다. 아랍 스프링 때 이집트에서 지하에 들어갔던 무슬림 형제단이나 살라피주의자들은 고개를 들고 나왔다. 그러나 그들은 이전투구 식으로 대립하며 투쟁하였다. 동일한 이념 집단이 도리어 대치되는 적이 되었다. 이들이 낳은 알 카에다나 ISIS도 서로 경쟁, 대립하면서 전 세계를 위협하고 있다.

제4장

이슬람 원리주의 등장과 발전

서방 세계가 지금 전개하고 있는 테러와의 전쟁은 궁극적으로는 이슬람 원리주의와의 전쟁이다. 이것은 일찍이 미국의 안보 담당 전문가가 한 말이다. 국제 세계를 불안하게 하는 알 카에다나 ISIS는 이슬람 원리주의라는 이념을 행동으로 옮기는 자들이다.

프랑스 여성 저널리스트 나폴레오니는 ISIS를 이슬람주의자 불사조라고 하였는데, 책 제목이 정확하게 ISIS의 이념을 간파한 것이다. ISIS는 이슬람 원리주의를 그대로 실천한 것이다. 최근 영국 공안 당국은 이슬람 원리주의자 이맘(이슬람 성직자)을 오랫동안 관찰하다가 체포했다. 그 이맘은 모스크에서 무슬림 청년들에게 ISIS에 가담하라고 선동하였다. 이슬람 원리주의와 ISIS의 관계를 알 수 있는 좋은 케이스이다. 국제 정치학자들은, ISIS 등장은 수니파 원리주의 국가들과 시아파 원리주의 국가에 상당한 책임이 있다는 데 대체로 동의한다.

그러나 종교 원리주의는 부드러운 이념부터 과격 사상까지 다양하여 도매금으로 일반화시키는 것은 바람직하지 않다. 각 종교의 근본적 신앙과 교리(fundamentals)를 믿는 사람들은 원리주의자 (혹은 근본주의: 이 책에서는 원리주의로 표현함)라고 해도 잘못이 아니다. 19세기 미국에서 복음주의 신앙 운동을 하는 평신도들이 더 자유주의에 저항하여, *The Fundamentals*이라는 작은 팸플릿을 만들어 전국에 배포하였다. 그 사람들은 결코 비난할 수 없는 모범적 원리주의 신자들이다. 어느 종교든지 다 자기 종교의 근본을 믿는 신앙이 바른 종교인이고 원리주의자라고 해도 무방하다.

1. 원리주의의 공통된 특징

1) 원리주의의 정의

먼저 우리는 원리주의라는 용어와 기원을 알 필요가 있다. 원리주의는 20세기 초 미국의 기독교의 신학 논쟁에서 시작된 것인데도 이 용어가 아시아의 비기독교 종교의 원리주의 운동에도 적용되었다. 20세기 초반 미국 교회와 신학계에는 자유주의 신학이 등장하자 이에 반발하는 집단이 일어나는데, 이것을 복음주의라고 부른다. 미국의 복음주의자들은 1930년대 미국 사회를 떠들썩하게 한 소위 원리주의와 현대주의(modernism) 신학 논쟁을 일으켰다. 물론 논쟁의 불을 붙인 자들은 실제로는 현대주의자들이다. 복음주의 신앙과 신학이 기독교의 '오리지널'이고 현대주의(modernism)는 후에 등장한 도전자인 셈이다. 새롭게 일어난 현대주의가 기존의 기독교회와 신학을 공격한 것이다. 미국 원리주의 신학의 대표적 신학자인 그레샴 메이첸(Gresham Machen) 박사는 저서 『기독교와 자유주의』에서 현대주의는 기독교와 합리주의의 합작품인, 전혀 다른 종류의 기독교라고 단호하게 배격하였다. 이 저서에 대하여 50년대와 60년대 미국의 유명한 평론가인 월터 리프만은 자유주의는 이 책에 대한 해답을 하지 않았다고 평한 적이 있다.

이렇게 기독교 원리주의는 자유주의나 현대주의의 위협으로부터 기독교의 근본적 교리나 진리를 방어하고, 나아가서는 원래의 기독교 근본적 교리를 회복하자는 일종의 신학적 방어 운동이다. 그런데 용어가 다른 종교의 원리주의 운동에 그대로 사용되면서 그들 종교 안에서도 논란이 있었다. 이슬람 원리주의자들은 이 용어 대신에 이슬람주의(Islamism) 혹은 이슬람주의자(Islamist)라고 말하기를 선호한다. 80년대 후반에 이미 이 운동이 활발하게 일어났기 때문에 시카고 대학교는 4권의 방대한 원리주의책을 출판하여, 원리주의 이론에 관한한 거의 고전이 되었다.

그러나 기독교에서도 원리주의 혹은 근본주의라는 용어는 불행하게도 편협한 사고, 몽매주의, 반현대주의와 같은 부정적인 의미로 사용되고 있다. 하지만 아시아의 순진한 신자들은 성경의 기본 가르침들을 그대로 믿기 때문에 초기 기독교 원리주의의 범주에 속한다. 아시아의 크리스천들은 자기들 사회에서 소수 종교로서 박해 받는 상황이어서, 오만, 편협, 배타와는 거리가 멀다. 그들은 숨을 죽이면서 살아가는 자들이다. 서구나 기독교가 강한 사회에서 오만하고 배타적인 신자들이 많은 것은 사실이다.

2) 다양하고 복잡한 원리주의

원리주의는 단순하게 일반화할 수 없을 정도로 다양하고 복잡하다. 독일 원리주의 연구자 베르너 후트(Wener Huth)는 저서 『확실성으로의 도피 : 원리주의와 현대 *Flucht in die Gewissheit : Fundamentalismus und Moderne*』에서 계몽주의가 낳은 근대화가 위기로 처하자, 원리주의라는 신종 이데올로기가 마치 요원의 불길처럼 전 세계로 확산되었다. 따라서 원리주의는 다종다양한 현상을 표현하는 유행어가 되고 말았다고 적절하게 지적한다. 원리주의는 종교에만 국한되는 것이 아니다. 베르너는 과격한 환경론자들을 환경파 원리주의자로 말한다. 환경 운동이 순수한 것도 있지만 자연종교에 근거하여, 과격한 환경 이론을 주장한 것도 있다. 이들의 진짜 동기는 좌파적 급진주의 이데올로기인데, 이것을 환경 보호로 포장할 뿐이라는 것이다. 자연종교란 해, 달, 뱀, 나무도 신성시하는 우리나라의 샤머니즘(Aimism)은 자연종교에 속한다. 극단적 환경주의는 모든 개발과 산업은 배제하고 만다.

3) 종교 원리주의의 일반적 특징

대부분의 종교 원리주의는 공통된 주장과 특징이 있다. 1990년대 초기 시카고대학교 원리주의 프로젝트 연구는 원리주의에 대한 연구서 4권을 출판하였다. 이 연구소는 종교 원리주의 특징들을 다음과 같이 요약하였다.

① 원리주의는 전통 문화와 종교가 강하게 뿌리를 내린 문화권에서 주로 발전한다. 이러한 문화권은 전통과 자존심이 너무 강하여 "다른 것"을 보지 않는다.
② 원리주의들은 항상 외부로부터의 위협을 받고 있다는 강박관념에 사로잡힌다. 그러면서도 "잃어버린 세계"에 대한 강한 집착을 가진다. 원리주의자들이 불안하게 느끼는 외부로부터 오는 위협은 바로 서구화, 현대화, 다원주의, 세속주의 등이다.
③ 사람들의 불만을 충족시키는 이념 운동으로 매력을 가지도록 한다. 반면에 도전자나 적들은 배교자, 이단자, 혹은 세속적 인본주의자로 취급한다.
④ 원리주의는 일종의 반발 운동이다. 즉 동의할 수 없는 외부의 것에 대한 반응(reaction)과 반작용(counteraction)이 특징이다.
⑤ 원리주의자들은 권위를 추구한다. 교황의 무오성과 같은 계급적 권위나 경전의 권위를 내세운다.

⑥ 원리주의자들은 자기 종교의 교리, 전통, 규범을 전체적으로 택하는 것
이 아니라 자기들 이념에 맞는 것만 취사선택한다.

⑦ 원리주의는 양자택일의 논리를 제시한다. "당신은 이것이든지 저것이어
야 한다."라는 식이다. 우주질서는 선과 악으로 분명하게 나뉘어졌다고
가르친다. 혹은 신의 세계와 사탄의 세계로.

⑧ 원리주의는 문화적 "친밀도(thickness)"나 혈통이나 신체적 유사성에 근
거한 부족주의를 중시하고 자기 부족 혹은 종족은 선민임을 강조한다.

⑨ 원리주의는 잠재적으로 또는 실제로 공격적이 된다. 그래서 언론들은
원리주의를 호전주의, 테러리즘, 혁명, 저격, 살상과 동일시한다.

⑩ 원리주의는 미래의 천년왕국을 중시한다. 미래의 계급 없는 사회, 다가
오는 황금시대 또는 천국의 희망을 제시한다. 그러나 그것은 묵시록적
이고 극적인 파국을 통하여서 실현된다고 말한다. 원리주의 역사관은
한 마디로 미래는 확신이고, 과거는 웅대했으며, 현재는 구름 날씨이
다.[31]

그러나 가장 공통된 특징은 폭력 사용을 정당화하면서 일말의 후회나
가책을 하지 않는다.

4) "거룩한 전쟁" "거룩하지 못한 테러"

대부분의 원리주의는 자기 이념을 달성하기 위하여 "거룩한 전쟁" 즉
지하드를 수행한다. 이들은 공산주의식으로 목적은 수단을 정당화한다
는 논리로, 거룩한 폭력 이론을 내세워 사람을 아무리 죽여도 후회라는
단어가 없다. 버나드 루이스는 이것을 거룩한 전쟁(holy war), 거룩하지

---

31) Martin Marty, *Accounting for Fundamentalism* (Chicago : The University of
Chicago Press, 1994), 18-22.

못한 테러(unholy terror)로 규정한다. 종교 테러로 인하여 원리주의와 폭력이 거의 동의어가 되고 있다. 미국에서 인공 유산시키는 의사를 죽인 자는 보수 개혁파 신학교를 졸업한 목사라는 데 충격을 금치 못한다. 그런데도 자기들의 폭력은 거룩한 테러(holy terror)로 정당화한다.

그런데 이슬람 원리주의를 특별히 연구해야 할 이유는, 세계를 공포로 몰아넣는 알 카에다와 ISIS 그룹 등은 과거에 일어난 테러 운동과는 달리 전 세계적이고, 무서운 종교 이념으로 무장되었고, 장기적으로 지속될 것이기 때문이다. 이슬람 테러 그룹의 위협은 기독교, 힌두교, 불교 원리주의 테러 그룹과는 비교가 되지 않는다. 유대교 원리주의, 힌두교 원리주의, 불교 원리주의의 배타적인 종교적 민족주의 종교의 특징을 보이지만 전 세계를 정복하려는 이념이나 야망은 없다. 대신에 자기 나라를 자신들의 종교 이념으로 지배하거나 영향력을 행사하려고 한다. 이들 원리주의는 자기 인종이 종교적으로 더 우월하고 선택된 민족임을 강조한다.

2. 이슬람 원리주의란?

이슬람 원리주의는 제3장에서 다룬 살라피주의, 와합주의에서 파생되고 발전한 것이다. 따라서 이슬람 원리주의는 하루아침에 등장한 것이 아니라 오랜 역사의 산물이다. 이슬람 원리주의는 다른 종교 원리주의보다 더 다양하고 복잡하며 서로 경쟁한다. 수니파 원리주의, 시아파 원리주의가 있고, 한 국가가 원리주의 국가인 것도 있고 무슬림 형제단 같은 단체 혹은 그룹이 있고, 온건파에서 과격파까지 다양하다. 빈 라덴의 원리주의는 사우디의 살라피주의와 와합주의에서 발전한 것이다. 빈 라덴은 사우디 원리주의의 '아들'이다. 다만 무슬림 형제단을 통하여 그 이

넘을 배웠다. 그런데 사우디 정부는 빈 라덴을 추방하였다. 같은 원리주의가 충돌하는 셈이다. 이것은 원리주의의 이념이나 실천이 서로 다르기 때문이다. 원리주의는 자기와 다르면 다 적이다.

1) 이슬람 원리주의 정의

이슬람 원리주의의 정의에 관해서 이슬람 학자들은 그것을 설명하려고 하지 않는다. 대신 그들은 원리주의 운동을 설명하는 데 더 관심을 가진다. 원리주의자들이나 무슬림들은 이슬람 원리주의 운동에 대한 서구 세계의 부정적인 반응들에 대해 불만을 제기한다.

이슬람 원리주의는 코란의 가르침들을 실천하려고 하고, 이러한 가르침들을 정치를 포함하여 사회의 모든 분야에서 폭력을 포함한 어떠한 수단도 불사하면서까지 적용하려는 조직적인 운동이라고 정의될 수 있다. 최근에 이슬람 원리주의는 한국과 일본의 언론인들이 국제 정치권에서 부각되는 이슬람 원리주의의 활동들을 인식하게 되면서 한국과 일본에서 대중매체의 주목을 끌었다. 일본의 언론가 요시노리 칸도는 이슬람 원리주의를 "코란의 기본 가르침들을 지키고, 그것들을 일상생활 속에서 실천하려고 하는 생각이나 운동"[32]이라고 정의한다. 일본 경제 신문도 이슬람 원리주의자들을 "코란의 가르침에 의해 다스림을 받는 자들"로 묘사한다. 미국의 사회학자 먼슨 (Henry Munson Jr)은 이슬람 원리주의를 정의하기를 "사회와 정치를 포함한 삶의 모든 국면들이, 오류가 없으며 불변하다고 믿는 거룩한 경전에 맞춰져야 한다고 주장하는 사람"[33]이라고 한다.

---

32) 觀堂義憲, 『世界の民族. 宗教かわかる本』(書房, 1994), 66.

33) Henry Munson, *Islam and Revolution in the Middle East* (New Haven, Yale

반면 세계적 이슬람 전문가 버나드 루이스 (Bernard Lewis)는 과격하고 호전적인 이슬람 단체들을 묘사하는 용어로 원리주의라는 용어를 사용하는 것을 반대하고 대신 과격한 이슬람주의로 표현한다. 그는 모든 무슬림들이 코란을 대하는 태도에 있어서 원칙상 원리주의자들이라고 주장한다.

무슬림 학자들 중에서는 원리주의라는 용어를 거부하는 자들이 많았다. 대신에 이슬람주의(Islamism)라는 용어를 더 선호하고, 자신들을 이슬람주의자(Islamists)라고 부른다. 그러나 많은 이슬람 원리주의자들은 이 용어가 기독교에서 나왔음에도 그대로 수용하는 편이다. 아랍어는 영어의 원리주의에 해당하는 단어를 갖고 있지 않다고 한다. 파키스탄의 한 무슬림 학자는 원리주의라는 용어를 적극적으로 지지한다.

"도대체 왜 무슬림은 원리주의자라고 불리는 것에 대해 불쾌감을 느껴야 하는가?" 모든 종교는 자기 종교의 근본적 신앙과 교리를 신봉하면 다 원리주의자인데, 군이 그 용어를 반대할 필요가 없다는 것이다. 예를 들면, 기독교 신자가 삼위일체 교리를 부정하고서 참 기독교 신자가 될 수 있는가 반문한다. 그는 더 부언하기를 무슬림들은 원리주의자들이라고 불리는 것은 영광으로 생각해야 한다고 말한다. 무슬림은 이슬람의 기본적 신앙 원리(fundamentals)들을 믿어야 한다는 것이 그의 지론이다.[34]

그런데 많은 무슬림들은 서방 언론들이 이슬람 원리주의를 너무 부정적으로 보도한다고 불평한다. 물론 테러에 대하여 부정적으로 보도하지

University Press, 1988), 4.
34) Abdul Gafoor, "The Facts about Fundamentalism," *News International* (February 19, 1995): 5.

않을 수 없는 언론의 속성상 불가피하지만. 서방 언론들이나 학자들은 이슬람 원리주의를 극단주의(extremism), 광신주의(fanaticism), 심지어는 테러주의(terrorism)와 동일시한다. 그래서 원리주의라는 말 대신에 정치화된 종교(politicized religion), 이슬람주의(Islamism), 반대의 종교(religion of opposition), 종교적 민족주의(religious nationalism), 반현대주의(anti-modernism), 또는 배타주의(exclusivism) 등 다양한 용어들을 제안하는데, 이것들도 과격한 의미를 내포한다. 싱가포르의 이슬람 학자 모나 아바자(Mona Abaza)는 원리주의 대신에 이슬람주의라는 용어를 제안한다.

2) 이슬람 부흥 운동과 이슬람 원리주의

이슬람 원리주의 운동은 이슬람 부흥 운동의 산물이다. 1960년대와 70년대는 아시아 종교가 부흥한 시기였다. 서구 식민지에서 독립한 제3세계 국가들에게서 민족주의 운동이 거세게 일어났다. 정치 지도자들은 경쟁적으로 서양인과 기독교 배척 운동을 했다. 서구화, 세속화에 대한 반발로 자기들의 문화적 정체성을 전통 종교에서 찾으려고 하였다. 이것은 불가피하게 종교 부흥 운동을 촉발하는 계기가 된다. 서구화, 세속화로 잃어버릴 뻔했던 자기들의 문화와 종교를 되살리게 되었다. 이러한 맥락에서 70년대 이슬람 부흥 운동이 일어났다.

같은 시기에 서구는, 모든 종교는 동일한 구원과 신에 도달한다는 종교 다원주의 신학이 발전하고, 세속주의 바람이 서구와 미국을 강타하였다. 1965년 하버드신학교 교수 하비 콕스의 저서 『세속주의』가 날개 돋힌 듯 팔렸다. 그런데 아시아는 세속주의를 정죄하면서 비기독교 종교가 부흥

하는 시대가 되었다. 그러나 아시아 종교 부흥, 특히 이슬람의 부흥 운동은, 결과는 바람직하지 않는 방향으로 나가고 말았다.

문화인류학자 왈레이스 (Anthony F. C. Wallace)는 1956년 유명한 문화 재생화 (Revitalization) 이론을 제안하였다. 문화 재생화란 어느 국가나 사회든지 생성, 발전, 쇠퇴, 소멸의 위기를 맞는다. 이때 종교가 개인에게 영적 활력과 도덕심을 일으켜 사회를 개혁하는 방향으로 드라이버 하면 사회가 소생하고 발전하게 된다는 것이다. 19세기 영국과 미국에서 기독교 부흥 운동이 일어났다. 미국은 19세기 초 남북이 분열되고 대통령이 암살당하는 등 사회적 혼란이 극심하였다. 이 부흥 운동으로, 노예 폐지 운동 등 사회 개혁운동과 동시에 교육 개혁, 선교운동, 복지운동이 일어났다. 기독교 부흥 운동이 미국을 소생시키었다고 해도 과언은 아니다.

인도와 동남아에서도 힌두교와 불교 부흥 운동이 일어났다. 특히 2차 대전 이전 간디의 비폭력 운동은 사실상 힌두교 개혁 운동이다. 간디와 많은 힌두교 개혁자들이 힌두교 부흥과 개혁을 부르짖어 신(新)힌두교 (Neo-Hinduism)가 등장하였다. 간디는 종교 문제로 파키스탄과 인도로 갈라지는 것을 막기 위하여 이슬람 지도자 지나(Muhammad Ali Jinnah)를 만나러 나가다가 과격 힌두교 테러리스트에게 암살당하고 만다. 그러나 서구 문화로 포장한 신힌두교는 서구와 미국으로 역수출되기 시작하였다. 1961년 유엔 사무총장이 된 미얀마의 우 탄트는 불교 평신도 지도자로, 불교의 세계화를 외치면서 세계불교연맹을 창설하는 데 기여하였다. 그는 불교만이 세계가 당면한 위기를 해결할 수 있다고 자신 있게 말하였다. 두 종교의 부흥 운동은 서구 문명의 자극을 받아 자기 종교의 개혁과 포교 운동을 강화하는 방향으로 나갔다.

3) 이슬람의 방향 전환 : 종교에서 정치화로

그러나 불행하게도 이슬람의 부흥 운동은 이슬람을 정치화(politiciza-tion)시키는 방향으로 나가고 말았다. 호메이니는 이슬람은 곧 정치라고 말하였다. 프랑스 국제 정치학자 토머스 올리비어(Thomas Olivier)는 이슬람 원리주의를 정치적 이슬람(political Islam)으로 정의한다. 그런데 이슬람 원리주의 운동이 이슬람 부흥 운동과 동일시되고 있다. 무슬림 형제단의 쿠트브나 자마트 이슬라미(Jamaaat-e-Islamic)를 창설한 파키스탄의 마우디디(Abul Ala Maudidi)는 이슬람 부흥 운동가로 통한다. 그러나 이들은 사실상, 이슬람 원리주의자들이다. 이슬람 부흥 운동은 문화나 사회 재생화로 나가기보다는 서구, 근대화, 세속주의에 대한 반대 운동이 되고 말았다.

호메이니의 이슬람 혁명은 80년대 이슬람 부흥 운동과 원리주의 운동에 불을 붙였고, 그 여파로 사우디는 이슬람을 전 세계로 확산시키는 데 주력하였다. 당시 전 세계가 에너지 파동을 겪을 때 석유가 나는 아랍 국가들은 경제적으로 부흥하였다. 하루 1천만 배럴씩 석유를 생산하는 사우디 파이잘 왕은 "석유는 알라가 이슬람을 전 세계에 전파하라는 선물"이라고 하면서 전 세계적으로 이슬람 다와(포교 혹은 전도) 운동을 적극 전개했다. 세속화로 사라질 것 같은 히잡이 다시 돌아오고 이슬람 학술지, 출판물, 할랄 식품이 전 세계로 뻗어 나가기 시작했다.

서구 국제 정치학자들과 대중 매체들은 이슬람 부흥을 국제 정치 질서에서 "새로운 전 세계적인 위협"으로 경계하였었다. 과격 종교 이념이 더 좋은 세상을 향한 진보의 가능성을 보여 주는 것 같지만 도리어 평화, 안정, 민주주의에 대한 새로운 위험이 될 수 있다고 예견하였는데, 그 예견

대로 이란과 다른 원리주의 국가는 실패하는 역사를 기록하게 되었다.

3. 종교적 전체주의

이슬람 원리주의는 공산주의처럼 종교적 집단주의(religious collec-tivism)와 종교적 전체주의(religious totalianism)로, 민주주의와 인권 사상은 아예 배격한다. 무슬림 형제단들이나 빈 라덴은, 민주주의는 이슬람과 배치된다고 선언하였다. 인권 사상도 알라의 뜻에 위배된다고 노골적으로 말한다. 그래서 이슬람 국가들은 인권 탄압이 많다고 국제 인권 단체들이 소리치지만 소용이 없다. 샤리아 법 집행은 서구적 관점에서 보면 인권 사상과는 거리가 멀다. 샤리아 법이 비록 인권 침해 요소가 많지만 샤리아 법이 우선이다.

이슬람 원리주의는 인간의 존엄성, 평등, 자유라는 보편적 가치관을 마치 서구 계몽주의, 기독교, 세속주의의 산물로 간주하여 배격한다. 여기서 서구와 이슬람 세계와는 가치관의 충돌(clash of value system)을 불가피하게 한다. 공산주의를 경험한 우리들로서 이슬람 원리주의가 지배하는 사회에서 산다는 것은 상상조차 할 수 없는 일이다. 공산주의는 집단을 위한 개인이지, 개인을 위한 정부나 국가는 기대할 수 없다. 이슬람 원리주의도 마찬가지이다.

이슬람 원리주의도 공산주의처럼 적을 만든다. 실제적인 적이 없으면 가상의 적도 만들어야 한다. 공산주의는 자본주의를 타도해야 할 대상으로 삼는다. 이슬람 원리주의도 유사하게 가까운 적과 멀리 있는 적을 설정, 증오의 이론을 개발한다. 이들이 말하는 멀리 있는 적은 서구, 미국, 이스라엘이다. 이슬람 원리주의는 세계적 움마(umma : 이슬람 공동체)

를 목표로 하기 때문에 국가주의, 민족주의, 범아랍 민족주의와는 상충된다. 50년대 이집트에서 일어난 나세르의 민족주의가 선풍을 일으켰는데, 1981년 무슬림 형제단의 쿠트브가 암살한다. 이것은 민족주의와 원리주의가 충돌한다는 것을 행동으로 보여 준 셈이다.

다음은 1967년 이스라엘과의 전쟁에서 패한 아랍 국가들은 충격을 받고 범아랍 민족 통일을 호소한다. 그러나 나셀이 주도한 범아랍 민족주의도 실패하고 만다.

80년대는 이슬람 국가들이 이념적으로 동조하였던 공산주의마저 몰락하게 되자 'back to Islam'의 정서가 아랍인들에게 강하게 일어난다. 이슬람 원리주의는 이슬람을 자본주의, 공산주의에 대치할 수 있는 대안 이데올로기로 부각시킨다.

1) 내부의 적과 전쟁 선포

빈 라덴은 멀리 있는 적을 설정하고, 멀리 있는 적 타도를 우선시하였다. 그런데 ISIS 지도급 테러리스트들은 자기 나라 안의 가까운 적을 먼저 타도하는 데 주력하였다. 요르단의 알 자르카위가 대표적인 케이스이다. 그는 요르단 국민이면서 요르단 국왕 암살을 시도하다 옥살이를 하였다. 70년대 이후 원리주의가 이슬람 세계에 선풍을 일으키는 원인은 이슬람 국가 내부에 대한 불만 때문이다. 2차 대전 후 대부분의 비서구 국가들이 독립하게 되는데 불행하게도 대부분의 이 국가들은 식민지에서 해방되었지만 정치적으로 더 억압적인 독재와 부정 부패가 너무 심하였다. 한국 사회도 그러한 과정을 겪었다.

그런데 이슬람 국가들은 서방 국가들이 부정 부패한 자기 나라 권력

세력들을 지원한다고 비판하지만 부정 부패하지 않고 독재하지 않는 이슬람 국가는 전무하다고 해도 과언이 아니다. 아랍 스프링은 이것을 증명한다. 하지만 문제는 자기 나라의 권력자들이 타락한 원인을 인간의 죄성이나 도덕적 결여로 보지 않고 도리어 민주주의, 자본주의, 세속주의 탓에 돌린다. 자본주의는 서구의 타락한 이데올로기로 간주한다. 마치 70년대 해방신학이나 민중신학이 사회 모순을 사회 구조, 즉 권력자, 부자 등 기득권과 미국에 돌린 것과 비슷하다. 이슬람 세계의 청년 세대들과 지식인들은 순수한 이슬람으로 돌아가면 사회 정의와 민주주의 실현이 얼마든지 가능하다는 낭만적 기대감을 가지고 있다.

이슬람 세계는 2차 대전 후 대부분 사회주의, 공산주의를 정치 이념으로 한다. 이집트, 이라크, 리비아 시리아 예멘은 사회주의를, 남 예멘은 공산주의를, 쿠웨이트와 요르단, 모로코는 국가 자본주의를 실천하였다. 동시에 이슬람 가치관에 근거한 자신들의 이데올로기도 발전시키고 실행해 보았다. 이집트는 나세리즘을, 이라크는 바트주의(Baathism)를, 이란은 호메이니주의 등 이 중에 시행해 보지 않은 것은 자유 자본주의적 민주주의(liberal capitalist democracy)이다. 국가 자본주의를 실천한 요르단, 쿠웨이트, 모로코는 비교적 안정된 국가로 보인다.

전후 이슬람 세계의 청년 세대들은 서구 민주주의와 자본주의의 부정적인 것만 보게 되었다. 여기에는 사회 분위기와 교육에 문제가 있었다. 우리 사회와 마찬가지로 독립 후 제3세계를 지배하는 이념은 진보적 사관이나 비판주의, 아니면 공산주의였다. 2차 대전 후 아랍 세계는 이념적으로는 공산주의로 기울어졌다. 아시아 대부분의 국가들도 종교가 교육을 장악하였다. 이슬람 국가, 불교 국가, 힌두교 국가들은 학교에서 자기 종교와 문화가 최고라는 자부심을 가르쳐 다른 종교나 이념의 세계를 보지 못하게 한다.

모하메드-막스 협력이라는 이념 교육은 사람들의 판단력을 마비시킨다. 학교에서 가르치는 것, 언론과 모든 글들은 반서구 반미 감정을 유발시키는 방향으로 초점을 맞추었다. 공산 세계는 물론 아랍 국가에서 88 올림픽 이전까지 거의 북한은 지상 낙원, 한국 전쟁은 남한이 북한을 침략한 것으로 가르쳤다.

2) 열렬히 환영 받은 공산주의자 로저 가로디

이슬람 원리주의는 공산주의나 사회주의와 같은 집단주의, 전체주의이다. 다만 공산주의는 세속적 이데올로기인 반면 이슬람 원리주의는 종교적 전체주의 이데올로기이다. 이상하게도 이슬람 세계는 자본주의 서구보다 무신론의 공산주의와 더 가깝다. 이러한 모하메드-막스 협력의 좋은 에피소드는, 프랑스 공산주의자 가로디(Roger Garaudy)가 이슬람으로 전향하자 아랍 세계는 그를 대대적으로 영웅 대접하였다. 로저 가로디는 2차 대전 때는 레지스탕스 대원으로 히틀러의 나치에 대항하다가 투옥되기도 하였다. 전쟁이 끝나자 열렬한 공산당원이 되었다. 1960년대 초반에는 대학 교수로 가르치면서 공산주의 이론가가 되어 1968년 프랑스 학생 및 노동자 데모 때에는 이론적으로 중요한 역할을 하였다.

그러한 그가 1970년 소련의 체코 침공을 반대한 이유로 공산당에서 제명당하게 된다. 프랑스 공산당은 그에게 체코 침공 반대를 취소하든지 공산당을 떠나던지 양자택일을 강요하자, 그는 둘 다 거부하면서 회의장을 퇴장하고 만다. 회의장을 떠난 그는 무조건 차를 타고 달리다가 25년 전 헤어졌던 애인 집으로 갔는데, 의외로 애인은 뉴스를 듣고 기다리고 있었다. 가로디는 애인 대신 공산주의를 선택하였는데, 결과는 비참한 제명으로 끝난다. 그는 옛 애인을 만나 명언을 남긴다. "사랑 없이는 혁명도 없다."라고.

가로디는 1982년 이슬람으로 개종하고 팔레스타인 여성과 결혼하고 이름을 라가 가로디로 바꾼다. 그는 바울의 예수는 성경의 예수와 다르다는 주장의 논문을 쓰기도 하였다. 특히 이슬람 세계가 그를 영웅 대접한 것은 1996년 『이스라엘 정치의 건국 신화 *The Founding Myth of Israel Politics*』에서 유대인 6백만 명이 죽었다는 것은 서방 국가와 이스라엘이 꾸며 낸 신화라고 하였다. 프랑스 정부는 그에게 24만 프랑의 벌금과 수년 간의 집행유예를 선고하였다.

이후 이란 이슬람 혁명 정부는 그를 초청, 대접을 잘 하였다. 이스라엘은 지구상에서 사라져야 할 나라인데, 가로디의 이 주장은 엄청난 우군을 만난 셈이다. 요르단 국왕, 시리아 부통령이 그를 격찬하였고, 사우디 정부는 그에게 파이잘 국왕의 최고상인 이슬람 봉사상(King Faisal International Prize for Sevices to Islam)을 주었다. 심지어 리비아 가타피 대통령은 플라톤, 아리스토텔레스 이후 최고의 철학자라고 칭송하였다. 가로디는 80년대 이집트를 방문하였을 때 그에 대한 환영은 그야말로 영웅 대접이었다. 가로디는 그야말로 아랍 무슬림 청년들의 우상(idol)이었다. 그러나 가로디는 술 담배를 해서 무슬림 청년들을 크게 실망시켰다고 한 무슬림 청년이 필자에게 실토하였다.

3) 원리주의 가담자들 : 외로운 늑대들

70년대 이슬람 원리주의 운동에 가담하는 청년들은 농촌에서 온 중산층과 지식인들이 주류를 이루었다. 하층, 가난한 출신들의 청년들이 도시로 와서 좋은 대학교를 나와도 좋은 직업을 얻어 출세하는 것은 하늘의 별따기이다. 캄보디아 경우 은행 직원을 채용하는 데 가정 배경이 없는 대학 졸업자는 아예 면접에서 탈락한다. '돈 없고 백' 없으면 사회적으로 신분 상승이 쉽지 않다. 이슬람 국가도 철저한 신분 사회이다. 소외당하는 청년들, 지식인들은 자기들 사회의 기술 발전, 경제 발전을 거부하는 것은 아니다. 비행기가 낙타를 대신하는 것에 분노하는 것이 아니라 비행기를 탈 수 없는 데 대해 분노한다. 이들이야말로 '외로운 늑대들'이다. 외로운 늑대들은 햄버거 집에서 햄버거와 코카콜라를 즐기면서도 미국을 욕한다. 원리주의는 반세계화 운동이다. 세계화는 맥도날드 햄버거와 코카콜라로 상징되는 미국 문화로 덮이는 현실이 되고 말았다. 미국 영화를 즐기면서 미국을 비난한다. 결국 원리주의는 '맥월드(McWorld : 맥도날드, 햄버거, 코카콜라)'에 대항하는 지하드 운동이 되고 있다.[35]

그런데 이들은 자기 종교에서 대안을, 또한 희망을 찾지만 그것은 허구라는 것을 모른다. 매년 10월 말, 독일의 한 연구소가 국가별로 부정부패 투명도 지수(Tranceparency)를 발표한다. 이 통계를 보면 이상하게도 종교 국가, 예를 들면 불교 국가 캄보디아, 라오스, 베트남, 태국, 다음 이슬람 국가인 인도네시아, 파키스탄, 방글라데시, 사우디, 인도(힌두교 국가) 등은 투명도 지수가 하위에 떨어졌다. 종교가 거의 국교가 되거

---

35) 이 주제는 Bemjamin R. Barber, *Jihad VS. McWorld : Terrorism's Challenge to Democracy* (Oxford: Corgi Book, 2001)를 참고할 것.

나 한 특정 종교가 나라를 주도하는 국가일수록 도리어 빈부의 격차가 심하다는 통계가 나왔다. 또 현실적으로 그 사회에 사는 외국인들 눈에도 확연하게 알 수 있을 정도이다. 다만 사우디와 걸프 국가 6개국의 국민들은 정부로부터 많은 지원을 받는다. 그 대신 정치 문제는 에미르(수장)나 왕들에게 다 맡긴다. 국민들은 넉넉한 돈으로 외국 가서 살고 노동 일은 주로 동남아 근로자들이 다 한다. 그러나 다른 이슬람 국가나 아시아의 종교 국가들의 빈부 격차는 하늘과 땅 차이다. 미국이나 선진국의 빈부 차이는 벤츠를 타느냐 100불짜리 고물차를 타느냐의 차이인데, 아시아 빈국은 수억 원을 호가하는 자동차를 타는 사람이 있는가 하면, 1/3의 사람들은 하루 1달러로 살아간다. 캄보디아 미얀마, 인도, 방글라데시 등 여기서 다 거론할 수 없다. 인도에서는 매일 여성들 대상의 성폭력이 일어난다. 인도와 동남아 아프칸 등 20억 이상의 사람들은 화장실이 없다. 이런 나라의 여성들, 특히 인도 여자들은 어두울 때 외진 곳을 갈 수밖에 없다. 이때 남자들이 성폭행을 한다. 인도는 힌두교 국가이다. 이들 국가들은 종교가 국교이거나 지배적인 시민 종교이다. 이상하게도 힌두교와 불교 국가의 가난한 사람들은 불평이 없다. 이 원인을 두 종교의 운명론 교리에 돌리는 학자들이 많다.

4. 이슬람 원리주의 사상과 특징

1) 이슬람 원리주의의 주요 사상

이슬람 원리주의는 이슬람으로서의 독특한 교리와 사상, 역사를 배경으로 한다. 이슬람 원리주의도 다른 종교 원리주의와 비슷하지만, 이슬람 원리주의만 특히 강조하는 부분이 있다. 이슬람 원리주의도 코란과 하디스(전승)로 돌아가야 한다고 하는 의도는 종교적인 것이라기보다는 이미 언급한 대로 정치적이다. 이슬람 원리주의가 말하는 이슬람으로의 복귀는 코란과 하디스의 근본적 사상, 신앙, 교리가 무엇인지를 진지하게 연구하여 이슬람 전체의 사상과 신앙을 회복하는 것이 아니다. 초대 칼리프 제국 시대가 황금시대이므로 그 시대로 돌아가자는 것이다. 그 시대를 그리워하는 것은 이슬람 제국이 정복하고 지배하였던 과거로 돌아가자는 것이다. 이슬람 원리주의는 종말론도 강조한다. 그 종말론 역시 메시야가 오면 세계를 다 정복한다는 종말관이다.

모든 종교 원리주의는 선민 사상을 가진다. 그러나 이슬람 원리주의는 특히 더하다. 이슬람만이 참 종교이고 다른 종교는 참 종교가 아니며, 무슬림은 알라가 만든 최고의 사람이라고 가르친다.

동시에 지나친 과민 반응의 피해 의식을 가진다. 이슬람 세계가 서구와 미국의 침략을 당하고 있으며, 이슬람 종교가 세속주의에 잠식당할 것이라는 위기의식을 조장한다. 자기 국가의 부정 부패와 독재를 인간의 악한 죄성과 사회 구조악으로 보지 않고, 서구 세속주의, 자본주의 탓에 돌린다. 즉 내부의 모든 문제도 외부 탓으로 돌린다. 많은 무슬림들이 서구와 미국 등에 흩어지고 있는데도, 종교와 문화의 다원화 현상을 거부하고, 이슬람이 지배하는 사회와 문화를 고집한다. 종교와 문화의 획일주의이다.

이슬람 원리주의는 합리적 비판을 거부하거나 무시함으로써 자기 종교의 근본 원리를 상황화하지 않으려고 한다. 이슬람의 시대적 적응을 타락이나 변질로 간주한다. 그래서 샤리아를 절대시하여, 고대 사막의 부족 사회에서나 통용 가능한 법과 제도를 현대 시대에도 고집한다. 강

4. 이슬람 원리주의 사상과 특징　101

간한 자를 공개적으로 돌로 치는 것이라든지, 도적질한 자는 오른 손목을 자른다든지, 다른 중대한 범죄를 공개 참수형을 한다든지, 교통 위반자는 도로에서 사람들이 보는 가운데 매질한다든지 하는 것들이다.

또한 이슬람 문화와 종교 의식을 절대시하여 어디에서나 동일한 형태(form)를 고집한다. 예를 들면 차도르는 기후나 장소에 상관없이 무조건 의무화한다. 그러나 많은 이슬람 국가들은 차도르는 개인의 자유에 맡긴다. 국제화 시대와는 완전히 거리가 먼 옛날 지방 문화, 부족 문화를 재현하려고 한다. 이것을 문화인류학에서는 특수주의(particularism)와 보편주의(universalism)의 충돌이라고 하는데, 불교, 기독교, 이슬람은 보편적 종교라고 말한다. 신앙의 대상은 특정 인종이나 국가에 국한하지 않는다. 인종과 국적을 초월, 신도가 될 수 있다. 무슬림들은 아시아, 아프리카 유럽에도 있다. 그런데도 복장과 풍속, 의식구조는 옛 사막의 지방문화를 고수하게 하여 세계적 시민 정신을 못 가지게 한다.

시아파 원리주의는 앞으로 올 메시야의 카리스마적 권위를 강조한다. 동시에 이적(miracle)을 조장하면서 물질적 성공과 타계(저 세상)에서 축복이라는 양면성을 추구한다.

이슬람 원리주의는 기독교와 유대교에 대한 강한 증오심을 유발시키고 이것을 행동화하여 박해하고 심지어 살인하는 것을 죄악시하지 않는다. 종교 충돌을 부추긴다. 그래서 폭력이 신령한 폭력으로 정당화된다. 미국의 선교학자 윌리엄 와그너는 이슬람의 선교 3대 전략은 지하드, 다와(Dawah), 공포(Fear)라고 지적한다.[36] 공포는 일반 이슬람의 전략이 아니라 원리주의의 전략으로 보아야 할 것이다.

---

36) 이 주제에 대하여는 William Wagner, *How Islam Plans To Change the World* (Grand Rapids : Kregel, 2004)를 참조할 것.

이슬람 원리주의는 와합주의, 살라피주의 탁피르 교리로 종파 분쟁을 더 부추긴다.

2) 이슬람 원리주의 집단의 행동 원리

원리주의 집단들은 위에 소개한 자기들의 철학을 관철시키기 위하여 대략 다음의 4가지 행동을 실천하는데, 이것이 대단히 무서운 것이다.

첫째, 정치 지도자들을 암살하는 것이다. 이것은 이집트 형제단의 사다트 대통령 암살이 대표적인 케이스이다.

둘째, 어느 지역이나 중요한 장소를 점령하는 것이다. 가장 드라마틱한 점령은 1979년 40세의 자하이만 이븐 샤이브 알 우타이바가 이끄는 400명의 와합파 무장 게릴라가 야밤중에 카바 신전을 점거한 사건이다. 이날은 이슬람 달력으로 15세기가 시작되는 날이다. 이 신전은 일시에 25만 명을 수용할 수 있는 넓은 장소이다. 이들이 카바 신전을 점령한 이유는 사우드 왕가가 이슬람의 계율을 어겼다는 것이다. 그래서 왕정 제도를 없이하고 이교도인 서방과의 관계를 단절하라고 촉구하였다. 흥미로운 사실은 사우디 정부는 이들을 진압하는 데, 1만 명의 사우디 군인, 수천 명의 파키스탄 군인들과 프랑스 특수 부대를 초청하였다. 파키스탄 군인들을 동원한 것은 사우디 군대를 믿지 못한다는 것이다. 프랑스 특수부대원들은 "이교도들"이라, 거룩한 신전에 들어갈 수 없다. 그래서 이슬람으로 개종하는 의식을 행한 다음에 들어갔다. 개종의식은 "알라 외에 다른 신은 없고, 모하메드는 알라의 선지자 입니다"고 고백하면 된다. 테러를 자행한 자들은 무참하게 살해당하거나 처형당한다.

셋째, 원리주의자들은 국가 정복을 중요시한다. 탈레반, 보호하람 등

대부분의 원리주의 집단인 테러그룹은 정복지를 가지고 있다. ISIS는 이라크와 시리아 일부 지역, 리비아 일부 지역을 점령하고 있다.

넷째, 이들의 테러 행위는 세계를 불안하게 한다. 200년 9.11 테러 이후 테러는 더 증가하는 추세이다.

다섯째, 이슬람 테러 그룹은 타협이 없다. 다만 인질 석방 대금을 위한 타협이나 대화가 가능할 뿐이다. 과거 다른 테러 그룹은 정치적, 경제적, 혹은 사회적 목적을 달성하기 위하여 폭력에 호소한다. 그래서 부득이 국가 차원에서도 협상이나 타협을 한다. 하지만 이슬람 테러리스트들의 요구는 우리가 들을 수 없는 조건을 제시한다. 빈 라덴은 9.11 테러 이후 미국을 향하여 성명서를 발표하였다. 내용은 "만약 미국이 민주주의를 버리고 이슬람으로 돌아오면 이라크에서 전쟁을 끝낼 것이다." 이러한 식의 요구가 현대 사회에 통할 때가 없을 것이다. 여기에 세계의 고민이 있다.

제5장

이슬람 원리주의 국가들과 ISIS

서 론

최근 ISIS를 연구한 자들은 이구동성으로 ISIS 등장의 직접 원인은 아랍 스프링의 실패와 이슬람 원리주의 국가들의 책임이 크다고 강조한다. 독일의 ISIS 전문가 크리스토퍼 로이터는 저서 『검은 권력 *Die Schwarze Macht*』에서 의미심장한 말을 했다.

> 만약 이 지역에서 정치적 잘못이 없었다면 IS는 탄생하지 못하였을 것이다. 터키의 일부 비행장들은 마치 지하디스트 라운지 같고, 이라크에는 반대파 광신자들이 IS를 도우고 있으며, 사우디는 소프트웨어 문제가 있다.[37]

동경대학 이슬람학과 교수 야마우찌 야마우키는 중동을 재앙의 바다 (禍の海)라고 하였다.[38] 너무 강한 표현인 것 같다. ISIS 등장의 직접 원인은 이라크, 시리아, 이란, 사우디, 터키 등 지역 국가들의 정치적 실패와 이중 플레이가 주원인이라는 것이 국제 정치학자들의 일치된 의견이다. 특히 이라크 내전이 가장 중요한 원인이다.

ISIS는 아랍 스프링 실패가 낳은 사생아이다. 런던 정경대학(London

---

37) Christoph Reuter, Die Schwarze Macht : *Der Islamische Staat und die Strattegen des Terrors*, 302.

38) 山內昌之, 『中東新秩序の形成 : アラブの春を超えて』(NHK出版社, 2012), 175.

School of Economics and Political Science) 중동학 교수 파라즈 게르그스 Faraz A. Gerges)는 ISIS가 모술을 점령할 만큼 급성장하는 것은 중동의 정치가들과 서방의 후원자들에게는 큰 충격을 주는 사건이다. 그러나 ISIS는 갑자기 하늘에서 떨어진 것도 아니고, 그렇다고 죽은 자가 살아난 것도 아니다. ISIS 성공은 시간 세계에서 자연스럽게 일어난 것이다. 바로 아랍 역사에서 항상 사회와 정치가 갈등하는 데서 야기된 것이다. 동시에 경제 개발 정책이 실패하고 아랍 스프링의 봉기가 탈선함으로 생긴 것으로 분석한다.[39]

사람들은 튀니지의 한 청년의 분신 자살만 알지 바그다드의 분신 자살은 모른다. 2011년 아랍 스프링은 소셜 네트워크를 타고 당시 혼미한 상태 이라크에도 불어닥치고 말았다 이슬람 저항 그룹들 간의 헤게모니 쟁탈전, 독재와 부정 부패, 시아파 독식의 말리키 수상이 이끄는 이라크는 정치, 경제가 혼란의 극치에 달하였다. 분노한 바그다드 청년들이 데모하면서 4명이 분신 자살하였다. 이라크에도 아랍 스프링이 일어났다.

게르그스는 아랍 스프링 실패의 정곡을 찔렀다. 이미 ISIS 등장의 직접 원인과 간접 원인을 논하였다. 아랍 스프링이 시리아까지 번져 시리아는 5년 넘게 내전이 계속되고 있다. 이라크는 미군 철수 후 나라가 완전히 정상 궤도에 진입하지 못하고 있다. 게르그스는 아랍 스프링이 실패한 것으로 단언한다. 현재 아랍 국가들에서 일어나는 상황은 그것을 부인할 수 없는 현실이다.

본 장은 ISIS 등장에 있어서 직접적으로 관련된 나라로, 수니 원리주의

---

39) Fawaz A. Gerges, *A History of ISIS* (Princeton : Princeton University Press, 2016). 191.

국가 나라인 사우디, 시아파 원리주의 국가인 이란, 시아파 원리주의 국가이자 ISIS가 탄생된 나라인 이라크, ISIS 전신의 알 카에다를 탄생시킨 아프간, 아프간에 탈레반을 공급시키고 교육 시키는 나라 파키스탄을 논하고, 마지막으로 ISIS의 주 무대가 되고 5년 넘게 내전이 계속되는 시리아를 조명하고자 한다.

첫째, 이슬람의 종주국이고 수니파 원리주의 국가인 사우디는 석유와 테러리스트를 동시에 수출하는 나라이다. 사우디는 이미 다룬 와합주의 이슬람 국가로 수니파 원리주의를 낳은 나라이다. 미국 행정부는 9.11 테러를 뒤에서 배후 조종한 나라로 공개적으로 사우디를 거명하였다. 이라크와 시리아에 수니파 테러리스트를 공급하고 자금과 무기를 제공, 아랍 사태를 더 어렵게 하는 나라가 되고 있다.

둘째, 시아파 종주국 이란은 호메이니 이슬람 혁명으로 시아파 원리주의를 아랍 세계에 수출, 수니파와 경쟁을 하여 이라크와 시리아 사태를 장기화시키는 책임을 면치 못할 것이다. 지역의 안정보다 공개적으로 시아파 이슬람 국가 확장에 더 역점을 둔다. 이라크 신정부의 중요 인물들은 이란에서 망명하여 더더욱 시아파 원리주의로 무장되어 이라크로 돌아왔다.

셋째, ISIS 탄생의 일차적 책임은 이라크에 있다고 일본의 이라크 전문가 야마오 다이는 지적한다. 그는 『현대 이라크 이슬람주의 운동 : 혁명운동에서 정당으로의 궤적 現代イラクのイスラーム主義運動 : 革命運動から政権党への軌跡』에서 언급하되 이라크에서 ISIS가 생기게 된 직접 원인은 시아파 원리주의의 실패가 주요 원인이라고 강하게 주장했다. 이라크는

미군 철수 이후 말리키 수상이 시아파 원리주의에 기초한 국가 건설을 시도하였고, 수니파에 대한 보복 위주의 정치 게임을 하여 이라크를 격심한 내전의 장으로 몰아넣었다는 것이다.

넷째, 아프간은 알 카에다를 탄생시킨 나라이다. 아프간 전쟁을 통하여 빈 라덴은 전 세계 무슬림 전사들을 성전(지하드) 이름으로 유인하여, 전쟁이 끝나자 알 카에다라는 거대한 테러 그룹이 탄생되었다. 이라크와 시리아 내전은 아프간 전쟁의 후유증이 낳은 결과라는 것이 일본인 이슬람 전문가 야마우찌 마사유끼의 지론이다. 그는 아프간, 팔레스타인, 이라크, 시리아를 바다를 달리는 배에 비유한다. 아프간과 팔레스타인이라는 배가 앞의 파도를 헤치면서 전속으로 달리는데, 그 뒤를 이라크와 시리아라는 배가 뒤를 따른다. 뒤의 두 배는 앞의 배가 일으킨 더 큰 파도로 흔들리게 된다는 것이다. 즉 아프간과 팔레스타인의 테러리스트들이 혼란한 이라크와 시리아를 자기들의 운동장으로 만들었다는 것이다. 알 카에다가 ISIS로 발전하여 이라크와 시리아에서 소위 "이슬람 국가"를 탄생시킨다.

다섯째, 시리아는 수니파와 시아파의 대리전에 러시아 대 서구와 미국의 연합군의 대리전으로 발전하고 말았다. 이것이 ISIS의 직접 원인이 된다. 다시 ISIS(Islamic State of Iraq and Syria)의 의미를 번역하면 **"이라크와 시리아의 이슬람 국가"**의 약자이다. 시리아의 혼란이 없었다면 ISIS가 등장할 수 없었을 것이다.

여섯째, 강성 이슬람 국가 파키스탄은 종교 갈등으로 인하여 인도에서 분리하여 파키스탄 이슬람 공화국(Islamic Republic of Pakistan)을 건설한다. 아프간 전쟁 때 탈레반을 훈련시키고 공급하는 나라가 되었고, 소위 신성법으로 소수 종교인을 탄압하며, 하루가 멀다 하고 테러가 일어나는 나라이다. 파키스탄을 떠난 많은 난민들이 유럽으로 가고 태국으로도 정치 망명을 한다.

일곱째, 시리아 이웃 나라는 엘도안 대통령 등장 이후 노골적으로 세속주의 국가에서 수니 원리주의로 유턴하고 있다. 시리아 내전을 말리는 체하면서 도리어 테러리스트들의 통로 국가 역할을 하고, 정의와 민주화와는 거리가 먼 테러 반군 그룹을 지원한다. 터키와 시리아 국경의 고바니 전투에서 보여 준 이중 플레이는 국제 사회를 실망시키고 있다. 터키는 ISIS와 싸우지만 주적은 오히려 시리아의 쿠르드이다.

1. 사우디 : ISIS 어버이 나라

이 제목은 일본 여성 저널리스트 오오타까 미키(大高未貴)가 저서 『이슬람 국가 : 잔혹 지배의 진실イスラム国: 残酷支配の真実』에서 사우디에 붙인 이름이다. ISIS 사우디는 가장 대표적인 수니파 이슬람 원리주의 국가 중 하나이다. 오오타카 미키에 의하면 사우디는 엄격한 원리주의 사상의 이슬람을 국교로 한 나라이다. 이 사상은 ISIS를 비롯하여 많은 과격파 조직의 근거지가 되었다.[40]

1) 사우드 왕가와 와합주의 결합

사우디는 칼과 과격 이슬람이 합하여 생겨진 나라이다. 현대 사우디 건국은 모하메드 시대 아라비아 통일과 유사하다. 18세기 와합주의가 등장

---

40) 大高未貴, 『イスラム国: 残酷支配の真実』(双葉社, 2015, 207-32.

하자 감동한 첫 개종자는 무하마드 이븐 사우드(Muhammad ibn Sa'ud)
였다. 사우드는 아라비아의 한 토후(土侯)로서, 와합은 그에게 그의 교리
와 무기 사용법을 가르쳤다고 한다. 사우드 토후가 와합과 손을 잡게 된 근
본적 이유는 와합의 지하드 이론을 통하여 당시 분열되었던 사우디 반도를
통일하는 수단으로 삼는 데 대단히 유익하였기 때문이다. 양자의 결탁을
정치학자들은 전형적인 종교와 정치의 불순한 동맹(unholy alliance)으로
말한다. 프랑스의 저널리스트 안토니 바스부는 이것을 '경전과 칼의 동맹'
혹은 '군대와 모스크 동맹'으로 정의한다. 사우디라는 나라 이름이 사우
드 왕가라는 이름에서 나왔는데, 이러한 예는 세계에서 유례가 없다고 한
다.[41]

　사우드 가(家)는 1745년 와합 왕국 건설을 선언한다. 이것을 제1차 사
우드 왕국이라고도 하고 와합 왕국이라고도 한다. 강경 이슬람의 살라피
주의인 와합 왕국은 오스만 투르크의 지배하에 있는 메카와 메디나를 침
공하고 심지어 이라크 남부 시아파 지역을 침공, 시아파 성지도 파괴하
였다. 이것은 오스만 투르크를 격노하게 하여 오스만 투르크는 단호하게
와합왕국을 파멸시키고 왕자를 비참하게 죽이고 말았다. 이후 와합주의
는 100년 동안 오스만 투르크의 지배하에서 잠복하였다.

　2세기 초, 오스만 투르크에 적대 관계에 있었던 영국은 사우드 왕가와
와합주의를 부추기어 오스만 투르크에게 대항하도록 했다. 여기에 관한
스토리가 영화 아라비아의 로렌스이다. 영국의 개입으로 1932년 사우디
가 탄생했다. 사우디의 깃발에는 칼(劍)과 아랍어 신앙고백문, 즉 "알라

---

41) アンとワーネ・バスブース, 『サウジアラビア：中東の鍵を握る王国』, 集英
　　社新書(2004), 51-55.

외에는 다른 신은 없고 모하메드는 알라의 사자이다."라고 표시되어 있다.

2) 무서운 율법주의 국가

와합주의는 좋게 말하면 이슬람의 청교도적 윤리를 강제로 백성들에게 적용하는 시스템으로 말할 수 있다. 와합주의 경건 개념은 고대 사막 시대의 도덕관과 습관의 연장 선상에서 이해해야 한다. 형법도 고대 사막 시대의 것을 그대로 시행한다. 일본 사무라이 시대를 연상하는 참수가 도시 복판에서 공개적으로 시행되고 있다.

형법은 철저히 샤리아에 기초하여 처벌이 무섭다. 왕은 이 법에서 제외된다. 사우디의 형법은 세 가지로 분류된다. ① 후두드(Hudud)로 하나님이 정죄한 범죄, ② 타지르(Tazir)로 해당 당국자가 벌을 정하는 것, ③ 퀴사스(Quisas)로 가해자에게 복수할 수 있는 권리이다. 특히 후두드는 도적질, 알콜(술), 이슬람 명예 훼손, 음란과 간음이다. 도적질은 오른손을 절단한다. 그리고 윤리를 단속하는 종교 경찰이 있었다. 종교 경찰의 이름이 거창하다. 덕 함양 및 악덕 방지위원회(Commission for the Promotion of Virtue and Prevention of Vice, Haya or Commission으로 부름)라고 하는데 한때 이 기관 소속의 5천 명 요원들의 권위는 무서웠다. 이들의 임무는 매일 다섯 번 기도 시간에 점포들이 문을 닫는지 감시하고 정중한 복장을 하는지, 공공장소에서 남녀가 엄격하게 자리를 구분하여 앉는지, 점이나 무당을 금하는지, 술과 마약을 판매하는지를 감시하는 것이다. 집 고양이나 개를 제다 같은 항구 도시에서도 파는 것, 이발사들이 서구식 머리를 깎는 것도 다 감시의 대상이었다. 서구식 이발은 두 번째 거룩한 도시 메디나에서는 불신자들을 모방하는 행위로 금지된다.

그리고 사우디에서 여자는 증인이 될 수 없다는 법을 만들었는데, 네 가지 이유가 흥미롭다. ① 여자는 남자보다 감정적이어서 증거를 왜곡시킬 수 있다. ② 여자는 사회생활에 참여하지 않기 때문에 그들이 관찰한 것을 정확하게 이해하지 못할 수 있다. ③ 여자는 하나님이 세운 더 우월한 남자의 지배를 받으므로 남자에게 말하면 된다. ④ 여자는 기억을 잘 잊어버리기 때문에 증언의 신뢰성이 약하다.[42]

공개 참수형은 국제 사회로부터 인권 시비를 불러일으키고 있지만 사우디 정부는 막무가내이다. 인도네시아와 필리핀 여성들이 가정부로 일하다가 강간범으로 공개 처형을 선고 받는 경우가 많다. 그래서 두 나라 정부가 공개적으로 항의하는 일도 있었다. 지나친 율법주의는 항상 위선자를 낳게 마련이다. 사우디 사람들은 숨어서 혹은 다른 나라로 가서 세속을 즐긴다. 상류층 부자들은 자기 나라에서 하루를 지내면 숨이 막혀 못산다고 한다. 그래서 여름 휴가철이면 레바논이나 다른 중동 국가의 자유로운 나라에 가서 마음껏 즐긴다. 많은 사람들은 언제 사우디도 개방될 것인가 질문을 한다.[43]

3) 국가 예산과 왕실 예산 구분이 없는 나라

사우디는 이슬람 왕국이지만 근대적 의미에서 국가가 아닌, 부족 국가 개념의 연장 선상에서 이해해야 할 것이다. 왕실 재산과 국가 예산의 엄격한 구분이 없다고 한다. 국회가 없고 대신 초대 칼리프 국가 때 시작된 슈라라는 자문 기구가 있을 뿐이다. 왕도 세습으로, 왕의 권한이 절대적

42) Jean Sasson, *Princess: The True Story of Life Inside Saudi Arabia's Royal Family* (London : Bantam Books, 2004), 284-85.

43) 大高未貴, 226-28.

이다. 윌리 모리스 전 사우디 영국 대사는 외교부에 보낸 비밀 문건에서 사우디 왕실은 국가 경영을 가족 비즈니스처럼 생각한다고 하면서, 전 파드 왕의 재산은 280억 달러인데 5천 명 이상의 왕자가 있고, 왕실 인원은 3만 명, 왕자는 7천 명 선으로, 이중 5천 명이 왕실에서 일하며, 60명이 핵심적인 의사 결정에 참여한다고 말하고 있다. 이것은 2000년대 초기의 일이다.

4) 이슬람 포교 국가

그러나 사우디가 이슬람 포교를 위하여 쓰는 돈은 상상을 초월한다. 전 세계의 많은 웅장한 모스크는 다 사우디 돈으로 지었다고 하여도 과언은 아닐 것이다. 엄격한 원리주의로 인하여 사우디는 유형의 기독교회는 하나도 없는 나라로 기록될 것이다. 전 세계에서 종교의 자유가 없는 일등국으로 꼽힌다.

사우디는 와합주의의 포교를 위하여 왕실이 주는 상금 제도를 신설, 이슬람 연구와 포교에 기여한 사람에게 막대한 상금을 주는데, 상금을 받는 자들은 주로 외국인이다.

사우디는 전 세계에 모스크와 문화센터 건립에 열중하고 있다. 사우디 정부가 지원하여 아시아, 아프리카, 미국, 유럽에 세워 주는 모스크는 규모면에서 우리의 상상을 초월한다. 우리나라에 이미 문화센터가 많이 세워졌는데, 몇 년 전에는 오스트리아에도 종교문화센터를 건립하였다. 개원식에는 반기문 유엔 사무총장이 종교가 분쟁과 갈등을 일으킨다고 의미 있는 축사를 하였다. 종교 박해 제1등국이라고 해도 과언이 아닌 사우디가 종교 대화의 문화센터를 건립한 것, 이것이 바로 사우디의 전형적인 이중 플레이이다. 선교(다와)를 위한 기구와 출판 등은 규모가 크다. '이슬람의 소리'라는 강력한 방송국을 위시하여 세계에서 가장 큰 인쇄 공장은 매년 세계의 여러 언어로 수천만 권의 코란을 찍고 있다. 여러 종류의 국제회의가 사우디에서 열린다. 사우디의 재정 후원으로 무슬림 정상 회의가 이슬람 세계의 여러 도시에서 개최된다. 정치 조직이면서도 선교 조직의 대표적인 것을 들면, 1963년 메카에서 발족한 무슬림세계연맹(Muslim World League), 세계무슬림선교회(World Muslim Missionary Organization), 이슬람회의(Islamic Conference) 등 많은 기구가 있다. 이슬람 선교 목적으로 메디나에 이슬람대학을 설립했고, 1967년 메카에 샤리아와 이슬람을 연구하는 학부를 설치했다. 1965년에는 샤리아법을 적용할 수 있는 연구소를 설립했다.

사우디는 이슬람 선교를 위하여 세워진 나라이다. 한국에 건립된 이슬람 사원은 물론 사우디 정부의 지원이다. 미국의 수많은 모스크와 이슬람 운동도 사우디의 지원을 받는다. 그럼에도 서방 기독교는 사우디에서 선교를 위해 단 1달러도 쓸 수 없다.

5) 테러를 수출하는 나라

사우디는 빈 라덴을 추방하였지만 아프간 전쟁 때 무슬림 지하디스트를 미국 CIA와 협력하여 지원하였다. 2000년도 초기 이라크 내전 때 사우디는 이라크에 테러리스트를 부지런히 수출하였다. 당시 사우디는 이라크 수상 누리 카말 알 말리키를 신뢰하지 않고, 도리어 사우디에서 매달 60명에서 80명 이상의 수니파 테러리스트를 보내었다. 사우디는 말리키를 이란의 꼭두각시라고 생각하였다. 테러리스트들은 자살 폭탄 테러 교육까지 받았었다. 당시 이라크의 자살 테러범 40%가 아라비아인이라고 미군 당국자가 말한 적이 있다. 물론 다 자살 테러범이 아니라 폭탄 제조자, 암살자, 전략가, 금전 제공자들도 있었다.

2016년 7월 미국 정부 문서는 사우디가 9.11 테러와 깊은 연관이 있다는 2페이지의 문서를 공개하였다. 내용은 사우디가 9.11 이전 알 카에다 비행기 납치자들과 통화하고 이들에게 자금과 집을 제공하였다는 것이다. 플로리다 상원위원이었던 봅 그레이엄(Bob Graham)은 이 문서를 2016년 7월 15일자 뉴욕타임지에 보도하였다. 이 문서 공개는 사우디가 미국과 이란의 국교 정상화에 노골적으로 불만하고 이란과 대립각을 날카롭게 세우는 상황과도 연관이 있다고 해석한다. 이 문서 공개는 미국의 우방군인 중동 국가를 분개시킬 수 있다고 우려하여 공개를 오랫동안 보류하였지만 희생자 가족들의 압력에 의하여 공개하였다는 것이다. 물론 오바마 대통령도 이 문서의 공개를 결재하였다는 것이다.

문서에 의하면 납치범 나와프 알 하자미와 칼리드 알 미다르는 공격 전 남 캘리포니아 산디에고 저택에서 거주하였다. 이 두 인물은 아메리카 에어라인 777이 펜타곤을 공격하도록 한 인물이다. 사우디 국적의 오마르 알 바요니는 이 집을 임대한 인물로서, 사우디 정부와 밀접한 관계가 있다. 산디에고 무슬림 커뮤니티의 많은 사람들은 오마르가 사우디 정보원이라고 믿고 있다는 것이다.

여기서 사우디는 테러와 와합주의를 동시에 수출하는 나라로 드러난 셈이다. 이 사실은 이미 서방 세계가 다 인정하고 있는 사실이다. 수년 전 사우디는 매달 60-80명의 테러리스트들을 시리아를 통하여 이라크로 파송, 이라크의 내전을 더 부채질하였다. 물론 사우디 정부는 '참 이슬람'을 수출한다고 강조한다. 그러나 모로코의 한 이슬람 단체가 지적한 것같이 사우디가 수출하는 이슬람은 위험한 이슬람이다. 9.11 테러범 32명 중 16명이 사우디인이다.

오오타카 미키는 사우디가 ISIS에 자금을 제공하였을 것이라는 추측성 보도를 한다. 다른 사람들은 ISIS가 유전을 확보하고 세금도 거두어 자금이 풍부하다고 말하는데, 의외로 사우디가 자금을 제공하였다는 식의 말을 한다. 사우디는 시리아 아사드 정권을 번복시키기 위하여 알 카에다 반군을 지원한 것은 다 아는 사실이다.

6) 검은 뱀과 흰 뱀의 싸움

"이슬람이 이슬람의 적이 되고 있다." 일찍이 타임지는 특히 시아파 종주국 이란과 수니파 종주국 사우디 간의 갈등을 검은 뱀과 흰 뱀의 싸움으로 보도하였다. 시리아와 예멘의 내전은 대표적인 수니, 시아파의 종파 전쟁이다. 시아파 국가 이란과 이라크는 시리아 아사드 정권을, 수니파 사우디와 카타르 등 수니파 나라들은 시리아 반군을 지원한다. 예멘 역시 종파 전쟁으로 비화되었다. 사우디는 예멘에 공군을 투입, 수도 사나(Sana)의 병원을 폭격, 많은 민간인들이 죽었다.

이슬람의 두 종주국의 심각한 대립은 2016년 사우디가 사우디의 시아파 지도자를 반란 혐의로 사형에 처하였다. 분노한 이란 시민들은 사우디 대사관을 방화함으로 두 나라는 극한 대립으로 나갔다. 이란이 핵무기 문제로 서방 국가와 화해함으로, 미국과 이란과 관계가 회복되자 사우디는 군비를 강화하고 주변 몇 수니 국가 군대와 합동 군사 훈련을 실시하였다. 물론 주적은 이란이다. 2016년 5월 사우디는 이란의 무슬림들

이 성지 순례를 정면으로 차단하여 30년 만에 이란 무슬림들의 성지 순
례는 중단당하였다. 그러나 이란 최고 지도자 아야톨라 알리 하메이니는
사우디가 '큰 사탄' 미국과 시온주의자들(이스라엘)의 사주를 받아 성지
순례를 못하게 했다고 맹렬하게 비난하였다. 하메이니는 작년도 이란의
순례자 464명이 사망한 것도 사우디가 고의로 죽였다고 비난하였다. 하
메이니는 더 부언하기를 "신의 손님들에 대한 이러한 억압적 행동에 대하
여 모든 이슬람 국가들은 두 성지 (메카와 메디나) 관리와 순례 문제를 근
본적으로 고려해야 할 것이라."라고 촉구하였다.[44] 자칫하면 성지조차
분리시키겠다는 위협적인 발언이다.

  하메이니의 성명은 바로 다음날 사우디의 반격을 당한다. 사우디 최고
이슬람 성직자 그랜드 무프티 압둘라지즈 알 셰이크는 이란 국민은 무슬
림이 아니라 조로아스트교 신도들이라고 반격하였다. 걸프국가협력기구
(Gulf Cooperation Council) 6개 국가도 맹렬하게 이란을 비난하고 나섰
다. 결국 '검은 뱀과 흰 뱀의 싸움은 이라크와 시리아 내전을 장기화시키
고, 이것은 나아가서 알 카에다나 ISIS를 이롭게 하는 결과가 되고 있다.

7) 모래 위에 세운 집

  사우디는 폐쇄주의 국가지만 "알라가 준 검은 황금과 누른 황금" 덕분
에 경제가 부흥하여 사우디는 큰소리치는 나라가 되었지만 이제 불안하
기 시작하고 있다. 지금까지는 사우디 왕가의 경제 정책이 국민들의 불만
을 잘 해소하였었다. 위기의 시대에 즉위한 고 파이잘 왕은 근대화 작업
에 박차를 가했고 외교적으로는 아랍 제국의 맹주로서 활동할 수 있었다.

---

44) "Iran's Supreme Leader slams Sunni rulers over haj row," Tuesday September
    2016, *The Straits Times*: 15.

파이잘은 기본법 제정, 사법 기관의 정비, 사회 보장 제도 실현, 경제 개발 정책 등을 차근차근 추진했었고 74년 10월 4차 중동 전쟁 때는 제 1차 석유 파동을 주도하여 자신의 영향력을 전 세계에 과시하기도 했다. 파이잘의 공로는 산업화로 대표되는 서구화와 이슬람의 전통을 지키고자 하는 국민들의 보수주의 사이의 긴장을 완화시켰다. 아랍 스프링 때도 안정을 지향하는 노련한 정치 기술을 발휘, 위기를 잘 넘겼다.

그러나 지금 사우디는 모래 위에 세운 집에 비유할 만큼 불안하다. 9/1 테러를 지원하고 테러리스트를 제일 많이 내는 국가로, 국제 사회에서 지탄의 대상이 되고 있다. 저유가로 인한 경제 위기, 왕가의 장기 집권, 부정 부패, 실업은 사우디의 미래를 불안하게 한다. 동시에 국내 소수파지만 시아파의 도전은 국내 정치를 흔들고 있다. 금년 초 시아파 지도자를 처형함으로 이란과 긴장 관계는 중동 사태를 더 불안하게 한다. 국내가 불안할수록 주변의 수니파가 소수인 바레인, 예멘은 경제적으로 지원하며, 군사까지 동원하여 중동에서 수니파와 시아파의 갈등을 더 에스컬레이터하고 있다.

2. 이란 : 시아파 원리주의 국가

시아파 맹주 국가인 이란도 ISIS 등장을 돕는 나라가 되고 있다. 이란은 현재 이라크의 시아파 정권이 더 강한 시아파 원리주의 국가가 되도록 후견인 노릇을 하고 있다. 이라크 시아파 정권은 이란의 꼭두각시 정권으로 보는 자들이 많다. 동시에 시리아 아사드 독재 정권이 붕괴되지 않도록 이란 혁명 수비대를 파견하며 무기와 자금을 제공하고 있다. 이란은 이라크와 시리아에서 시아파 정권이 붕괴되지 않도록 히즈블라라는 시아파 테러 그룹을 적극 지원하고 있다. 헤즈블라는 팔레스타인에서 이스라엘을 가장 괴롭히는 테러 그룹이다. 이란은 중동에서 평화보다 시아파 정권 유지가 더 우선이다.

3. 호메이니의 이슬람 혁명

세계 역사에서 종교가 혁명을 일으킨 역사를 들어 본 적이 없다. 1979년 호메이니의 이슬람 혁명은 이슬람 부흥의 신호탄이 되며, 동시에 이슬람 원리주의 운동을 부추기는 서막이다. 국제 정치학자들은 이슬람의 국제 사회에 미친 부정적인 영향을 다음과 같이 분석한다. 이슬람을 현대 정치의 한 형태로 도입한 것에 적지 않은 충격을 주었다. 이슬람과 민주주의를 혼합시키는 새로운 실험장이 된다. 열정적인 이데올로기를 수출함으로 지역 국가들을 흔들게 된다. 즉 레바논에서부터 걸프 지역까지 시아파 원리주의를 확대시킬 수 있다. 정상적인 국제적 규범을 깨트림으로 동구와 서구를 다 불안하게 한다. 이슬람 공화국 선포로 정치, 문화는 물론 모든 것이 위협적 분위기를 조성한다. 군사 대국으로 핵무장함으로 국제 사회를 긴장시킨다. 즉 무서운 자가 큰 칼을 가진 셈이다.

1) 팔레비 왕의 실패

당시 친미 팔레비 왕은 세속적 이슬람으로 이란을 부흥시키려고 하였으나 부정 부패로 국민의 지탄을 받게 되었다. 팔레비 왕조의 이념인 옛 페르시아 영광의 회복과 세속적 이슬람 시험은 부정 부패와 무능으로 실패하고 만다. 그의 실패는 불행하게도 과격 이슬람을 부르는 결과가 되고 만다. 그는 이란의 정체성을 이슬람에서보다 옛 페르시아에서 찾으려고 하였고, 세속적 이슬람을 추구하여 여성들에게서 차도르를 벗기고 서구 문화를 과감하게 도입하면서 친미 정책을 폈다. 이것을 백색 혁명이라고 부른다. 그러나 부정 부패로 인하여 국민들의 신망을 잃고 만다. 이란 국민들은 이슬람 부흥에서 국가 재건과 사회 개혁을 기대하면서 추방당한 호메이니를 불러들였다.

먼저 정권을 무너트리고 호메이니를 불러들이기 전에 엄청난 데모가 일어났다. 이 데모는 반미, 반서구 이데올로기 성향을 띠면서 과격한 방향으로 나가고 말았다. 그리하여 미국인 수백 명을 일 년 동안 인질로 하는 사태가 일어나기도 하였다. 서방 세계는 이란에 경제 제재를 하여 서방과 오랫동안 긴장 상태로 들어가고 말았다. 국제 사회에서는 부시가 말하는 악의 축 국가에 들어가기도 하였다. 호메이니 혁명 정권은 수니파 이라크와 8년 전쟁으로 국력을 소모하였다.

당시 이슬람의 중동은 이념적 혼돈의 시대였다고 말할 수 있다. 아랍 민족주의가 한때 등장하였지만 성공하지 못하였고, 범이슬람주의(Pan-Islamism) 운동 역시 이슬람 세계를 통일시키는 데 실패하였다. 20세기 초, 무신론적 공산주의가 세계 사람들에게 지상의 낙원을 약속하였지만, 20세기 후반에 와서 무신론적 이상향은 무너지는 상황이었다. 이란 국민들은 팔레비 왕의 실패를 자본주의와 세속주의의 탓으로 돌렸다. 아랍 대부분의 국가들이 실천한 아랍 사회주의도 정치 민주화와 경제적 번영을 주지 못하고 말았다. 이러한 상황에서 이란 국민들은 이슬람에 희망을 걸었다. "Back to Islam"이 유일한 비전이자 희망이었다. 안타까운 것은 이슬람 세계는 어떤 정치 실험이 실패하면 그 잘못을 무조건 이념이나 제도 탓으로 돌리고 사람이 잘못 시행하거나 부정 부패한 마음 때문

이라는 것을 전혀 무시한다. 인간은 다 죄인이라는 원죄 사상이 없으므
로 부정 부패나 사회, 정치의 모순을 이데올로기나 시스템 탓으로 돌린
다. 세속적 자본주의가 서구와 일부 아시아 나라, 심지어 공산주의를 버
리지 않은 중국이나 베트남에서 비교적 경제 성장을 하고 있다는 것은
무시하고 있다.

2) 개선장군으로 돌아온 호메이니

1979년 오랜 망명 생활에서 귀국하는 호메이니는 종말 때 지상에 내려
오는 12번째 이맘인 마흐디(메시야)로 환영을 받았다. 시아파 무슬림들
은 메시야적 종말 사상이 강하다. 호메이니는 큰 이맘이면서 동시에 신
적 존재이다. 그는 마치 시아파 첫 조상 알리와 후사인이 수니파에게 순
교한 것처럼, 악한 권력자에게 수난당한 자로 더 각광을 받게 되었다. 파
리 망명에서 귀국할 때나, 사망 시에 보여 준 이란 국민들의 감격과 애도
는 과히 신에 바쳐지는 찬사와 감격이었다. 그는 하늘에서 내려온 신으
로 여겨졌고, 그의 사망도 하늘을 향한 '출발'로 묘사한다. 이란 국민들은
그의 모습에 광란적으로 흥분하였다. 그의 차를 운전한 기사는 신을 모
신 것으로 감격한다. 여기에 시아파는 최고 종교 지도자를 거의 신격화
하는 전통이 있다. 그에게는 아야톨라(Ayatollah)라는 최고의 칭호가 주
어졌다. 아야톨라는 신의 징표(sign of god)라는 뜻으로, 사실상 알라의
대행자로 정치 위에 군림한다. 호메이니는 다른 이슬람 지도자들 보다
영적으로 더 탁월한 영감의 사람, 신비가로 묘사된다. 당시 타임지는 혁
명의 의미를 다음과 같이 코멘트하였다.

이슬람은 가장 역사가 짧은 세계적 종교로서 기독교의 9억 8천 5백만 명

에 이어 7억 5천만 명의 신도를 가진 두 번째로 큰 종교이다. 동반구를 관통하여, 특히 세 대륙의 교차로에 위치한 전략적인 초승달 지역에서, 무슬림들은 그들의 영적 뿌리를 회복하면서 이슬람 생활 방식에 의한 정치 세력화를 재천명하고 있다. 현대화 과정에서 맛본 쓴맛에 대한 기억과 아울러 자신들의 고대 유산에 대한 열광적인 자부심에서 촉발된 국제적인 이슬람 공동체(움마)가 지금 막 부흥의 불길을 드높이고 있는 것이다.[45]

3) 왕국에서 이슬람 공화국으로

호메이니의 등장으로 이란은 왕정 국가에서 이슬람 공화국(The Islamic Republic of Iran)으로, 국가 정체성이 바뀐다. 이 국가 명칭은 3가지 의미를 포함한다. 첫째는 이란인데, 과거 페르시아의 연장 선상에서 이란의 요소는 희박하게 되고, 이슬람이라는 종교가 국호가 된다. 그러나 공화국이라 하면 법을 제정하는 국회를 의미하는데, 칼리프 국가에 법 만드는 기구는 필요가 없다. 법은 알라가 내려준다. 호메이니의 이슬람 국가는 칼리프가 아니라 이맘의 재림을 기다리는 이맘 국가(Imamate)이다.[46]

이 혁명은 이슬람의 지하드 교리가 완전히 이데올로기적 모습을 띠고 과격한 행동으로 옮겨지는 신호탄이 되기도 한다. 그리고 이슬람 신정 국가(theocracy)의 모델이 된다. 신정 정치란 정치 권력이 국민이나 왕에게 있는 것이 아니라 신이 임명한 자가 직접 정치를 집행하는 신의 정치이다. 즉 이슬람 신앙과 법이 지배하는, 국가 위에 종교가 존재한다. 호메이니는 인간이 만든 법으로만 정의 사회 실현은 어렵다는 것을 강조

---

45) "The World of Islam," *Time*, April 16, 1979:26.

46) 山內昌之, 『中東 新秩序の形成 : アラブの春を超えて』, 135-36.

하였다. 신은 샤리아라는 법만 아니라 정부 형태와 행정 제도까지도 주
었다고 말한다. 그의 말을 직접 인용하면 :

> 가장 고상한 전달자(peace and blessings be upon him)는 무슬림 사회의
> 집행과 행정의 기구를 직접 장악하셨다. 계시를 전달하고 신앙의 조문과 이
> 슬람의 질서와 제도를 강해하고 해석함으로 그는 법을 성취하였고 이슬람
> 의 질서를 세우셨다. 그렇게 해서 이슬람 국가를 건설하셨다 그는 법을 공포
> 하는 것으로 만족하지 않고 동시에 스스로 집행하였다. 즉 손을 절단하며 매
> 로 치는 것과 돌로 사람을 죽이는 것이다.[47]

위 인용문에서 고상한 전달자는 알라를 의미한다. 영어 peace and
blessing upon him은 일부 이슬람 국가에서는 알라나 모하메드라는 이
름이 뒤에는 그에게 평화와 축복이 있기를 빈다는 이 문구가 반드시 들
어가야 한다.

4) 호메이니 : 알라의 지상 대리자

호메이니는 강력한 이슬람 정부를 외치면서 종교 지도자가 최고 통수
권자가 되어야 한다는 것을 역설한다. 모하메드가 최고 정치 지도자로
코란을 전하고 해석하고 집행하는 힘을 가진 것처럼, 현대 이슬람 국가
도 그러한 힘을 가지고 국가가 바로 이슬람의 원리를 시행하는 집행자가
되어야 한다는 것이다. 즉 정부가 이슬람의 도구가 되는 것이다. 여기서
종교가 정치 위에 군림한다. 이슬람이 아닌 모든 권력과 정부는 무신론자
나 불경건한(kufr) 자들의 제도이다. 그의 등식은 경건한 무슬림 정치가

---

47) Writings and Declarations of Imam, Khomeini, *Islam and Revolution,* Hamid
Algar, tr.,(Berkely : Mizan Press, n. d.), 40.

는 거룩하여 부정이나 불의가 없고 불경건한 자들의 정치는 부패라는 것이다. 특히 독재자와 식민주의는 부패의 상징인데, 독재자는 팔레비 국왕을, 식민주의자는 미국이다. 야마유찌 마사유끼는 최고 지도자가 알라의 대리자로 권한을 행사하는 것을 법학자의 통치로 정의한다.[48]

5) 호메이니의 원리주의 사상

호메이니의 이슬람 혁명 철학은 종교의 정치의 결합이며, 민족주의를 거부하고 범이슬람 공동체인 움마를 강조한다. 신의 법이 정치와 법 위에 있다. 다른 이슬람 원리주의와 마찬가지로 철저히 반미, 반서구, 반공산주의이다. 파리에서 귀국하여 국민들에게 행한 첫 연설은, 공산주의는 작은 사탄, 미국은 큰 사탄이며, 시온주의자들(이란에서는 이스라엘이라고 부르지 않고 시온주의자라고 함)은 지구상에서 사라져야 할 나라이다. 홀로코스트는 '큰 사탄'과 '시온주의자들'은 서방 국가가 만든 신화에 불과하다고 했다. 또한 그는 "이스라엘은 침략자이며 약탈자이다. 이스라엘의 건국은 무슬림들에게는 재난이요 이슬람 국가들에게는 하나의 폭탄이다."라고 했다. 그는 라마단 금식 기간 마지막 금요일은 코드의 날(The Qod's Day)로 정하여 적들의 손에 있는 코드를 위하여 데모도 하고 기도할 것을 제안한다. 코드란 예루살렘에 있는 성전을 의미하는 것 같다. 그래서 프랑스 공산주의자 로저 가로디가 홀로코스트를 부정하는 책을 출판하자 제일 먼저 환영하고 초청하였다.

그의 사상은 아주 배타적, 시아파 우월주의이다. 이슬람은 최고의 문명이며, 이슬람에는 오직 하나의 신적 법이 존재한다. 이 신적 법이 정치,

---

48) 山內昌之, 147.

사회, 모든 분야 위에 지배한다. "혁명적 학교이며 선지자의 참 이슬람인 시아파는 항상 독재자와 식민주의자들에게서 공격을 받아 왔다."라고 생각한다.[49]

그는 노골적으로 지하드를 순교로 찬양하고 고무한다. 순교는 영원한 영광이며, 성자의 자랑이며, 행복의 열쇠이고 승리의 비결이다. 미국에 대한 증오심도 너무 강하다. "만약 여러분들이 미국과 소련이라는 배반자들의 손에 의하여 이 땅에서 사라질 경우 우리는 영광스럽게 하나님을 만날 것이다. 이것은 오히려 동방의 붉은 군대의 붉은 깃발과 서방의 검은 군대 아래서 낭비하면서 사는 것보다 더 낫다."라고 하였다. 이 말은 공산주의와 자본주의를 철저히 배격하고 시아 이슬람을 대안 이데올로기로 암시하는 것이다. 민족, 국가보다 이슬람이 먼저라고 강조한다.

호메이니는 신정 체제를 위하여 혁명 수비대를 창설하였다. 페르시아어로 '파스다란'이라고 불리는 혁명 수비대는 12만 5천 명의 병력을 소유하며, 해외 전담 부대로 알 쿠두스라는 특수 부대를 운영하였다. 이 부대는 단순한 군사 조직을 넘어 이란의 모든 분야를 실제로 장악하는 무서운 정치 세력으로 부상하였다. 혁명 수비대의 산하 부대인 알 쿠두스는 해외에 테러리스트와 무기를 수출한다. 알 쿠두스는 레바논의 헤즈볼라, 이라크의 시아파 게릴라, 아프간의 탈레반, 팔레스타인의 하마스 등을 지원한다. 혁명 수비대가 무서운 것은 이란이 미국이나 서방의 침략을 받으면 이들 국가들을 공격하기 위하여 수만 명의 자살 특공대를 보유하

---

49) Hamid Ansari, *The Narrative of Awakening : A Look at Imam Khomeini's Ideal, Scientific and Political Biography* (Tehran : The Institute for Compilation and Publication of the Works of Imam Khomini, n. d.), 259.

고 있다는 사실이다.

호메이니 혁명 사상은 사우디의 와합주의와 유사하게 이슬람 원리주의가 모든 정치의 근본 원리가 된다.

이란 북부의 콤이라는 작은 도시는 이란의 성지로 알려지고 있다. 시아파의 본부와 3개의 시아파 신학교가 있고, 영어로 강의하는 이슬람 학교가 있다고 하여 방문하였다. 그러나 실망스럽게도 국제학교 치고는 수염 기른 중동 사람들만 보여 발길을 돌렸다. 성지인데도 젊은이들이 가기를 두려워하는 곳이다. 필자가 콤을 방문하였다고 하니 이란 청년들도 놀란다.

호메이니의 후계자인 하메이니(Ayatolla Khameini)는 2009년도 부정 선거 시비로, 녹색 혁명으로 불리는 데모가 최고조에 달할 때 그의 한 마디는 부정 선거 시비를 잠재울 수 있는 파워가 주어졌다. 이란 정치 구조는 선거 개표를 정확하게 관리하는 시스템이 없기 때문에 최고 종교 지도자가 단독으로 결정권을 행사한다. 물론 슈라라는 자문 기구가 있다. 여기서 종교는 아주 비합리적이라는 인상을 젊은 세대들에게 주게 된다. 하메이니는 부정 시비로 당선된 아흐네자마드 손을 들어 줌으로 그의 영적 권위는 완전히 실추되고 말았다. 그 역시 부정 부패한 종교 지도자로, 호메이니의 카리스마에 미치지 못한다.

6) 이라크, 이란 전쟁

호메이니는 혁명 후 중동에 평화를 가져온 것이 아니라 전쟁이었다. 전쟁은 호메이니가 먼저 시작한 것이 아니라 후세인이 호로무즈 해협을 둘러싼 주도권 싸움이었지만 종파 전쟁이었다. 후세인은 시아파가 인구의 60%나 되는 이라크로서는 이란의 힘이 커지는 것이 이라크에는 위협이라고 판단하였다. 이 전쟁은 동일한 권위주의적 지도자인 호메이니와 후세인이 전쟁, 종교적으로는 시아파와 수니파의 전쟁, 이슬람 원리주의 대 세속적 이슬람의 전쟁으로 비유하기도 한다. 버나드 루이스 역시 이 전쟁을 호메이니와 후세인의 두 카리스마적 인물의 갈등, 페르시아와 아랍의 갈등, 이념적으로는 이슬람 부흥 운동과 세속적 현대주의의 갈등, 시아파와 수니파의 전쟁, 경제적으로는 이 지역의 석유 자원의 확보를 위한 전쟁 및 땅 전쟁으로 정의한다.

당시 미국은 물론 서방 세계도 이란을 아주 위험한 국가로 단정, 후세인의 이라크 군대를 적극 지원한다. 후세인이 미국의 친구가 되었다. 사우디와 다른 수니파 국가들도 이라크를 엄청나게 지원하였다. 당시 이란의 경제 상황은 서방의 제재로 인하여 이란에 불리하여 곧 이라크의 승리로 끝날 것 같았으나, 의외로 이란이 강하게 대응, 전쟁은 장기화됨으로써 백만 명 이상의 사망자를 내었다. 결국 두 나라 다 전쟁 후유증으로 고통을 당하게 되었다. 2차 대전 때 같은 기독교 나라끼리 싸워 하나님은 어느 편 기도를 들어야 할지 괴로웠을 것이라는 조크를 하였는데, 알라는 어느 편을 들었을지가 궁금하다.

7) 강요된 율법주의

호메이니의 이슬람 혁명은 이란 국민들에게 생활의 혁명을 강요한다. 샤 왕이 벗긴 차도르가 돌아오고, 남자들도 반소매는 안 되며 여자들의 진한 화장도 불법이다. 하지만 도덕 경찰(morality police)이 국민들의 풍기를 단속한다. 머리에 스카프를 안 쓰거나 엉덩이를 가리는 수수한

외투인 '망토'를 안 입은 여성들을 잡아간다. 술을 팔지도 먹지도 못하게 하며, 결혼하지 않은 남녀가 데이트를 하거나 성 행위를 하는 것을 모두 범죄로 여긴다. 그래서 청년들은 21세기에 도덕 경찰에 의해 감시당하고 산다는 게 웃기는 일이라고 노골적으로 빈정댄다.

　이러한 강요된 율법주의는 청년들의 반발을 불러일으키고 말았다. 율법주의가 한편에서는 조롱당하고 말았다. 술과 담배가 금지되고 데이트도 금지되었지만 당시 청년들은 연하의 남자와 동거를 하고 미혼모를 꿈꾸었다고 한다. 이러한 현상을 청년들은 "고양이와 쥐의 게임"이라 빈정대었다. 청년들을 달래기 위하여 몸을 드러내지 못하는 "거룩한 나라"에서 2006년 여름 패션쇼가 열렸다. 그러나 언론은 혁명 방지용 패션쇼로 본다. 열흘 동안 계속된 이 행사는 서구 스타일 확산에 맞서 이슬람 패션의 최신 경향을 선보일 의도로 계획되었다고 말한다.

8) 지식인들의 엑소더스

　호메이니는 파리 망명 생활 중에는 파리 한 마리 죽이는 것도 두려워하였다고 말한다. 그러나 혁명 후 많은 사람들을 죽였다. 당시 많은 이란 지식인들이 나라를 떠나고 말았다. 90년대 중반 아자르 나피시라는 여성 문학 교수가 서양 문학을 가르친다고 감시 대상이 되어 결국 교수직을 사직하고 이란을 떠나고 말았다. 그녀가 쓴 『테헤란의 로리타 이야기』는 혁명 후 여성을 학대하는 생생한 이야기를 들려준다. 여학생들은 수업이 늦더라도 계단을 뛰어서는 안 되고 넓은 홀에서 여학생이 큰 소리로 떠드는 것, 사람들이 보이는 데서 남성과 대화하는 것, 핸드백에 브러쉬를 소지하는 것도 위법이다. 학교 정문에서 여자 수위가 학생들 소지품과 복장을 통제한다.

이란 대학에서는 개혁파나 보수파를 막론하고 반정부 발언의 교수나 학생들은 축출당한다. 유력한 개혁 신문도 폐간시켰다. 언론 통제가 심해졌었다. 호메이니 시절 소수 종교는 엄청난 박해를 받았다. 종교 박해의 일원으로 비무슬림 상점은 자신의 종교를 알리는 간판 부착을 의무화하며 종교 신분증명서 소지를 의무화하였다. 기독교 교인들은 이란어인 파르시(Farsi)어로 예배도 못 드리게 하였다. 이슬람 극단주의자들은 이란 내의 약 1만 명의 기독교 신자를 처형하라고 요구하기도 하였다. 이란의 기독교 지도자 하이크 호브스피안 메르(Haik Hovespian Mehr)는 이란의 종교 자유를 위하여 투쟁한 인물인데, 1995년 칼에 찔려 살해되었다. 지금도 이란은 소수 종교인들을 박해하고 처형하고 있다. 지금 많은 이란인들이 터키에 살고 있다.

그러나 강요된 종교는 저항을 받는다. 종교와 정치가 함께 국민을 억압하는 분위기는 결국 도전을 받았다. 2008년 소위 '녹색 혁명'이라고 불리는 데모는 이란을 흔들었다. 보수파와 개혁파의 갈등에서 최고 지도자는 아흐네마드가 선거에서 승리하였다고 손을 들어 주었지만 나라는 어렵게 되었다. 1989년 체코에서 일어난 벨베트 혁명, 2004년 부정 선거 시비로 우크라이나에서 일어난 오렌지 혁명이 이슬람 세계에서는 통하지 않는다. 동구의 이 두 혁명은 조용하게 정권을 교체시켜 민주화가 되었다.

이란은 그동안 국제사회의 경제제재로 어려운 상황이었다. 핵무장으로 서구를 위협하다가 개방 정책을 펴는 서방과 극적 타협을 하였지만 아직도 서방 세계는 의심의 눈초리를 보내고 있다. 종교 억압 정책과 사회 발전이 함께하지 못한다는 것을 보여 준다. 핵 문제가 해결되어 서구와 화해하여 서구 투자자들이 경쟁적으로 이란으로 향하고 있다. 그러나 이란 역시 "이중 플레이"를 하는 나라이다. 미국의 보수파 사람들과 미국의 유대인들 및 이스라엘은 불안한 눈으로 앞으로의 귀추를 주시하고 있다. 걸프 해협에서는 미군과 이란 함정이 대치하는 상태이다. 이란은 계속 시리아 아사드 독재 정권을 철저히 지원한다. 시아파 원리주의 국가 이란이 과연 국제 사회에서 믿을 수 있는 국가로 부상할 것인지가 관심사이다.

이슬람 혁명은 2009년 선거 부정으로 인하여 일어난 소위 녹색 혁명을 탄압함으로 결국 호메이니의 이슬람 혁명은 이미 실패한 혁명으로 말한다. 지금도 이란은 부정 부패, 정치 갈등, 종교 탄압으로 독재 국가의 이미지를 벗어나지 못하고 있다.

4. 이라크 : 실패한 국가?

1) 이라크 : 고대 문명의 발상지

인구 약 3천 3백만의 나라 이라크는 수니, 시아파의 갈등으로 불행하게도 ISIS의 주무대가 되고 있다. 이라크는 고대 문명의 발상지로서, 원주민은 원래 아랍인이 아니라 아람어를 사용하는 아시리아인(혹은 앗수르인)이 주인종이다. 그들은 여러 교파의 기독교인으로, 기독교 역사가 2천년이나 된다고 자랑한다.

이라크에는 여러 문명이 지나갔다 : 고대 아카드, 수메르인, 아시리아, 바빌로니아 및 칼데아 왕국의 중심지였다. 그 후 아케메네스 왕조, 헬레니즘, 파르티아, 사산조 페르시아, 로마 제국, 정통 칼리프, 우마이야 왕조, 아바스 왕조, 몽고 제국, 사파비 왕조, 아프샤르 왕조, 오스만 투르크 왕국을 거쳤다. 우리가 말하는 현대 이라크는 1921년 왕국을 선포한 후 사우디아라비아의 마호메드 후손인 후사인이 왕이 되었다.

2) 불안한 인공 국가

근대 이라크를 연구한 오오야마 다이에 의하면 이라크는 다양한 인종, 종교, 지역을 외부의 힘에 의하여 강제로 형성된 나라이다. 그래서 처음부터 국가 통합이 어려운 과제였다. 불안한 연방 정부 국가로 시작하였다. 그래서 이것을 오오야마 다이는 인공 국가라는 이름을 붙였다. 이렇게 외세에 의하여 시작된 나라이기 때문에 권위주의적 독재가 아니면 안정을 가지기 어려웠다고 말한다. 이러한 역사적 배경으로 인하여 새 정부가 들어섰지만 통일을 이루는 데 실패하고 있다. 오오야마 다이는 노골적으로 이라크를 실패한 국가(failed state)로 단정한다.[50]

오스만 투르크 때 이라크는 바그다드, 모술 지역은 오스만 투르크의 한 주였다. 지금의 이라크는 오스만 투르크 패망 이후 1차 대전의 승전국인 영국, 프랑스, 러시아에 의하여 국경이 그어진 것이다. 사람들은 아랍 국가들이 2백년 이상 서구의 식민지가 된 것으로 오해, 서구를 비난한다. 그러나 아랍은 4백년 이상 이슬람 국가인 오스만 투르크가 지배하였다. 1920년부터 영국의 위임 통치를 받아 국가가 되면서 사우디가 모하메드의 후손을 보내어 왕을 세운다. 1958년 군부가 혁명으로 왕정을 폐지하여 공화국이 되었다.

1970년대 이라크는 결국 인종 갈등, 종교 갈등의 어려움을 겪게 되었다. 후세인 정권은 강경 투쟁으로 독립을 시도하는 쿠르드와 내전을 치

---

50) 山尾大, 『現代イラクのイスラーム主義運動 : 革命運動から政権党への軌跡』 (有斐閣, 2011), 4-9.

렀고, 다른 소수 인종 말살 정책을 펴기도 하였다. 1980년대 이란-이라크 전쟁 중 후세인은 쿠르드족을 비롯한 이라크 내 여러 소수 민족을 말살 하려는 목적으로 알 안팔(Al-Anfal)이란 작전을 펼쳐 폭격, 주민 강제 이주, 생화학 무기 사용 등 여러 방법으로 4500개 마을을 공격하여 20만 명에 가까운 대량 살상을 자행했다. 이를 피해 많은 쿠르드족은 인근 지역 터키나 이란으로 피신했다.

그 후 후세인은 철근 정치를 펴 1968년부터 2003년까지 사담 후세인의 사회주의 정당인 바트(Baath)당이 집권했다. 그러나 9.11 테러 이후 2002년 미국 의회와 국제연합은 이라크에 대한 무력 제재를 의결하고 이라크를 침공하였다. 이유는 국제연합 결의를 위반하여 대량 살상 무기를 개발 하였다는 것이다. 후세인은 집권 시절, 특히 미국과 전쟁을 할 때 과거 바빌론 문명의 황금시대를 자랑하면서 신바빌론 건설을 외쳤다.

그러나 너무 쉽게 미군에게 패배하였다. 남부의 시아파 군인들은 도리어 미군의 침공을 반기고, 미군이 바그다드로 잘 진격하도록 길을 열어 주었다. 후세인은 외롭게 숨어 있다가 체포되어 자기 국민들에게 처형당 하고 말았다. 특히 그의 사형 집행이 공개되면서 수니파 무슬림들의 비난을 많이 받았다. 그를 처형한 자들은 시아파들이었다. 이것이 후일 이라크에서 종파 분쟁을 더 부채질하는 결과가 되고 말았다.

3) 시아파 원리주의 정당의 승리

이라크는 미군이 주둔하고 있던 2005년에 새 정부 설립을 추진하여 제헌국회의원을 구성하여 새 헌법을 통과시켰다. 그러나 새 정부 구성을 위한 제헌 국회의원 선거를 앞두고 수니파 지도자들은 완강하게 미군정하에서 선거는 무효라고 완강하게 반대하였다. 수니파는 후세인 제거에 대한 반발심이 강하게 남아 있었다. 반대에도 불구하고 선거는 치러졌다. 선거에서 시아파 원리주의 정당 연합인 이라크 통일 동맹이 총 국회의원 270석 중 140석을 차지하여 제1당이 되고, 연합 정당 중 가장 다수당인 다와당 당수인 누리 말리키가 수당이 된다. 다와는 전도를 의미한다. 이 당 역시 시아파 원리주의 정당이다. 야마오 다이의 표현을 빌리면 시아파 이슬람주의 정당이 이라크의 공적 정치 공간을 지배하게 된다. 망명한 이슬람주의 정당이 승리하게 된 요인은, 이들은 체제가 바뀌는 과정에서 신속하게 정치에 참여하였고, 이라크인에 의한 이라크 통치라는 슬로건이 많은 지지자를 얻게 되었고, 반대파 수니 정당이 거의 와해되는 상태가 되었기 때문이다. 그러나 이슬람주의 정당은 시작부터 미군 점령 정책에 대한 견해와 국가 이권을 둘러싸고 대립하였다. 파이(pie)를 서로 먹으려고 경쟁하였으며, 자기가 속한 지역에서 정치적 주도권을 잡기 위하여 경쟁적으로 민병대를 조직하였다.[51]

이라크 이슬람 혁명위원회라는 당은 노골적으로 남부 지역 시아파 밀집 지역을 중심으로 독립된 주를 요구하여 대립하였다. 이러한 과정에서 결과적으로 쿠르드는 자치권을 확보하여 미군 침공으로 가장 덕을 인종 그룹은 동북부 유전 지대를 가진 쿠르드 자치구이다.

4) 이슬람적 헌법

새로 시작하는 이라크의 헌법은 부시가 의도한 서구식 민주주의 헌법이 아니라 시아파 원리주의에 기초한 헌법이다. 새 헌법을 주도한 정치가

---

51) 당시 이라크 신정부가 들어서는 과정에 대하여 山尾大, 위의 책 269-305. 제9장 「イスラーム主義の議會政治」를 참조할 것.

들은 이란에서 망명 생활을 하다가 돌아온 말리키를 중심으로 하는 시아
파 원리주의자들이었다. 헌법 서문 후반부에는 공화국 (republican), 연
방제(federal), 민주주의(democracy), 다원주의 제도(pluralistic system)
를 채택하고, 동시에 모든 인종과 종교를 포용한다고 천명하였다. 주요
인종은 수니파, 시아파, 쿠르드, 투르멘인이라고 명기하였다.

　새 헌법에 이라크 공식 종교는 이슬람이다. 서문 타이틀은 완전히 이슬
람에 기초한 것이다. "가장 은혜로우시고 가장 자비로우신 하나님의 이름
으로 우리는 아담의 자손들을 존경하였습니다" 라는 제목으로 서문을 시
작한다. 그러나 중요한 것은 원주민이었던 앗수르 혹은 아시리아 인들은
인종 그룹에서 누락되었다. 이들은 1900년 전부터 기독교 신자들이었다.
이라크의 오래된 원주민을 누락 시킨것을 실수로 보기는 어려울 것 같다.
고대 위대한 문명을 만들었던 인종 그룹에 아랍족은 당시 이 땅에 살지않
았다. 이미 고찰한 대로 이슬람 원리주의자들은 민주주의, 다원주의는 이
슬람 정신과 위배된다고 외쳤다. 그런데 이라크 신헌법은 놀랍게도 이것
을 천명하였다. 미국 여성 저널리스트 드보라 아모스는 이 헌법은 배타성
으로 인하여 더 많은 의문을 일으킨다고 비평하였다.[52]

　만약 헌법 정신대로 이라크가 나아갔다면 ISIS는 등장하지 않았을 것
이다. 말리키가 주도한 새 정치 이념의 핵심은 헌법 정신과는 먼, 시아파
이슬람 원리 이념을 핵심 이념으로 하면서 수니파에 대한 보복 정치를
펴기 시작했다. 수니파를 제거하고 동시에 기독교나 다른 소수 종교인들
도 배척하여 이라크를 많이 떠나고 말았다.

---

52) Amos Deborah, *Eclipse of the Sunnis* (New York : Personal Books Group, 2010), 63-64.

5) 이라크 혼란의 책임자 : 말리키

2005년 새 국회가 형성되고 헌법이 통과된 직후 2006년에서 2007년
은 이라크는 극심한 종파 분쟁으로 돌입하게 된다. 그때는 아직 미군이
주둔한 상태였다. 모든 사람들은 이라크 종파 분쟁, 갈등 대립의 중심에
말리키가 있었다고 이구동성으로 말한다. 부시 행정부는 이라크 사태를
낙관하였지만 이미 수니파와 시아파의 갈등은 진행되고 있었다.

말리키는 처음부터 수니파와 소수 종교인들을 철저히 배제하는 방향
으로 나아갔다. 크리스토퍼 로이터는 말리키가 노골적으로 수니파를 이
라크에서 제거하는 쪽으로 몰고 갔다고 다음과 같이 말한다.

> 서구에서는 별것 아니지만 아랍 세계에서는 엄청난 일이다. 말리키는 급진
> 적인 입장으로 방향을 선회한다. 그는 수니파를 이라크에서 제거하기 시작
> 하고 수니 이슬람을 의문시하는 발언을 하였다. 말리키는 2013년 카발라를
> 방문, 공개적으로 기도 방향을 메카가 아니라, 카발라로 바꾸는 것을 제안
> 하였다. 그는 부언하기를 "여기 시아파 신앙의 위대한 인물인 후세
> 인의 무덤이 있습니다."[53]

그는 자기에게 충성하지 않는 사람들은 지위 고하를 막론하고 부정 부
패로 덮어씌워 제거하기 시작하였다. 특히 수니파 부수상 타리크 하시미
를 테러 혐의로 체포함으로 수니파 정치가들이 집단으로 국회를 퇴장하
는 사태를 유발한다. 하시미의 대원들 중에 테러 혐의를 받을 만한 정황
이 포착되었지만 하시미는 원만한 사람으로 사람들의 인정을 받았다. 심
지어 각성 운동의 대원들조차 체포하여 이 운동을 와해하도록 하였다. 각

---

53) Christoph Reuter, *Die Schwarze Macht*, 174-75.

성 운동은 이라크의 부족장들과 시민들이 자발적으로 조직을 만들어 테러 방어를 한 군사 조직이다. 미군 사령관이 이 조직을 적극 지원하였다.

더 놀라운 사실은 이란 대통령 아흐네마자드가 이라크를 방문하였을 때 말리키는 미군들이 보는 앞에서 서로 정답게 포옹하는 모습을 보여 주었다. 이 장면을 본 미군 병사들은 이 전쟁이 도대체 어떤 전쟁이냐고 의문을 가졌다고 한다.

종파 분쟁의 불을 붙인 것은 2006년 남부 시아파 성지의 알 아스카리 사원 폭탄 테러이다. 알 아스카리 사원은 알 마흐디의 아버지이자 11대 이맘이었던 하산의 유해가 묻힌 곳이다. 이 테러는 시아파를 자극하여 수니파를 단결시키기 위한 알 카에다의 공작으로 해석하였다. 이때는 행정부의 공백 상태였다. 아직도 수장이 지명되지 않았다.

이때 이미 알 카에다와 알 카에다 이념 제공자들은 이라크에서 다국적 군인들을 대상으로 테러를 하고 있었다. 바그다디가 미군 상대로 테러하다가 체포된 적이 있고, 자르카위 역시 무서운 테러리스트로 이라크에서 활동하였다. 그런데 선거 후 테러는 종파 투쟁으로 방향이 바뀌기 시작하였다. 수니파 테러리스트들은 미군을 직접 공격하기보다 '배교자'들을 공격하기 시작하였다. 하지만 수니파 무슬림들만 피해자가 아니라 기독교인들도 배교자에 포함되었다.

필자는 2003년 9월 바그다드를 방문, 앗수르인 크리스천들을 만났다. 그들 중 한 지도자는 바그다드대학을 나온 인테리로서, 영어도 잘하였다. 그는 미군 침공을 어떻게 보느냐는 질문에 "우리 기독교인들에게는 해방이다. 그러나 미군이 오래 주둔하는 것은 좋지 않다고 하였다." 그는 이라크의 미래를 아주 낙관적으로 말하였다. 앞으로 닥칠 기독교인들의 수난을 전혀 생각지 못한 눈치였다. 중동은 기독교 탄생지인데, 기독교인이 사라져 가고 있다.

그러나 종파 분쟁은 이미 예견된 것이었다. 2007년 한국을 방문한 시리아의 한 지식인 무슬림에게 "만약 미군이 철수하면 이라크는 어떻게 될 것인가?"라는 질문에 서슴지 않고 "sea of blood"라고 답하였다. 중동의 많은 사람들은 미군 침공과 상관없이 수니, 시아파 분쟁은 숙명적인 것으로 보았다. 2016년 7월 4일 자레드 말신 기자는 이라크의 내전을 영원한 전쟁으로 보도하는 글을 발표하였다. "이라크의 영원한 전쟁"은 이미 미국의 한 작가가 이라크 전쟁을 소재로 소설로 쓴 제목이다. 왜 영원한 전쟁인가? 말신 기자는 결론으로 ISIS는 이라크 정부군, 쿠르드의 페쉬메르 군대(peshmerga), 시아파의 민병대가 서방 연합군의 도움을 받아 언젠가는 제압하여 잃었던 땅을 도로 찾지만 그러나 그 후에 일어난 인종과 종파 전쟁은 영원히 계속될 것이라는 것이다.[54] 이 3 그룹은 전쟁 중에도 동상이몽의 모습을 보이고 있다고 개탄하였다.

6) 미국의 실수

미군의 이라크 침공은 긍정과 부정 양면성을 띤다. 쿠르드인들과 기독교인들은 해방의 전쟁이었다. 지금 쿠르드는 자치 행정으로 안정을 누리고 있다. 동시에 주변 국가에 민주화의 도미노 현상을 일으켰다. 사우디는 여성 투표권을 인정하고 일부 국가는 선거 제도를 도입하였다. 그래서 아랍 정치가들은 미군 주둔을 경계하였다. 비판가들은 미국은 손해 보는 장사는 안한다고 부정적으로 보는 자들이 많다. 이라크 석유를 보

고 침공하였다고, 그러나 거기에 대하여 영국이 이미 경고하였다. 1920
년 이라크 위임 통치를 한 영국은 석유에 탐을 내었지만 도리어 손해만
본 역사를 경험하였다고.

첫째 실수는, 부시는 이라크에 독재자를 제거하면 자연 민주주의 정부
가 들어설 것으로 확신하였다고 한다. 그러나 이슬람의 생리는 결코 독
재 제거가 민주화의 지름길이 아니라 도리어 혼란만을 초래하였다.

둘째, 테러를 지원한 것은 이라크보다 사우디인데, 이라크만 '손본 셈
이다.' 미국 외교 정책의 단점은 친미 국가들의 독재와 인권 탄압은 눈감
아 주고, 반미 국가의 악은 인권 탄압, 비민주화라는 명목으로 응징한다.
인권, 민주주의, 정의라는 보편적 가치관을 집행하는 나라지만 가치관
행사가 선별적이다.

셋째, 시아파 말리키 정권을 너무 신뢰하고, 수니파 지도자들과 군인
들을 완전 해산한 것이 잘못한 결과가 되었다. 미국은 후세인 군대의 무
장을 너무 불신하였다.

대부분 이라크를 연구한 자들은 미군의 침공은 결과로 일어난 부차적
인 책임이고 1차적 책임은 이라크에 있다는 것이 지배적인 견해이다.

7) 미군 철수를 고집한 말리키

말리키는 수상이 되자 미군 철수를 관철한다. 여기에는 미국을 싫어하
는 이란의 입김을 무시할 수 없었을 것이다. 오바마 행정부는 주둔 연장
을 제안하지만 협상은 결렬된다. 당시 미국 이라크 평가위원회는 이라크
경찰이나 군대로는 이라크 치안 유지가 불가능하다고 결론 내렸다. 아랍

국가의 많은 무슬림 지식인들, 심지어 외국인 병사마저도 미군이 철수하면 이라크는 피바다가 될 것이라고 동일한 표현을 하였다. 바그다드에서 근무한 수단 출신의 유엔군 병사도 필자에게 같은 말을 하였다.

2007년부터 2009년까지 주(駐)이라크 대사였던 라이안 크로커(Ryan Crocker)는, 미군 철수는 이라크에서 미국의 영향과 관심도 철수하는 것을 의미하지만, 말리키의 종파 중심의 편협한 배타적 정치 행태가 이라크에 비극을 초래할 것을 경고하였다. 그의 우려대로 ISIS는 기다렸다는 듯이 행동을 개시하고 만다. 후세인 시절의 많은 수니파 장성들과 고위 관료들이 말리키를 떠나 ISIS에 가담하게 된다. 그때 말리키는 선거를 앞두고 스스로를 "미스터 시큐리티"라고 선전하였는데, 팔루자 등 몇 곳을 정복당하고 말았다.

미군이 철수하면서 미군 사령관은 민병대 조직인 각성 운동원 10만 명을 그대로 유지할 것을 강력하게 권고하였지만 말리키는 그 권고를 무시했다. 도리어 이 조직의 8만 5천명 수니파 대원들은 사담 후세인 정권의 협력자라는 이유로 해고하고 말았다. 수니파 자기 백성들을 이라크에서 도우겠다는 사명감으로 이 조직에 가담한 수니파 무슬림들은 갑자기 버림받은 신세가 되고 말았다. 이라크에서 수니파 무슬림들은 2등 시민 취급을 받았다.

이 조직의 해산을 가장 기뻐한 자는 바그다디이다. 그는 자기가 상대할 적의 부대가 없어지는 것을 기뻐한 것이 아니라 그 부대가 해산되면 수니파 대원들 상당수가 ISIS에 가담할 것을 미리 알고 기뻐한 것이다. 이 조직에 협력하였던 안바르, 디야라, 사라프딘 지역의 부족장들이 ISIS와 협력, 동맹 관계를 맺게 된다. 이로 인하여 각성 부대 대원들은 2, 3개월 안에 다 ISIS에 흡수되고 만다.

8) 평화적 화합안을 거절한 말리키

2003년 미국은 이라크에서 사담 후세인을 제거한 후 바로 이라크의 재건 플랜을 세우고 이라크 국가 안보 자문관으로 전 공군 부사령관이었던 조지 사다(George Sada) 장군을 임명하였다. 조지 사다 장군은 수니파, 시아파, 쿠르드파의 인구 비례로 석유 자원을 배분하고 국방과 교육은 연방 정부에서 관리하고 다른 행정 등은 자치 정부를 시행하는 이라크 재건 계획을 세웠다. 미국은 그의 제안을 적극 지원하였을 뿐 아니라 사다 장군의 신변 보호를 최대한 지원하였다.

그러나 제안은 받아들여지지 않았다. 사다 장군은 이라크 공군 4만 명을 무장시켜 이라크 치안을 하도록 하는 제의도 미국이 거절하였다. 후세인 당시 이미 많은 무기가 군에서 민간인으로 넘어가서 무장 난도들이 이라크를 불안하게 하였다. 이 내용은 사다 장군이 2007년 한국을 방문, 국방회관에서 한국군 현역 및 예비역 장성들에게 직접 말한 내용이다. 중요한 대목은, 유엔은 이라크에서 대량 살상 무기 발견에 실패했다고 한다. 왜냐하면, 당시 후세인은 유엔 감시로 재료만 보유하고 실제 생산은 보류시켰기 때문이라 한다. 그러나 사다 장군은 그의 저서에서 시리아 아사드 대통령은 후세인에게서 인계 받은 화학 무기를 유엔에 넘기라고 강력하게 촉구하였다.[55]

국제 사회는 이라크에 대량 살상 무기, 즉 화학 무기는 없는데 미국이

---

55) George Sada, *Saddam's Secret : How an Iraqi General Defied and Survived Saddam Hussein* (Integrity Pub. 2006), 242.

거짓말하였다고 비난하는데 권위 있는 내부자의 말은 전혀 다르다. 그에 의하면 1991년 미국이 이라크를 침공할 때 후세인은 화학 무기로 이스라엘 공격을 시도하였는데, 사다 장군이 만류하였다고 한다. 이유는 이스라엘 비행기는 150마일 이상 보는 레이더를 장착하였는데, 이라크 공군기는 100마일도 볼 수 없었다고 한다. 이스라엘을 노린 화학 무기가 같은 이슬람 국가 요르단에 떨어지게 된다는 말에 후세인이 포기하였다는 것이다. 지금 시리아 내전에 시리아 정부군이나 반군 모두 화확무기를 사용하고 있다.

9) 무능한 이라크 군대

당시 이라크는 35만 명의 정규 군대와 미국이 제공한 우수한 무기와 장비에도 불구하고 비참하게 무너지고 말았다. 2003년 미군이 이라크를 침공할 때 미국은 상당히 힘든 전쟁이 될 것이라고 예상했는데, 의외로 쉽게 무너지고 말았다. 미군이 쿠웨이트에서 바그다드로 진군하는 과정에서 남쪽의 시아파 이라크 군인들은 정확하게 표현하면 미군을 환영하였다. 그러나 역사는 아이러니하게도 이번에는 수니파의 많은 후세인 군대가 도리어 ISIS의 핵심 세력을 구성하였다. 시아파 군대가 앞장서서 싸웠지만 허무하게 무너졌다. 이라크 군대는 많은 무기를 빼앗겼고 병사들은 도망하고 심지어 굶주렸다. 사령관은 병사들의 식량비를 착취하였다. 석유 생산국임에도 군용 차량은 휘발유가 부족한 상태였다. 패트릭 기자는 말리크가 의도적으로 북부 지방은 ISIS가 점령하도록 의도적으로 방치하지 않았나 생각한다.

5. 아프간 전쟁과 탈레반

알 카에다는 아프간 전쟁의 산물이다. 이 점에서 아프간은 알 카에다를 탄생시킨 나라이고, 소련이 물러간 후 6년 동안의 포악 정치로 유명한 탈레반은 파키스탄이 출생지이다. 많은 사람들은 21세기 테러 그룹의 시작은 미국의 이라크 침공에서 시작되었다고 하는데, 9.11 테러 이전에 이미 알 카에다가 생겼기 때문에 이라크 전쟁에서 알 카에다 테러 그룹이 시작되었다는 것은 모순이다. 특히 반미주의자들이 이 이론을 그럴듯하게 전개한다. 탈레반과 알 카에다는 형제 간 관계가 될 정도로 아프간 전쟁에서 함께하였다. 탈레반은 ISIS 이전의 ISIS라고 해도 과언이 아니다.

1) 비극의 나라 아프간

종교는 한 나라를 흥하게도 하고 망하게도 한다. 이슬람 국가 중에서 이슬람으로 가장 실패한 나라로 아프간을 든다. 영국의 한 저널리스트는 "인간적 용어로 말하면 아프간은 세계에서 가장 가난하고 가장 비극적인 나라 중의 하나이다."라고 하였다. 그 비극은 외부의 침입이나 외부적 영향 때문이 아니라 인종적, 정치적 갈등 및 종교가 빚은 비극이라고 결론 내린다. 이 비극을 만드는 주체 중의 하나로 탈레반을 꼽지 않을 수 없다.

6년 간 아프간을 통치한 탈레반은 ISIS의 복사판이라고 하여도 과언이 아니다. 자르카위는 탈레반이 통치하는 아프간을 칼리프 국가로 만드려고 하였으나 미군의 침공으로 뜻을 이루지 못하였다. 탈레반의 수장을 칼리프로 세우려는 시도가 없는 것은 아니다. 탈레반은 1996년 아프간 이슬람 에미레이트(Islamic Emirate of Afghanistan)를 건설하였다. 에미레이트는 토후 국가의 수장을 의미한다. 중동의 아랍 에미어리트 국가가 여기에 해당한다. 아랍어 에미르(emir)는 지휘관 혹은 왕자를 의미한다. 중세 시대 에미레이트는 칼리프가 통치하는 국가(state : *dawla*)보다 작은 나라 혹은 소왕국 개념이었다. 그래서 빈 라덴도 이라크에서 칼리프 국가를 세우려고 할 때 먼저 에미레이트 국가를 세우는 것을 권고하였다.

아프간 판 이슬람 에미레이트는 이슬람의 샤리아에 기초한 나라였다. 이때 아프간은 빈 라덴, 자르카위, 사이프 등 알 카에다 지도자들의 도움도 받고 동시에 은신처를 제공하였다. 다만 IS나 알 카에다와 다른 것은 이들의 테러 무대는 전 세계가 아닌, 파키스탄과 아프간이었다. 지금도 두 나라에서 탈레반 테러는 계속되고 있다. 샤리아에 의한 통치나 잔인성은 거의 같다. 2002년 초 KBS 다큐멘터리는 탈레반 통치 시절의 잔인한 상황을 보도하였다. 그때 한국에서도 상영된 '칸다하르'라는 영화는 탈레반 통치의 극단적 단면을 잘 묘사했다.

2001년 9.11 테러 이후 미국이 아프간을 침공하여 탈레반 통치에서 해방시켜 주었지만 신정부 역시 부정 부패, 무능으로 계속 탈레반의 공격에 시달리어 유럽 연합군이 파견되기도 하였다. 미국과 유럽 연합군에 의해 많은 투자를 하였지만 아직도 불안한 나라이다. 국민들은 계속 나라를 떠나고 있다.

2) 탈레반의 기원

서방 세계는 혼란한 아프간을 탈레반이 장악하였을 때만 하여도 탈레반을 무서운 집단으로 인식하지 못하였다. 아프간이 소련과 싸울 때 미국은 탈레반을 음양으로 많이 지원하였다. 그러나 아프간을 장악하고 세계 최대의 바미안 불상을 파괴하자 온 세계가 탈레반의 무서움을 인식하기 시작하였다. 이 불상은 높이가 무려 55m나 되는, 유엔이 지정한 세계적인 문화재이다. 신라의 승려로서 불교 연구를 위하여 이곳을 여행하였던 혜초는 『왕오천축국전』에서 바미안 불상을 언급하였다고 한다.

　탈레반이란 말은 아랍어 타라브, '배우다'에서 파생된 것으로서 엄밀히 말하면 학생이고, 탈레반은 문법적으로 복수형이다. 알 카에다와 다른 주요한 특징은 철저히 아프간의 주류 인종인 파슈툰족들로만 구성되었고 수니파이다. 이것은 세계적 움마를 말하는 이슬람과는 배치된다. 이들은 아프간 전쟁 중에 고아들이었으나 파키스탄에 피난민으로 있을 때 파키스탄 정부는 이들을 이슬람 학교인 마드라사 (Madrasas)에 대량 유치, 엄격한 이슬람 교육을 시켰다. 이 학교는 등록금이 없어서 돈 없는 사람들이 갈 수 있는 유일한 교육장이며, 순수한 이슬람을 가르치는 곳으로 알제리, 탄자니아, 필리핀 등지에서도 학생들이 유학 올 정도이다.

　이들 이슬람 학교가 이슬람 원리주의자들을 양성한다고 당시 무샤라프 대통령조차도 비난하지만 증거가 없을 정도로 상당수 학교들은 은밀히 한다. 이 학교를 졸업한 많은 외국 학생들과 파키스탄 학생들은 알 카에다 조직원이 된다.

　마드라사가 가르치는 내용은 코란, 모하메드의 어록, 이슬람법, 아라비아어와 아라비아 문학이다. 그러나 정부는 이슬람만을 가르치지 말고 수학, 일반 과학, 영어, 컴퓨터, 인터넷 등을 가르치라고 권장한다. 그런데 일부 학교는 기독교와 유대교를 적으로 가르치면서 두 종교에 대하여도 소개한다. 이 학교들은 자기 학생들이 졸업 후에 좋은 직장을 얻기보다 이슬람을 위하여 봉사하고 심판 날에 보상 받기를 바란다는 것이다. 이 학교가 그야말로 철저한 무슬림을 만드는 경건한 이슬람 학교인 것은 한 학생의 간증에서 잘 나타난다. 국립학교에서 공부한 25세의 모하메드 조베이트라는 학생은 다음과 같이 말한다. "내가 국립학교에서 공부할 때는 이슬람에 대한 헌신이나 경건이 전혀 없었지만 이 학교에서 공부하면서 선지자 모하메드에 가까워지는 것을 느꼈다. 그래서 나는 온 세계를 여행하면서 이슬람을 전파하겠다."[56]

지금도 탈레반은 아프간을 완전 장악하여 이슬람 원리주의 국가로 만들려고 정부군을 계속 괴롭히고 일부 지역은 그들이 점령하고 있다. 아프간 전쟁도 끝이 없는 전쟁이다.

3) 탈레반의 공포 정치

탈레반은 초기에는 마치 해방군인 양 국민들의 찬사와 지지를 받았으나 무서운 공포 정치를 실시하였다. 그래서 사우디와 파키스탄만 탈레반 정권을 인정하였다. 탈레반은 당시 불안한 치안을 유지하고 파벌들의 내전을 진압하는 데 부분적으로 성공, 남부에서는 백성들의 지지를 얻었다고 한다.

탈레반은 가혹한 종교적 율법주의를 실행하였다. 그들은 수도 카불을 자유로운 퇴폐적 도시로 간주하였다. 소련군이 점령하면서 세속주의로 타락시켰다고 비난하였다. 교육을 받지 못한 가난한 대중들에게 자신들의 비전을 가르치면서 샤리아를 엄격하게 집행하였다. 이들은 이슬람 세계에서 유례없는 엄격한 이슬람적 청교도 윤리를 실시하려고 한 것이다. 탈레반은 나치스나 소련의 KGB 같은 비밀 경찰인 종교 경찰 조직을 가동하여 철저히 정보 정치를 하였다. 사우디의 무타와 같은 것이다. 그런

---

56) Hamaza Hedawi, "Resentment of US. remains strong in Pakistan," *The Korea Herald*, Tuesday, March 19, 2002 : 9.

데 여성에 대한 처벌이 더 가혹하였다.

탈레반의 정부 조직 역시 ISIS와 유사하다. 국회가 없고 대통령이나 정치 수반도 없고, 대신 무하마드 오마르(Mullah Muhammad Omar : 물라는 실제로 이슬람 선생을 의미함)가 최고 통치자이다. 알라의 뜻을 집행하는 자이다. 그래서 그가 동의하지 않은 것은 어떠한 결정도 할 수 없다. 이란의 호메이니와 유사한 제도이다.

탈레반은 동성 연애자들을 생매장하였고 세계 최대의 불상도 우상이라고 파괴하였다. 얼마 전 일본 불교 지도자들이 그 불상을 복원하였다. 음악을 금지하면서도 탈레반 선전용 CD에는 음악을 허락한다.

이들이 자행하는 종교적 공포 정치의 실태는 너무나 끔찍하다. 타 종교에 대하여 지나치게 배타적이며, 선교사를 추방하고 감금한 것은 세계가 다 아는 사실이고, 기독교 선교를 하는 자국민은 사형에 처하거니와 일부 크리스천들을 불도저로 밀어서 죽이고 혼전 섹스를 하다가 잡힌 여자는 공개 처형하고 포로는 눈을 도려내고 손목을 자르는 등 잔학한 방법으로 참살한다. 이들은 음악, TV, 영화를 금지하며, 턱수염 면도 금지, 사진 촬영 금지(이슬람에서 촬영은 신중해야 한다.), 연 날리기와 오후 스포츠 금지, 절도는 손목 절단, 음주는 채찍 형이다. 여자가 외출할 때는 반드시 부르카를 입어야 하는 것은 말할 필요도 없다.

4) 탈레반의 여성 정책

탈레반 통치 시절 가장 불행한 자들은 여성들이었다. 탈레반이 집권하면서 네 가지 중요한 정책을 선포하였다. 첫째는 여자들의 직장 근무를 다 중지시켰고, 둘째는 여자들의 교육을 일시 중단하였고, 셋째는 여자들은 반드시 부르카를 착용해야 하고 외출 시는 남자의 허락을 받아야 한다. 넷째는 여자들은 외출 시 남편이나 친척이 반드시 동행해야 한다. 다섯째 남자들은 수염을 길러야 하고 터번을 해야 한다. 다만 여자가 일할 수 있는 영역은 여자들이 꼭 있어야 하는 인도적인 외국 자선 단체이다. 탈레반 정부에는 미덕 권장 및 부덕 방지위원회(Department for Promotion of Virtue and the Prevention of Vice)가 있다. 여자들의 취업을 금지함으로 가족을 부양해야 하는 과부들이나 처녀들은 심각한 경제난에 허덕이게 되었다. 그래서 파키스탄으로 피난 간 난민들은 만약 자기 딸들이 고국으로 돌아가서 교육의 기회를 갖지 못하고 직장이 허용되지 않으면 고향으로 돌아가지 않겠다고 불만을 토로하였다.

6. 원리주의 국가로 나가는 터키

터키는 아시아와 유럽을 연결하는 통로 국가이다. 이스탄불의 동쪽은 아시아이고 바다 건너 서쪽은 유럽이다. 터키는 소아시아 7개 교회의 주무대이다. 이곳을 방문하는 한국의 크리스천 관광객들은 어떻게 성경에 나오는 성지에 크리스천은 전혀 없느냐고 안타까워한다. 터키는 수십 년 동안 세속적 이슬람 문화로 발전하였다. 그래서 터키 지식인들은 스스로 유럽 사람으로 자부하고, EU 가입을 원하는데, EU는 받아들이지 않는다. 첫째, 이슬람 국가라는 이유이고, 둘째는 과거 비잔틴 기독교 국가였는데, 정복하였다는 데 대한 강한 반감이 아직도 있다. 그러나 20세기 초기 아르메니아 기독교인 150만 명을 죽이고도 전혀 잘못했다고 하지 않는데 대한 감정도 크게 작용한다.

최근 터키 대통령 엘도안(Recep Tayyip Erdogan)의 국제 정치는 시리

아, 이라크 사태를 더 혼란으로 빠트리고 있다고 외신은 비난한다. 터키
는 IS보다 시리아의 쿠르드 군대를 주적으로 하여 쿠르드와 싸움에 더 치
중하고 있다. 그래서 알 카에다와 ISIS 대원들이 터키 경유, 시리아로 가
도록 통로를 열어 주고 있다고 외신들은 맹비난하고 있다. 아사드 독재
정권을 붕괴함에 역점을 두지만 잠재적 독재자가 될 알 카에다 반군을 지
원하는 상황이 되고 있다.

1) 세속주의 국가에서 원리주의로 유턴하는 터키

터키는 1차 대전에서 패전국이 되자 케말 파샤 장군은 칼리프 제도를
폐지하고 세속적 이슬람 국가로 방향 전환을 하였다. 지금도 터키 국민
들은 케말 파샤를 국부로 존경한다. 이슬람 국가 중에서는 말레이지와
함께 정치와 경제가 비교적 잘 나가는 나라로 인정을 받았다. 터키의 지
식인들은 스스로 유럽인으로 생각한다. 그러나 유럽인들은 시큰둥한 반
응을 보인다.

정의복지당(AKP)은 20001년 친서방, 온건 보수 원리주의 정당으로 시
작하였다. 그러나 엘도안이 집권하면서 터키를 원리주의 국가로 서서히
방향을 선회하고 있다. 엘도안이 초기에는 부드러운 이미지로 대중들에
게 어필하였다. 그는 원리주의와 민주주의의 결합이 가능하다고 말하였
다. 초기 AKP는 보수적 민주주의 정당이라고 주장하였다. 그래서 외부
인들이 이 당의 이념은 신오토만주의(Neo-Ottomanism)라고 하면 완강
하게 이것을 부인하였다. 하지만 옛 오스만 투르크의 영광을 재현하려는
야망도 숨기지 않고 있다. AKP는 초기는 부드럽게 나갔지만 2007년 시

민들의 완강한 저항을 받았다. 많은 세속주의 사람들은 AKP를 의심하기 시작하여 크게 데모하였다. 이 점에서 터키는 세속주의와 원리주의의 대결이 심각한 상황이다.

2016년 8월 쿠데타 이후 터키는 숙청과 검거 선풍으로 나라가 좀 혼란스런 상황이다. 특히 온건파 이슬람 운동인 자마 그룹의 굴렌파를 대거 숙청하고 미국에 있는 굴렌을 보내라고 백악관을 압박하고 있다. 과거 이념적 파트너를 적으로 만들고 있다. 원리주의 이념으로 강한 나라를 만든 역사가 지구상에는 아직 없다. 초기 엘도안은 원리주의와 민주주의를 혼합하라고 이집트를 충고하였는데, 지금의 엘도안은 조금 다른 모습을 보이고 있다.

2) 가장 위험한 국가 터키

『감정의 지정학 *The Geopolitics of Emotion*』 저자 도미니크 모이시는 앞으로 터키가 유럽에 가장 위협적인 국가가 될 것으로 예언하였다. EU 가입의 희망이 무너진 터키는 이슬람 국가 중에 가장 강성 이슬람 국가가 될 것으로 본다. 엘도안은 알려진 대로 무슬림 형제단과 가까운 이슬람 원리주의자로 과거 오스만 투르크의 영광을 꿈꾸고 있다. 그는 강경 이슬람 노선으로 달리고 있다고 본다. 그는 무슬림 형제단 이념을 정치에 실현하고 있다. 무슬림 형제단의 모르시가 대통령 되었을 때 이집트를 방문하기도 하였다. 그런데 최근의 뉴스는 와합-살라피주의 노선을 걷고 있다고 한다.

국제 정치학자들은 이슬람 국가 중 말레이시아와 터키를 높이 평가한다. 이유는 다른 이슬람 국가와 달리 경제와 산업이 비교적 발전하고 정치도 비교적 안정된 국가였기 때문이다. 말레이시아는 마하틸 수상이 "동쪽을 보라(Look East)"라는 소위 동방 정책으로 경제를 크게 발전시켰다. 그가 말하는 동쪽은 일본과 한국이다. 그는 이 두 나라는 기독교 국가가 아니면서 아시아적 가치관으로 경제가 발전한 것으로 평가하고 두 나라를 모방하면서도 두 나라를 따라잡는다는 야심찬 경제 정책을 시행하였다. 어느 정도 성공을 거두었다고 평가한다.

세속적 군부 정치를 선거로 극복한 엘도안은 이슬람 원리주의자로서, 경제를 발전시키면서 터키를 세속주의에서 이슬람 원리주의로 노선 변경을 하고 있다. 물론 터키 경제는 군부 때도 이미 성장하는 단계였다. 터키는 경제 발전과 사회 발전으로 나토 가입을 꾸준히 시도하고 있다. 아시아 국가이면서도 월드컵과 유럽컵에 가입하였다.

3) 온건 이슬람을 죽이는 엘도안 대통령

터키 쿠데타 실패 후 엘도안 대통령은 노골적으로 대대적인 숙청 작업을 하고 있다. 숙청 대상은 정적인 귤렌의 온건 이슬람 그룹을 대대적으로 제거하고 있다. 귤렌의 온건 이슬람 그룹은 자만 그룹을 통하여 미래 세대를 위한 청년 교육에 힘쓰고 있다. 이 그룹은 60개 국가에 학교를 설립하여 온건 이슬람을 "수출"하고 있다. 귤렌은 이슬람과 근대화를 조화시키면서도 이슬람의 아이덴티티를 유지하여 많은 젊은이들의 호응을 얻고 있다. 긴 수염도 밀고 이슬람 복장이 아닌 서구식 복장을 권장한다. 귤렌의 자만(Zaman) 학교는 한국에도 있다.

이번 쿠데타는 '짜고 치는 고스톱'으로 말할 정도로 너무 각본대로 움

직인다고 외신들은 전한다. 꾸민 각본설이 설득력을 얻고 있다. 엘도안
은 노골적으로 쿠데타를 알라가 내린 선물이라 하였다고 뉴스위크지가
밝힌다. 중동의 복잡함을 극명하게 잘 보여 준다.

4) 엘도안의 이중 플레이

2012년 엘도안은 수니파 원리주의 정당인 정의복지당의 당수로, 압도
적 인기로 수상이 된 후 관용과 중도 온건주의자로 서방 세계와 가까운
정책을 취하였다. 그러나 지금 많이 변하고 있다. 터키는 시리아 내전에
서방 국가와 연합하고 있으나 재작년 시리아와 터키에 접한 코바니에서
완전히 이중적 모습을 보였다. 터키는 노골적으로 미국이 시리아 쿠르드
와 연합하는 것을 반대하고 있다. 그래서 연합군이 터키의 공군 기지 사
용을 중단시키고 도리어 러시아 전투기의 이착륙을 허용하고 있다. 오바
마를 크게 실망시키고 있다. 터키는 시리아의 쿠르드가 커지는 것을 두
려워한다. 아니 ISIS보다 쿠르드를 더 무서운 적으로 여긴다. 여기에 중
동의 비극이 있다.

수니파 반군 지원도 결과적으로는 알 카에다와 ISIS를 지원하는 것이
다. 시리아 수니 반군 역시 알 카에다 그룹이고, 이들 상당수가 ISIS 대원
으로 변신하였다. 알 아사드 독재자를 무너트리는 데 연합군과 협력하면
서 ISIS를 지원한다.

엘도안은 러시아 전투기 격추로 소원하였던 러시아와 다시 랑데부를
하고 있다. 쿠데타 이후 잔인하게 많은 반대파를 탄압하고 체포하자 서방
국가가 인권 탄압을 비판하기 시작하자 푸틴을 포용하고 있다. 러시아 전
투기가 터키 비행장을 사용하도록 허락하였다. 터키의 한 이슬람 신문은

독일을 적국으로 말하고 메르켈 수상에게 나치 유니폼을 입혔다. 최근 여론 조사에 의하면 터키 국민들 80%가 쿠데타는 외국의 도움을 받았다고 믿는데, 70%는 그 외국이 미국이라고 생각한다. 쿠데타 연루자가 지금까지 8만 명이나 체포되었다. 엘도안 지지자들은 미국을 시온주의의 개(犬)로 묘사하는 피켓을 들고 데모한다.[57] 이슬람 세계 특유의 음모론이 터키에서 다시 불거지고 있다.

7. 파키스탄의 비극 : 탈레반을 낳은 나라

파키스탄은 아시아의 비아랍 국가 중 제일 먼저 이슬람을 국가 이데올로기로 한 나라이다. 그래서 공식 국가명은 파키스탄 이슬람 공화국(Islamic Republic of Pakistan)이다. 악명 높은 테러 그룹 탈레반을 낳은 나라이다. 이 탈레반 이슬람 원리주의 집단은 아프간에서 6년 동안 무시무시한 폭력 정치로 세계를 놀라게 하였다. 탈레반이 ISIS나 알 카에다보다 먼저 칼리프 제국을 꿈꾸었다. 15,000개가 넘은 이슬람 학교 마다라사는 탈레반 온상지이다.

파키스탄은 테러 문제에서 혼란을 주는 나라이다. 국제 정치학자들은 공공연하게 파키스탄은 세계 제일의 테러 지원국으로 말한다. 파키스탄은 3A(Allah, Army and America)를 최대한 활용하는 나라로 말한다. 강성 이슬람 국가 즉 알라의 나라이다. 군사 무기도 발전한 나라이다. 동시에 아메리카를 이용하여 많은 원조도 받는다. 그러나 세계에서 종교 테러가 제일 많이 일어나는 나라이다.

---

57) "Turkish anger at the West : Duplicity coup," *The Economist* (August 20th 2016) 41-42.

1) 무서운 신성모독법(blasphemy law)

파키스탄은 인도에서 해묵은 종교 갈등으로 인하여 인도에서 분리된 나라이다. 처음에는 방글라데시도 서파키스탄, 동파키스탄이었는데, 내전으로 유엔이 분리시켜 방글라데시가 되었다. 이슬람이 국가 이데올로기이지만 강한 이슬람 원리주의 국가는 아니었다. 야마우찌 마사유끼는, 파키스탄은 처음부터 군 주도의 온건한 이슬람 국가를 지향하였다고 말한다.[58] 그러나 온건한 이슬람 나라치고는 하루가 멀다 하고 종교 문제로 테러가 일어나는 나라이다. 이 나라의 종교법인 신성모독법(blasphemy law)으로 많은 타 종교인들이 처벌, 폭행을 당하였다. 사형 선고를 받은 자들도 많았지만 국제 인권 단체의 개입으로 살아남는다. 이 법은 알라나 모하메드를 욕하는 것, 코란을 찢는 것 등은 사형감이다. 이슬람교가 국교라 하지만 이슬람과 기독교 충돌은 물론, 같은 이슬람 간의 충돌도 심각하다. 이러한 충돌은 지금도 많이 일어나서 다 열거할 수 없다. 수년 전 충돌의 몇 가지 예를 들면, 2013년 3월 9일 파키스탄의 펀잡(Punjab)주 라호르(Lahore) 시에서는 3천명 이상의 이슬람교도들이 기독교인 거주지 조셉 콜로니(Joseph Colony)의 기독교 가정 150채 이상을 습격한 사건이 있었다. 그 이유는 기독교인 청년이 예언자 마호메드를 모욕했다는 것이었다. 이에 파키스탄 전국의 기독교인들이 항의 시위를 했으며 기독교학교는 휴교를 하기도 했다. 펀잡 지방은 이슬람 정당 나와즈(Nawaz)가 통치하고 있다. 나와즈당은 파키스탄의 가장 강력한 정통파 이슬람 정당이며 파키스탄에서도 두 번째로 큰 정당이기도 하다.

1997년에도 파키스탄 남부 카라치에서는 785채의 기독교인 가정 및 4

---

58) 山内昌之, 『中東 新秩序の形成 : アラブの春を超えて』, 7-8.

개의 교회가 습격을 받은 바 있고 2009년 편잡 지방의 고지라(Gojra) 시에서도 반기독교 시위대가 기독교인 가정과 교회에 불을 지르고 7명의 기독교인을 화형시킨 사건이 있었다. 2012년에도 500여 명의 시아파 무슬림들이 급진파에게 목숨을 잃었다.

특히 이슬람, 모하메드, 코란을 모독하거나 비하하는 언어나 행위는 신성모독법(blasphemy law)에 위배되는 죄가 된다. 이 법은 기독교와 소수 종교 사람들을 공포로 몰아넣은 악법이라고 국제 인권 단체가 떠들지만 마이동풍이다. 파키스탄에서는 모든 문서, 신문, 책에 모하메드라는 단어 뒤에는 반드시 P. B. U. H(Peace Be Upon Him)를 붙여야 한다. 너무 거룩한 나라인데 살기 불안하다고 한다. 파키스탄인들은 유럽으로 가려는 줄을 잇고 있다. 난민들이 태국에도 거주하고 있는데, 정치 난민으로 비자는 받지만 직장은 못 가진다. 파키스탄 정부는 탈레반에 대하여 이중적이다. 탈레반이 인도와 파키스탄 국경선 분쟁에서 제일 용감하게 싸워 줌으로 은근히 격려한다. 반면 테러 그룹은 탄압하지만 완전 소멸 정책은 아니다. 빈 라덴이 파키스탄에 숨은 것도 외부 언론은 정부가 눈감아 준 것으로 추측한다.

2) "South Korea and Pakistan"

파키스탄에 대한 자세한 설명은 생략하고 대신 어느 파키스탄 지식인이 한국과 파키스탄을 비교한 글을 소개한다. 이 글은 2011년 4월 23일자 *Modern Tokyo Times*지에 투고된 것이다. 제목은 「South Korea and Pakistan : Christianization and democracy and Islamization and hell 남한과 파키스탄 : 기독교화, 민주주의 및 이슬람화와 지옥」이다.

내용은 두 나라가 신생 국가로 비슷한 것은, 한국은 분단되었고, 파키스탄은 모국 인도(mother - India)에서 분리되어 나왔다. 20세기 중반 이후 한국은 기독교가 급성장하였고, 파키스탄은 힌두교와 시크교는 조직적인 박해로 신속하게 소멸하였다. 기독교는 근대적이고 민주주의적이어서 사회적 네트워크, 자선 사업, 사회 참여의 기관들이 많다. 기독교와 불교는 거의 동수가 되었다. 그런데 사회를 변화시키는 데 있어서는 기독교가 불교를 앞질렀다. 한국의 크리스천들은 기독교 법을 요구하지 않으며 신성모독죄에 대한 법으로 비기독교인들을 죽이려고 하지 않는다.

하지만 파키스탄은 이슬람화로 박해와 증오와 불평등한 법으로 인하여 기독교도, 시크교도, 아흐마디야 무슬림들을 박해한다. 또 명예 살인이 성행하고 시골에서는 여성들이 성폭행을 당한다(명예 살인이란 자기 집안의 딸이 혼외 다른 남자와 관계를 가지면 식구들이 딸을 죽인다). 과거 무슬림 제국이 인도를 침입하여 힌두교를 억압하였다. 그러나 힌두교는 강하게 저항하여 생존하였다. 급진주의 수니파들은 소수일 때는 권리 주장을 많이 하다가 숫자가 많아지면 살고 있는 나라를 이슬람화하려고 시도한다. 네덜란드, 프랑스는 이 문제를 고려해야 한다. 한국과 파키스탄의 전혀 다른 현실을 세계는 알아야 할 것이다. 92% 무슬림의 파키스탄이나 100% 무슬림의 아프간은 차별 제도와 증오로 후퇴하다가 결국 모하메드 시대로 돌아가려고 한다 한국에서는 기독교화를 좋아하지 않는 사람들이 있을 것이지만 그게 상관없이 한국은 이미 민주주의, 번영, 기술 발전이 이루어진 나라이다. 앞으로 어느 나라가 앞으로 나아갈 것이고 뒤로 갈 것인지는 이미 드러나고 있다.[59]

---

59) Lee Jay Walker, "South Korea and Pakistan : Christianization and democracy

3) 탈레반과 노벨 평화상 수상자 말랄라 소녀

파키스탄은 무서운 이슬람 원리주의 집단인 탈레반을 낳은 나라이다. 파키스탄 정부는 탈레반을 억압하면서 동시에 인도와 국경 분쟁 때 탈레반이 카슈밀에서 잘 싸워 주어 탈레반을 키우는 나라이다. 탈레반의 악명은 말랄라 유스프자이 소녀를 통하여 전 세계에 잘 알려졌다.

2009년 12세 소녀 말랄라는 탈레반의 만행을 BBC를 통하여 알리자 탈레반이 학교에 가는 그녀에게 총격을 가하지만 죽지 않고 머리에 큰 총상을 입었다. 영국은 그녀를 영국으로 데려와 보호하고 학교도 보냈다. 그녀는 2012년 유엔에서 연설로 유명해지면서 본격적으로 여성 인권과 교육 받을 권리를 크게 외치는 활동을 하여 2015년 노벨 평화상을 받았다. 말랄라가 유엔에서 연설한 내용 일부를 소개한다.

> 수천 명의 무고한 사람들이 테러리스트에게 죽임을 당하고, 부상 입은 수백만 명은 지금도 고통 받고 있습니다.
>
> 그는 세상 모든 아이들이 교육 받을 권리에 대하여 말하기 위해 이 자리에 섰습니다. 저는 탈레반과 모든 테러리스트들의 아들, 딸도 교육 받기를 원합니다. 저는 저에게 총을 쏜 탈레반원도 미워하지 않습니다.
>
> 극단주의자들은 책과 펜을 두려워합니다. 평등과 변화를 두려워하는 극단주의와 테러리스트들은 개인적인 이익을 위해 평화와 박애의 종교인 이슬람의 이름을 오용하고 있습니다. 전 세계는 테러와 폭력에 대항하여 싸워 주기 바랍니다.

---

and Asianization and hell," *Modern Tokyo Times*, April 23, 2011(Modern Tokyo Times, http : //moderntokyotimes.com).

말랄라도 이슬람을 평화와 사랑의 종교로 말한다.

8. 시리아 내전

5년이 넘는 시리아 내전은 이미 35만 명의 사람들을 죽였고, 수백만 명의 난민이 생겼다. 문명 세계에 이러한 전쟁의 나라가 있을 수 있는지? 과거 문명 탄생지이고 기독교 나라 시리아가 비극의 나라가 되고 있다. 시리아의 혼란을 틈타 ISIS가 시리아에, 특히 락카에 거점을 세우고, 락카에 종말적 의미를 부여한다.

시리아는 기독교 선교와 신학의 본산지였고, 9개의 문명이 시작되고 사라진 고대 문명의 중심지였다. 교황을 5명 이상이나 배출한 기독교 국가였다. 지금도 시리아 인구 10% 이상은 기독교인이다. 시리아의 공식 명칭은 시리아아랍공화국(Syrian Arab Republic)이다. 인종은 쿠르드족, 아르메니아인, 아시리아인, 아랍인이다. 종교는 기독교가 10%를 넘으며, 이슬람은 시아파의 드루즈, 알라위(Alawi) 종파가 있다. 아사드 대통령은 알라위 무슬림이다. 아사드는 수니파 무슬림보다 기독교도들을 더 좋아하였다. 시리아 대부분의 인구는 수니파 무슬림들이다. 아시리아인들은 대부분 기독교인들로서, 이슬람식의 "앗살람 알라이쿰"(알라의 평화가 함께하기를)이라고 하면 불쾌하게 생각한다. 아랍어 "말-하바"라고 해야 한다.

1) 여러 종교인들이 잘 공존한 나라

2013년 3월 13일자 독일 「슈피겔 *Der Spiegel*」지는 기독교인들, 알라위인, 드루즈 무슬림들이 집단으로 사는 지역을 소개하고 이 지역은 종

교 간의 화합이 잘되는데, 이들 과격파들이 점령할 상황을 아주 불안해
하는 모습을 보도하였다. 과격파들은 다른 종교를 결코 허용하지 않는
다. 주민들은 알 카에다는 이슬람 신정 국가를 세우려 하며, 사우디와 카
타르의 와합파의 지원을 받을 것이라고 말하였다. 수도 다마스쿠스에서
한 시간 가량 떨어진 산 위 마을이 있다. 그 동네는 기독교 마을로 주민
들은 다 아람어를 사용하는 기독교인들이 다수이다. 그러나 무슬림들과
잘 공존하는 곳이었다. 기독교 관광객들이 방문하면 아람어를 주기도문
으로 낭독하였다. 그런데 반군 테러리스트들이 들이닥쳐 크리스천들을
죽였다고 한다.

2) 끝이 보이지 않는 내전

시리아 내전의 발단은 2011년 3월 남부 도시 다라(Derra)에서 시작되
었다. 경찰이 반정부 구호를 쓴 10대 소년들을 구금하자 항의하는 시위
대를 무력으로 저지하는 과정에서 사망자가 발생한 것이 직접 원인이 되
었다. 지방에서 시작된 작은 시위가 예상치 못하게 확대되고 말았다. 여
기에 아랍 스프링이 시리아 내전의 도화선이 된 것이다.

아랍의 많은 국가들은 소위 아랍 스프링이 일어나서 아직도 혼란을 겪
고 있는 나라로는 예멘과 리비아 등이 있다. 그러나 시리아 내전이 가장
심각하다. 그것은 외부 세력의 개입 때문이다. 외신들은 이미 사우디는
시아파 알라위 무슬림인 알 아사드를 제거하려고 준비하였다고 본다.
이미 소개한 파도 이론이 시리아에 적용된다. 즉 시리아는 팔레스타인과
아프간이라는 앞선 배가 일으킨 파도 뒤를 따라간 셈이다. 아사드가 알
라비 무슬림이기 때문에 특별히 수니파 테러리스들이 시아파 정권 시리

아를 무너트리려고 적극 시리아에 개입하였다. 아사드는 오바마가 말한 수니파, 시아파 테러리스트들을 끌어당기는 지남철 역할을 하고 있다.

3) 수니파와 시아파의 대리전

행동(action)은 반작용(reaction)을 낳는다. 수니파 테러 분자들이 시리아로 모여들어 시리아 내정 간섭하는 것을 시아파 종주국 이란이 그냥 보고 있을 수 없다. 이란과 이라크의 시아파들이 적극 아사드의 시리아를 지원하고 있다. 시리아 내전은 결코 정의의 전쟁도, 독재자를 제거하기 위한 전쟁도 아니다. 수니파와 시아파의 국제적인 대리 전쟁으로 발전하고 말았다. 독재자는 같은 독재자를 돕는다. 러시아의 푸틴과 중국이 아사드의 시리아 정부군을 적극 지원하여 시리아 내전은 국제적인 전쟁으로 비화되고 말았다.

반군 세력도 복잡, 다양하다. 민주화를 열망하는 시리아인들로 구성된 자유 시리아군(Free Syrian Army)은 온건 반군 세력이다. 그러나 나머지는 알 카에다 그룹이나 과격파 그룹들이다. 또 쿠르드 반군도 있다. 알 카에다는 ISIS로 분열, 현재 시리아 내전에 제일 무서운 적은 아직 ISIS이다. 시리아 정부군, 자유 시리아, 알 카에다의 알 누스라 그룹은 일단 ISIS격퇴에 총력을 기울이고 있다.

오바마 행정부는 도리어 반군을 지원한다. 오바마의 반군 지원에 대하여 미국 내에서 반대 여론이 높다. 왜 명분 전쟁에 개입하느냐고. 프랑스 기자 로란은 오바마 행정부가 자유 시리아군을 지원하는 것은 중요한 오판이라고 신랄하게 비판한다. 자유 시리아군은 조직을 잘 통제하는 지휘관도 없고 수뢰(뇌물 받음) 등 온갖 부정을 저지른 범죄자 집단으로 시민

들의 호응을 받지 못한 자들의 오합지졸이거니와 서방 연합군이 제공한
최신의 무기를 바로 팔아먹기에 바쁜데, 그 무기 구매자는 곧 ISIS이다.
로란은 미국이나 서방 연합국이 자유 시리아군을 지원하는 것은 마치 부
패한 고딘디엠 정권하의 월남전 지원이나 다름없다고 지적한다.

4) 아사드 독재 정부가 무너지지 않는 이유

야마우찌 마사유끼는 다른 아랍 독재 국가는 아랍 스프링 때 일단 무너
졌는데, 아사드 독재 정부가 무너지지 않는 이유로, 체제를 받쳐 주는 치
안 유지 부대와 민병대가 있고, 공화국 경비대와 친위대는 무기도 우수하
거니와 높은 급여를 주며, 아사드와 생사고락을 같이하는 알라위파 무슬
림들이라는 운명 공동체가 있기 때문이다.[60]

ISIS는 도리어 아사드에게 유리하게 작용하고 있다. 모든 반군들이
ISIS와 싸움으로 시리아 정부군은 여유가 생겼다. 그래서 야마우찌 마사
유끼는 시리아는 포탄을 잘 피하는 참호 속의 나라로 표현한다. 시리아
정부군은 도리어 ISIS와 밀거래를 하는 것은 유적지 팔미라 전투에서 폭
로되었다. 시리아 정부군이 팔미라를 ISIS로부터 탈환하였다고 보도하지
만 실제로는 뒷거래로 ISIS가 물러간 것이라고 한다. 아사드는 시간을 끄
는 것이 도리어 유리하게 작용하고 있다. 최근 러시아와 서방이 타협으
로 휴전이 되었지만 얼마나 갈지 모른다. 최근 아사드는 더 강하게 '무릎
을 꿇든지 죽든지'의 작전을 하고 있다고 이코노미스트지가 보도했다.
병원에 숨어 있는 반군 세력들을 공격하는데 병원도 무차별 폭격했다.
이것이 도리어 성공하고 있다.[61]

---

60) 山內昌之, 78.

여기에다가 이란과 러시아가 강하게 뒷받침을 함으로써 다른 아랍 독
재국가들과는 다르다. 이집트나 리비아는 데모 때 군이 백성들 편을 들
었다.

---

61) "The war on Syria's dictators: The ultimate barbarity," *The Economist*, September 3rd 2016 : 44.

제6장

빈 라덴과 알 카에다 : 이념과 테러 활동

2016년 9월 11일 미국 뉴욕에서는 엄숙하게 9.11 테러 15주년 기념식이 거행되었다. 빈 라덴의 뉴욕 '쌍둥이 빌딩' 테러로 2996명이 죽었다. 금년 기념식에는 특히 순직한 343명의 소방관들에게 조의를 표하는 것이 클로즈업되었다. 소방관들의 나이는 22살에서 71세 된 나이 많은 소방관도 있었다.

알라의 이름으로 사람을 죽이는 끔찍한 살인극이 마지막이 되기를 바랐는데, 그것은 끝이 아니라 서막에 불과하였다. 연일 테러가 일어난다. 그것도 종교의 이름으로, 신의 이름으로 죽이면서도 양심의 가책이니 죄의식(guilty complex)을 느낀다는 소리를 듣지 못한다. 당시 피해자들과 가족들은 아직도 심각한 정신적 고통을 겪고 있다는 보도가 나왔다. 이러한 현상을 영어로는 trauma로 표현한다. 종교가 최고의 천사와 최고 악마를 낳고 있다. 알 카에다 등장으로 세계는 과거에 없었던 테러와의 전쟁이라는 끝없는 전쟁에 들어갔다.

1. 새로운 전쟁 : 비대칭 전쟁

그런데 우리를 슬프게 하는 것은 이슬람 테러는 이슬람이 아니라고 이슬람 세계는 이구동성으로 우겨댄다. 즉 이슬람 이름으로 자행되는 테러는 이슬람이 아니라는 것이다. 당시 이슬람 국가 사람들의 정서는 "조지 부시 넘버 텐, 빈 라덴 넘버 원"이었다. 이것은 이집트 택시 기사가 필자에게 묻지도 않았는데, 한 말이다. 2011년 9월 12일 여성 저널리스트 오오타카 미끼가 마침 사우디를 방문하였다. 그녀 말에 의하면, 사우디는 많은 사람들이 빈 라덴에게 박수를 보내었고, 빈 라덴의 생가는 경호원도 없고 너무 평온하였다고 한다. 많은 사우디 사람들은 뉴욕 테러는 미국과 이스라엘이 꾸민 각본이라고 하였다.

우리 사회도 당시 유사한 현상을 보였다. 모하메드-막스 협력이 심각한 수준이었다. 뉴욕 테러는 미국의 오만을 부득이 테러로만 응징할 수밖에 없다고 약자 동정론 입장이었다. 젊은이들에게 나도는 유언비어는 미국이 미리 폭탄을 설치하고, 비행기가 충돌하도록 하였다는 것이다. 필자는 2007년 예멘 사나 대학교 이슬람학과 3명의 교수들과 대담을 한 적이 있다. 그들에게 단도직입적으로 "왜 이슬람에서 테러가 많으냐고 물으니, 미국이 아프간과 이라크를 침공한 것은 테러이므로 테러로밖에 응징할 수 없지 않느냐 하는 것이다."

이슬람 테러가 일어날 때마다 지식인 무슬림들은, 심지어 서방 정치가들조차 테러는 이슬람이 아니라고 하는데, 빈 라덴은 중동의 체 게바라로 영웅시된다. 알 자지라 방송의 런던 특파원 오스리 푸디는 "이제 알 카에다는 물리적으로 존재하지 않는다. 알 카에다는 이슬람의 마음속에 있다. 이는 훨씬 더 무서운 일이다."라고 지적한 적이 있다. 런던 더 타임지는 세계 각국에 독립적으로 활동하는 알 카에다를 잠복 세포(sleeper cell)로 표현한다. 알 카에다가 숨어 있는 것이 아니라 마음속에 숨어 있다는 말이다.

1) 빈 라덴 후 건재하는 알 카에다

2011년 5월 오바마 대통령은 미군 특수부대 실(SEAL) 해병대원들을 투입하여, 파키스탄에 숨었던 빈 라덴을 사살하는 데 성공하였다. 그의 시체는 이슬람의 전통에 따라 24 시간 내에 바다에 던졌다고 한다. 빈 라덴 사살에 대하여 일부 국제 인권 단체는 어떻게 비무장의 사람을 그렇게 죽일 수 있느냐고 문제를 제기하기도 하였다. 파키스탄 정보부는 빈 라덴을 숨겨 두고 미국 정부에 2,500만 달러를 요구하였다고 한다. 빈 라덴의 죽음을 미국이나 서방 세계는 다 환영하였는데 파키스탄 국민들 2/3는 미국을 비난하였고 탈레반 그룹들은 미국과 파키스탄 정부를 보복하겠다고 선언하였다.

오바마나 많은 서방 세계 사람들은 이제 테러 그룹은 소멸할 것으로 생각하였다. 빈 라덴은 죽었지만, 알 카에다는 더 확산되고 있다. 마이클 처토프 전 국토안보부 장관은 단일한 조직이었던 알 카에다가 분화를 거듭하면서, 이전보다 더욱 위협적으로 바뀌었다고 코멘트하였다. 다른 전문가들도 말하기를 특정 조직 지도부 처형이 결코 테러 척결의 근본적인 해결책 아니라는 데 동의한다. 수년 전 미 CNN 방송은 미국 정부 관리와 전문가들을 인용해 "뱀의 머리를 자르는 것만으로는 테러 조직이 내린 뿌리를 제거할 수 없다."라고 정확하게 지적했다.

알 카에다 조직은 지구촌 여기저기로 흩어졌고, 새로운 이념으로 무장한 젊은 세대도 끊임없이 수혈되고 있다. 이제는 서아프리카에서 남아시아에 이르는 광범위한 땅덩어리가 전투 지역이 돼 버렸다. 미군의 포화를 피해 일찌감치 아프간 산악 지대 근거지를 벗어난 알 카에다는 아프

리카의 뿔이라고 불리는 마그레브 지역과 북아프리카로, 아시아로 분산,
알 카에다의 활동 영역이 도리어 더 넓어진 셈이다.

알 카에다가 지구촌 차원에서 악명을 떨친 첫 번째 테러는 1998년 8월
7일 케냐 나이로비와 탄자니아 다르에스살람 주재 미 대사관을 겨냥한
차량 폭탄 공격이었다. 두 사건으로 줄잡아 220명이 목숨을 잃었고, 4천
여 명이 다쳤다.

알 카에다는 케냐 쇼핑몰 테러뿐 아니라 시리아 내전에도 그 영향력을
행사하고 있다. 실제 시리아 반군에 합류한 수백 명의 유럽 젊은이들은
이슬람 성전주의에 빠진 자들이다. 기독교 문화권에서 자란 젊은 백인들
이 서구 문명과 자본주의에 대한 거부의 몸짓으로 무기를 들고 각국으로
흩어져 기성 권위와 싸우고 있는 것이다. 이러한 방식으로 조직원을 얻
은 알 카에다와 세포 조직들은 중동 아프리카를 비롯한 전 세계 70여 개
국에 산재하며 끊임없이 테러를 일으키고 있다. 테러와의 전쟁을 선포했
던 미국의 테러 억제 능력이 한계에 봉착했다는 인식이 여기저기서 속출
하고 있다. 이제 알 카에다는 자기가 낳은 '새끼'인 ISIS와 경쟁하는 상황
이 되어 버렸다.

2) 새로운 전쟁 : 비대칭 전쟁

9.11 테러 후 9일 만에 부시 대통령은 테러와의 전쟁을 선포한다. 그가
미 상하원 합동 총회에서 행한 연설은 "우리들의 테러와의 전쟁은 알 카
에다로 시작합니다만, 지구상에 모든 테러 그룹들을 발견하여 테러를 완
전 괴멸시킬 때까지 전쟁할 것입니다."라고 했다.

그러나 이슬람 테러와의 전쟁은 과거 전쟁과는 완전히 다른 양상이다.

일본의 이슬람 전문가 이케우치는 이슬람 테러와의 비대칭 투쟁(非對稱鬪爭)으로 정의한다. 우리말로 바꾸면 비대칭 전쟁이다. 비대칭이란 글자대로 풀이하면 서로 같은 종류가 서로 병행하지 않고 대치하는 것을 의미한다. 과거 전쟁은 나라 대 나라, 군인 대 군인, 그리고 전쟁터가 있었다. 전쟁의 시작과 끝이 있다. 그러나 알 카에다나 ISIS는 온 세계가 전쟁터이다. ISIS와 싸우는 나라들은 이 전쟁이 속히 끝나기를 바라지만 이들은 종말까지 가려고 한다. 이들과 싸우는 군인들은 다 정규군이다. 그러나 알 카에다나 ISIS 대원들은 중무장도 하고 심지어 생화학 무기도 사용하였다. 군복도 훈련도 없는 비정규군이다.

이들의 전쟁 목적은 현세를 초월하는 종교 이상향, 바로 이슬람적 이상향(Islamic Utopia)을 실현하는 것이다. 과거에 존재하였다고 믿는 이상적 칼리프 국가 건설을 온 세계로 확대하려고 한다. 히틀러는 잘못된 민족주의로 세계 정복을 시도하였고, 20세기 중반에는 공산주의가 역시 유토피아 이론으로 세계 정복을 시도하였다. 온 세계가 잘못된 이데올로기와 종교로 몸살을 앓고 있다.

3) 새로운 형태의 테러

독일 테러 전문 연구자 퍼터 노이만은 저서 『새로운 지하디스트 : IS, 유럽 및 테러주의의 최근 파장 Die Neuen Dschihadisten : IS, Europa und die nachste Welle des Terrorismus』에서 세계 역사상 일어난 5개 파장(Welle : wave)의 테러 운동을 다음과 같이 소개한다.

첫째 파장은 무정부주의자들의 테러 운동이다. 이 테러 운동은 19세기 후반 독일, 이태리, 프랑스에서 1848년 프랑스 혁명 이후 공산주의, 사회주의 등장과 맥을 같이한다. 이들의 주사상은 법, 정치 제도 등을 부정하고, 인간의 평등을 강조한다. 이들은 특히 정치 지도자들을 대상으로 테러를 자행하는 데 역점을 둔다. 이들의 이념은 과격하게 혁명적 무정부를 노리는 테러 행위를 시도하였다. 대표적인 인물은 칼로 피사케인(Carlo Pisacane, 1818-1857), 독일의 요한 모스트(Johann Most, 1846-1906), 프랑스인 프랑스와 클라디우수 케닝스타인(1859-1892) 등이다. 그러나 이 테러 운동은 20세기에 들어와서 계승하는 사람이 없고 공산주의가 퇴조하면서 서서히 사라지고 말았다.

두 번째 파장은 반식민지 테러 파장으로, 이 운동의 주도적 인물은 프랑스령 식민지에서 출생한 흑인 의사인 파른츠 파논(Frantz Fanon : 1925-1961)이다. 그는 프랑스, 영국의 식민주의를 일종의 인종주의로 몰아붙이면서 투쟁을 선동한다. 그의 이론은 후일 식민지를 경험한 제3세계의 민족주의자들에게 큰 영향을 주었다. 그는 식민지에서 해방하기 위해서는 폭력이 불가피하다는 것이다. 그의 사상은 특히 알제리 민족 전선(National Liberation Front)과 아라파트의 팔레스타인 해방 기구(Palestine Liberation Organization)에 큰 영향을 주었다.

세 번째 파장은 신좌파(*Neue Linke*) 운동의 테러이다. 이 운동은 1960년대 미국에서 급진주의적 학생 운동으로 등장하는데, 월남전을 반대하면서도, 구시대의 전통과 가치 체계를 부정하고 동성 연애, 마약에 자유롭고 록크엔 돌 등의 새로운 문화 운동을 시작한다. 이것은 정치적 테러 운동이 아니라 문화 운동으로도 말한다. 프랑스 사상가 장폴 사르트르, 허버트 말쿠제 같은 좌파 사상가들의 영향이 크다.

그러나 폭력 이념은 큐바의 카스트로, 체 게바라의 영향을 받았다. 신좌파 테러의 가장 충격적인 그룹은 미국의 웨더멘(Weathermen)이 중심이 되어 조직된 소위 웨더멘 지하 조직(Weathermen Underground)이다. 이 테러그룹은 시카고 대학교에서 시작된 운동으로, 이념은 미국 정부를 파괴하고 새로운 혁신 정당이 들어서야 한다고 주장하면서 정부 건물 파괴를 시도하고 데모를 선동하였다. 이 그룹은 미국이 다른 국가를 침략하여 착취한다고 백악관을 성토하였다. 그러나 이 운동도 월남전이 끝나면서 서서히 쇠퇴, 사라졌다.

네 번째 파장은 히틀러의 나치즘, 무솔리니의 파시즘의 테러, 노르웨이의 청년 브레비크가 반이민정책을 외치면서 수십 명을 무차별 살해한 사건 등을 우파 테러(die Rechten)로 정의하면서도 의문표를 단다.

다섯 번째 파장은 종교 테러이다. 노이만은 종교 테러 중 먼저 기독교 극우파 테러 운동인 '하나님의 군대(*The Army of God*)'라는 극우파를 소개한다. 이 과격 그룹 멤버인 폴 힐(Paul J. Hill, 1953-2003))은 정통 개혁파 신학교를 나온 목사인데, 인공 유산을 극단적으로 반대하여 임신중절을 하는 의사들을 살해하여 2003년 사형당하였다. 그는 사람 죽인 것을 전혀 후회하지 않았다. 의사 한 명을 죽임으로 대신 태어나야 할 많은 생명을 살렸다는 것이다. 그의 과격 운동은 이것만이 아니라 미국은 타락하였으므로 성경 위에서 새로 새워져야 한다는, 강한 종말론적 신앙을 내세웠다.[62]

---

[62] 이상의 내용은 Peter R. Neuman, *Die Neuen Dschihadisten : IS, Europa und die nächste Welle des Terrorismus* (Berlin : Ulstein Buchverlage, 2015), 21-49를 참조바람.

이상의 테러들은 특정 지역이나 국가에 한정되었고, 수십 년에 걸친
것도 아닌, 한시적이었고 많은 테러리스트를 모집하지 않았다. 이념도
정치적이거나 세속적 이데올로기였다. 다만 미국 기독교의 과격 원리주
의는 기독교 사상을 자기들 식으로 극대화하는 우를 범하였다. 하나님의
심판에 맡기지 않고 자기들이 다 심판하려고 하였다. 그러나 이슬람 테
러는 범위가 전 세계적이고 종말까지 계속될 것이다.

2. 알 카에다의 이념 제공자들

이슬람 원리주의는 알 카에다(Al-Qaeda)라는 무서운 테러 집단을 낳
고 말았다. 알 카에다라는 단어는 기지(base)를 의미한다. 알 카에다는
이념이나 철학이 없이 행동한 종교 깡패 집단이 결코 아니다. 이슬람교
라는 종교와 이슬람교의 오랜 역사에서 등장한 이미 언급된 다양한 이념
을 근거로 하여 테러 집단으로 발전하였다. 전 세계적으로 많은 대원들
을 동원한 것은 물질적 동기만이 아니라 대원들에게 어필하는 종교 이념
이 있었다. 알 카에다의 빈 라덴은 "가까운 적과 멀리 있는 적"을 구분,
미국을 멀리 있는 적으로 타도의 대상으로 삼았다. 70년대와 80년대 전
세계를 휩쓴 반미 이데올로기에 잘 편승한 셈이다.

반면 ISIS의 시작자 알 자르카위는 시아파인 가까운 적을 타도의 대상
으로 설정, 이라크의 시아파 대상의 테러를 본격화하였다. 시아파에 대
한 증오의 불을 부추긴 역시 수니파와 시아파의 역사적으로 해묵은 증오
의 감정을 잘 이용한 것이다. 알 아잠(Al-Azam), 아부 무하마드 마크디
시(Abu Bakr Maqdisi)는 대표적인 이념 제공자이면서 동시에 빈 라덴
과 함께 알 카에다를 시작한 인물이다. 그러나 이들은 처음부터 이념 대

립과 주도권 싸움으로 충돌, 대립 분열한다. 이슬람의 역사는 항상 대립, 분열의 역사인데 알 카에다 역시 예외는 아니다.

1) 알 마크디시

알 마크디시는 지하드 살라피즘의 이데올로기의 기초를 수립한 자이다. 특히는 그는 타크피르 이론에 근거한 이슬람 국가 지도자들을 괴롭힌 자이다. 그는 1959년 팔레스타인 웨스트 뱅크 출생으로 사우디에 가서 와합의 살라피즘에 감동, 타크피르(takfir) 이론을 발전시킨 자이다. 타크피르란 배교한 무슬림을 정죄하는 이론으로, 타크피르가 선언된 자는 죽음을 면치 못하게 된다.

그는 이라크 모술대학교에서 이슬람학을 공부하는 중에 중세 이슬람 철학자 이븐 타미야(Ibn Tamiyah)와 이븐 카임(Ibn Qayyim)을 연구한다. 메디나에서는 와합주의에 감동을 받는다. 그는 요르단과 사우디 정부를 타크피르로 정죄하고, 이슬람은 결코 민주주의가 아닌, 배교 행위라고 주장한다. 요르단 정부를 타크피르로 선언함으로 요르단 정부는 그를 구속한다. 1995년에서 1999년 사이 요르단 감옥에서 자르카위를 만나 타크피프 이론을 교육하고, 요르단에서 아프간 전선에서 싸울 대원들을 모집하여 아프간으로 보내는 일을 하였다. 그러나 그는 어떤 점에서 온건 자하드 이론가이다. 이유는 타크피르 선언의 대상을 주로 정부 지도자들이나 공무원들에게 국한하고 일반 대중들에게 타크피르를 선언하여 지하드를 수행하는 것은 반대하였다. 그는 시아파와 심지어 같은 수니파도 타크피르로 선언하고 무차별 죽이는 것을 극구 반대하였다. 그는 ISIS가 요르단의 조종사라든지 무슬림을 도우는 서구 NGO 대원들을 참수하려는 것에 공개적으로 서한을 보내어, 이것을 반대하였다. 그는 요르단 정부가 사형 언도를 내린 여자 자살 특공대원 사지다 알 리샤위와 요르단 조종사와 맞바꾸도록 시도하였다. 그러나 ISIS는 그의 의견을 무시하고 조종사와 서구 NGO 대원들을 무참하게 참수하고 말았다. 그는 자르카위의 지하드 이론은 이슬람과 어긋난다고 노골적으로 충고하고 자르카위는 물론 ISIS와도 결별했다.[63]

2) 알 아잠

알 아잠(Abdullah Yusuf Azam, 1941-1989)은 팔레스타인 출생(1941년생)으로 수니파 이슬람의 학자, 신학자 및 알 카에다의 창설 멤버이다. "글로벌 지하드의 아버지"로도 불린다. 그는 빈 라덴과 함께 현대 지하드 운동인 알 카에다의 창시자이자 이념 제공자이다. 아잠은 사우디에서 대학 교수를 할 때 빈 라덴은 그에게서 배웠다. 70년대 사우디아는 이집트에서 일어난 무슬림 형제단을 전 세계로 확산시키는 데 징검다리 역할을 한다. 1960년대부터 사우디 왕 파이잘은 시리아, 이집트, 요르단에서 망명한 이슬람 학자들과 지식인들을 대거 사우디 대학으로 불러들인다. 알 아잠도 제다의 킹 압둘 아지즈 대학교 교수로 학생들을 가르치는데, 이 때 빈 라덴이 학생이었다.

아잠의 생애를 참고로 소개하면, 그는 1941년 팔레스타인 웨스트 뱅크의 에닌이라는 작은 도시에서 출생하였다. 어릴 때부터 아주 지적인 아이로 인정을 받았다. 아잠은 자기 지방에서 무슬림 형제단 선생을 만나 무슬림 형제단에 심취, 이슬람학을 열심히 공부하게 되었다. 1963년에 시리아 다마스쿠스 대학교 샤리아 학부(Faculty of Sharia : Faculty는 단

---

63) 마크디시와 카르자위에 관하여는 Joby Warrick, *Blag Flags : the Rise of ISIS* 를 참조할 것.

과대학을 의미함)에 입학, 샤리아 학사 학위를 받은 후 고향에 들어가서 선생이 되었다. 1967년 이스라엘과의 6일 전쟁 동안 참전하고 후일 이스라엘 점령지 문제로 대이스라엘 투쟁을 본격화하는 의용병 군대를 조직했다. 그의 조직은 알 아라파트의 팔레스타인 해방 기구 아래 들어간다. 그는 소련의 지원을 받는 마르크스 사회주의적 팔레스타인 해방기구의 이념과는 다른, 모든 이슬람 국가를 하나로 묶는 범이슬람 공동체를 꿈꾸었다. 그는 1973년 카이로 알자즈라 대학교에서 이슬람 법학을 전공, 박사 학위(PhD)를 취득했다.

   그의 지하드 이념은 방어적 지하드와 공격적 지하드로 구분한다. 방어적 지하드의 이론대로 그는 아프간이 소련의 침공을 받자 모든 무슬림은 무자헤딘(전사)으로 싸울 것을 독력하면서 모금 활동을 하고 아프간인과 아랍인으로 구성된 국제적 의용단을 조직했다. 그는 무슬림 형제단인 이슬람 원리주의의 영향으로 정치적 이슬람(political Islam)을 강조하는 바, 공격적 지하드 개념은 온 세계를 이슬람화하기 위하여 이슬람의 적을 대상으로 과감하게 지하드를 수행해야 한다는 것이다. 그러나 그는 결국 동료들과의 갈등에서 암살당하고 만다.

3) 아프간 전쟁과 알 아잠

   1979년 소련이 아프간을 침공하자 알 아잠은 파트와(Fatwa)를 선언, 모든 무슬림들은 침략당한 무슬림 형제들을 도울 의무가 있다는 것을 역설하고 아프간 전투에서 싸울 의용병 모집 운동을 대대적으로 전개했다. 파트와란 원리 이슬람의 공식적 학자 그룹(Ulema)이 어떤 법령이나 규칙을 선포하는 것인데, 아잠 단독으로 파트와를 선언하였다. 후일 이 단어는 어느 특정인은 죽여도 좋다는 것을 선언하는 데 사용되었다. 아잠은 아프간에서 침략자들을 죽이는 것은 모든 무슬림들의 신성한 의무임을 외쳤다. 그는 사우디에서 무대를 파키스탄으로 옮겨 이스탄불의 국제이슬람대학교에서 가르치면서 페샤와르에 봉사국(Service Office)을 설치했다. 이 봉사국은 게스트 룸 역할을 하면서도 동시에 전사들을 훈련시키는 훈련장이다. 1980년 아프간 전선에 참여한 무슬림 의용병을 16,000명에서 30,000명으로 추산한다. 이때 빈 라덴도 사우디에서 대학을 마치고 파키스탄에 와서 알 아잠을 다시 만나게 되고 아잠은 라덴에게 자금 제공을 제안했다.

아잠은 1980년대 중동 나라들은 물론 구라파와 미국의 도시들을 방문, 아프간 전쟁을 위한 모금과 의용병 모집을 독려했다. 그가 다닌 도시는 50개가 넘는다고 한다. 하지만 돈에는 항상 문제가 따른다. 같은 멤버 중 카드르가 아잠의 돈 관리에 이의를 제기함으로 갈등이 불거졌다. 이로 인하여 결국 아잠은 강단에서 강의하던 강단 밑에 설치된 폭탄이 터져 암살당하고 말았다.

그의 지하드 이론은 많은 무슬림들을 설득하는 데 성공한다. 그의 트레이드 마크는 "지하드와 총 : 비타협, 토론 불가, 대화 불가"이다. 그리고 무슬림 땅을 적에서 도로 찾아야 한다는 명분으로 지하드를 설득한다. "지하드는 피를 흘려야 한다." "과부와 고아가 불가피하다." 그는 노골적으로 종교의 폭력을 정당화한다. 지하드 없이 결코 이슬람은 승리할 수 없다. 그러나 그는 다신론 종교의 사람(mushkreen : 힌두교, 불교, 샤머니즘 종교는 실제로 다신론에 속한다)들을 죽이는 것도 정당화한다는 비판을 단호히 배격한다.

3. 빈 라덴의 이념

1) 빈 라덴과 알 카에다

이슬람 원리주의 집단 가운데 가장 무섭고 전 세계적인 위협이 되는 집단은 빈 라덴과 알 카에다이다. 그러나 이슬람 세계에서 빈 라덴은 중동판 "게 체바라"이다. 반면 서방 세계에서는 빨리 사라져야 할 악의 존재이다. 그는 9.11 테러는 물론 전 세계의 알 카에다 두목으로 테러를 배후 조종하고 있다. 최근 이라크의 자살 폭탄 테러도 알 카에다가 개입되고 있다. 9.11 테러는 다음과 같은 내용으로 청년들을 선동하였다. "우리는 불경건한 세계를 상대로 전쟁을 한다. 우리의 적은 미국, 영국, 이스라엘이 주도하는 십자군 동맹이다." "테러리즘은 권장할 만하면서도 비난 받을 일이다. 그러나 우리가 하는 테러는 독재와 침략자들과 알라의 적들을 대상으로 하기 때문에 권장할 만한 일이다." "알라를 위하여 죽는 것은 나라의 엘리트들이 행할 수 있는 가장 명예로운 일이다. 우리는 살기를 원하는 만큼 알라 신을 위하여 죽는 것도 좋아한다. 우리는 무서워할 것이 없다."

그러면 오사마 빈 라덴이라는 인물은 누구인가? 아랍어로 그의 이름은 우사마 빈 라덴이다. 즉 라덴가家의 사자라는 뜻이다. 그의 아버지가 사우디로 이민 갈 때는 가난하였지만, 아버지는 제다에서 짐꾼으로 부지런히 일하다가 건축업에 손을 대어 왕궁 공사와 메카의 사원 공사로 순식간에 큰 부자가 되었다. 라덴은 대학에 다닐 때 이슬람 원리주의 단체인 무슬림 형제단의 한 학자의 영향을 받아 이 단체에 가입하였다. 22세 때 아프간이 소련의 침공을 받자 의용병으로 아프간 전쟁에 참여하면서 반이슬람 세계를 적으로 간주하는 과격성을 띠게 되었다고 본다. 그때부터 원리주의에 기초한 테러단을 조직하고 자금을 제공하였다. 그가 지원하는 알 카에다는 미국이 타도하려는 대상이다. 알은 관사 The에 해당하고 카에다란 영어로 기지(base)를 의미한다. 그는 이미 1만 1천 명의 테러리스트들을 훈련시켜 전 세계에 흩었거니와, 전투적 무슬림들에게는 영웅적이고도 신화적 존재인 것은, 이슬람을 위한 과격한 비전과 영웅적 행동 때문이다. 그는 미국을 수없이 괴롭힌 테러 행위에 대한 보복으로 무려 40여 차례에 걸쳐서 죽을 고비를 넘겼다. 즉 미국 정보부에 의한 수많은 암살과 폭격에서도 기적적으로 살아남았다.

미국은 빈 라덴을 인도하라고 독촉했음에도 탈레반은 그것을 단호히 거부하였다. 많은 경제적 지원자인 귀한 손님을 결코 넘길 수 없는 것은 당연하다. 탈레반은 "사막의 세계에서는 손님을 극진히 대접해야 한다. 손님을 추방하는 것은 엄청난 배신 행위로서 무서운 처벌의 대상이 된다."라는 식으로 응수했다. 탈레반과 라덴은 뗄 수 없는 관계이다. 하지만 빈 라덴을 호위하는 그룹은 탈레반이 아닌 아랍인들이었다.

2) 빈 라덴의 반미 이데올로기

그러면 빈 라덴이 미국을 그토록 증오하는 근본적 원인은 무엇인가? 미국의 이슬람 전문가 릭 러브(Rick Love)는 다음 여섯 가지 원인을 열거했다.

첫째, 무슬림들은 정통 기독교처럼 세속적 근대화를 거부한다. 근대화는 물질주의, 음란, 많은 이혼율이다. 그래서 일부 무슬림들은 서구를 큰 사탄이라고 한다.

둘째, 미국이 전 세계의 많은 무슬림들을 죽이는 원흉이다. 팔레스타인 충돌에서 미국은 이스라엘 편을 들어 무슬림들을 죽인다.

셋째, 언론을 통하여 반미 감정을 가진다. 이슬람의 언론 매체는 서구의 나쁜 것만 보도하는 경향이 있는데, 무슬림들은 언론 매체를 통해 영향을 받는다. 반면 서구인들은 무슬림들을 부정적으로 보도한다.

넷째, 무슬림들은 자기들이 세계에서 지배적인 운명을 가진다고 보았다. 즉 가장 번영하고 승리하는 국가라고 생각하였다. 그런데 오히려 현실은 정반대이다. 정치, 경제, 기술, 미디어 및 도덕적 능력이 서구의 손에 있다는 데 대한 좌절감을 가진다.

다섯째, 사우디에 불경건한 자들이 있다는 자체는 알라 신에 대한 모독이다.

여섯째, 미국이 초강대국인 데 대하여 분노한다.

빈 라덴의 조상은 원래 사우디 사람이 아니라 예멘 출신이다. 그의 아버지가 사업가로서 사우디로 이주했고, 아버지가 사우디에서 왕실과 친하여 대사업가가 되었다. 그럼에도 그는 사우디를 이슬람 국가 중에서 가장 거룩한 나라로 여긴다. 그는 철저히 이슬람 세계를 경건한 세계로, 비이슬람을 불경건한 세계로 보는 이분법적 도그마에 사로잡혀, "세속적이고도 이교도적"인 미국이 아라비아에 군인을 파견한 것과 사우디 정부가 이것을 방조하는 데 대하여 격분한다. 그는 외치기를 "7년 이상 미국은 땅 중에서도 가장 거룩한 사우디를 점령하여 부를 착취하며 사우디 지배자를 억압하고 사우디 백성들을 모욕하였으며 이웃 국가들을 위협하고 나아가서는 아라비아 반도를 이웃 이슬람 국가와 싸우기 위한 교두보를 삼는다."라고 하였다.[64]

---

64) Fouad Ajami, "The Sentry's Solitude," *Foreign Affairs*, November / December

3) 테러 동기는?

빈 라덴은 "가까운 적과 먼 적"이라는 이론을 개발하고, 미국을 멀리 있는 적으로 간주한다. 9.11 테러는 이슬람 원리주의 집단이 공식적으로 전 세계를 향하여 선전 포고를 한 셈이다. 빈 라덴은 9.11 이후 노골적으로 "미국과 유럽 사람은 군인이든 민간인이든 죽이는 것이 모든 무슬림의 신성한 사명"이라고 외쳤다. 그러면 알 카에다, 탈레반 등 모든 이슬람 원리주의 세력들이 노리는 것은 무엇인가? 이들의 일차적 목표는 자기 땅에서 미국과 모든 서방 세계의 사람들을 몰아내고, 미국과 서방 세계를 파멸시켜 세계를 정복하는 것이다. 그러나 실제로 그들이 미워하는 가장 중요한 대상은 사실 기독교와 유대인들이다. 9.11 이후 사우디아라비아의 한 이슬람 지도자는 미국의 지도층 사람들에게 미국이 테러와의 전쟁을 안 할 수 있는 유일한 방법은 미국이 이슬람으로 개종하면 된다고 하였다. 자기 종교에 대한 지나친 확신이 도를 넘었다. 빈 라덴도 9.11 테러 이후 비디오로 성명서를 발표하였다. 내용은 "만약 미국이 민주주의를 포기하고 이슬람으로 개종하면 이라크에서 전쟁을 중지하겠다."라고.

빈 라덴의 일차 목표는 중동 땅에서 적들을 몰아내는 것이다. 이들이 자기 땅을 밟는 것을 신성모독으로 생각한다. 빈 라덴의 반미 테러는 이것이 가장 중요한 원인이다. 다음 단계로 이스라엘을 파멸시키는 것이다. 식민지 논리와 정치적 반미는 외형적 구실에 불과한 셈이다. 제3세계의 모든 나라들은 다 식민지의 피해자들이다. 반서구, 반미 감정은 결코 중동에만 국한되는 것은 아니다. 60년대 해방신학이 등장할 때 남미도 미국의 피해자라는 주장을 하면서 반미 감정을 표출하였다. 그러나 그것이 남

2001 : 7.

미 상황의 여러 원인 중의 하나이지 결코 전체는 아니다. 자기 나라 운명은 스스로 져야 한다.

4) 빈 라덴의 후계자들

라덴은 죽었지만 더 무서운 후계자들이 뒤를 이었다. 알 카에다 전략가 아부 무사브 알 수리와 자와히리 (Ayman al-Zawahiri)가 아주 악명 높은 알 카에다의 후계자들 그룹이다. 무사브 알 수리는 시리아 출신으로 2004년 1,600여 쪽에 달하는 온라인 논문 「전 세계적 이슬람 저항 운동에 참여하라」에서 기존 테러 방식이 달라져야 한다고 주장했다. 그는 알 카에다의 과거 테러 방식을 실패로 규정했다. 9.11 테러 등이 단기적으로 알 카에다에 성공을 가져다 줬지만 결과적으로는 서방의 거센 반격을 불러와 조직이 와해되는 계기를 제공했다는 것이다. 알 수리는 스스로 훈련하고 무장한 테러리스트들이 서방 문명을 상대로 벌이는 개별적인 테러를 새로운 테러 방식으로 제시했다. 프랑스 툴루즈 유대인 학교 등에서 총기를 난사한 테러범 모하메드 메라도 알 카에다와의 연관성을 주장하며 파키스탄 등에 가서 스스로 훈련을 받고 테러를 자행한 것으로 드러났다. 알 수리는 2004년 마드리드 열차 테러와 2005년 런던 지하철 테러 기획 혐의로 지난 6년 간 시리아에 수감되어 있다 2011년 12월 석방되었으나 행적은 알려지지 않은 채, 지하드 웹 사이트에 그의 과거 동영상과 육성 메시지들이 속속 오르고 있다.

자와히리는 알카에다의 2인자로서, 새로운 지도자가 되었다. 한동안 미국을 비롯, 대부분의 나라들은 빈 라덴의 잔당들과 새로운 지도자 알 자와히리보다 북미나 중동 안에서 세력을 키워 가고 있는 알 카에다에 관심을 집중시키는 동안 그의 입지가 어느 때보다 견고해진 것이다.

5) 전 세계로 확산되는 알 카에다

알 카에다 조직은 중동, 아프리카, 아시아의 말레이시아, 인도네시아, 필리핀 및 유럽 등 전 세계적으로 퍼져 있어서 미국은 알 카에다 조직을 일망타진하려고 하나 결코 단순하지 않다. 심지어 싱가포르에 있는 말레이인 중에서 알 카에다 조직이 있어서 싱가포르 정부는 말레이인들을 차별대우하여 말레이 싱가포르 시민들로부터 강력한 항의를 받고 있다. 빈 라덴은 국적 없는 알 카에다 요원들을 아프간으로 데려와서 이 나라를 한동안 알 카에다의 본거지로 삼았다.

구라파 등지에서 빈번히 발생하던 테러가 점점 동남아로 이동하는 현상은 작년에도 계속되었다. 2016년이 시작되자마자 1월 14일, 인도네시아 자카르타 도심 테러로 일어나 많은 사람이 사망했다. 1월 29일에는 호주에서 테러 위협으로 4개 학교가 일시 휴교하는 사태가 일어났다. 1월 25일, 말레이시아 쿠알라룸푸르에서 인도네시아, 말레이시아, 싱가포르의 수상과 장관들이 모여 테러에 공동 대응하는 긴급 회담을 가졌다. 최근 말레이시아와 인도네시아의 ISIS 그룹은 말레이시아어로 된 협박 비디오를 제작, 이 지역에 배포하고 있다. 동남아는 지금 테러 훈련의 거점이 되어 가고 있다고 한다. 동남아 12,000개 섬에서 많은 테러 조직들이 훈련을 하지만, 해당 국가의 공안이나 군대의 손이 거의 미치지 못하는 실정이다. 설령 검거 후 투옥이 된다고 하더라도 테러 분자들은 감옥에서 SNS를 통하여 "테러 이데올로기"를 전파한다고 한다.

올란드 프랑스 대통령은 인도를 방문하였을 때 모디 인도 수상에게 공동으로 대테러 작전을 수행할 것을 건의하였다. 현재 인도나 프랑스 모두 테러 대상 국가로 많은 수난을 당하고 있다. 무슬림의 유입을 전면 차단하는 것으로 알려진 일본도 금년 아시안 정상회담, 2017년 세계 럭비 선수권대회, 2020년 올림픽에 대비하고 있다.

아이러니하게도 알 카에다는 세계화의 물결을 거부하고 지방 문화와 이슬람 문화의 고수를 고집하면서도 국제화를 최대한 이용한다. 즉 이들은 조직, 훈련, 자금을 위한 아지트를 도리어 유럽에 두고 있다는 사실이다. 특히 아프간의 알 카에다 본거지가 다 파괴되면서 가장 위험한 알 카에다 테러리스트들은 이슬람 국가에 있지 않고 유럽 도시로 이동하였다. 특히 네덜란드가 알 카에다 활동의 중심지가 되었다. 이러한 방법으로 알 카에다는 유럽을 중심으로 세계적 조직망을 형성하고 있다.

알 카에다는 아랍 스프링 때의 이념을 본색으로 드러내었다. "민주화는 지옥으로 가는 지름길"이라고 했다. 테러만이 아랍 세계를 변화시킬 수 있는 유일한 수단이라고 주장해 온 알 카에다가 초기에는 이집트의 비폭력 시위에 침묵했었다. 알 카에다의 2인자 아이만 알자와히리는 "민주 정부는 태생적으로 반종교적이다."라며 이집트는 그동안 소홀히 한 이슬람의 가치를 빨리 회복해야 한다고 하였다.

전 세계적으로 악명 높은 알 카에다 그룹은 레바논의 헤즈블라, 북아프리카의 보코하람, 소말리아의 알 샤바브, 마그레브 알 카에다 등이다. 특히 보코하람은 뜻이 '서양교육은 악이다'이다. 그래서 나이제리아에서 기독교 학교 여학생들을 납치하여 살인, 강간, 인신 매매 등으로 악명이 높다. 이들 중 일부가 ISIS에 충성을 맹세하여 대립이 심각하다.

제 7 장

알 카에다와 ISIS : 이슬람이 아닌가?

이슬람 테러가 일어날 때마다 무슬림 세계는, 테러는 이슬람이 아니라고 힘주어 말한다. 서방 세계의 정치인들도 이슬람과 테러를 분리시키면서, 이슬람 테러와의 전쟁이지 결코 이슬람과 싸우는 것이 아니라는 것을 강조한다. 조지 부시 대통령이 아프간과 이라크를 침공할 때 테러와 이슬람을 분리시키면서 미국의 무슬림들을 달래었다. 사람들은 이슬람 테러에서 종교성을 억지로 제거하려고 노력한다.

그러나 또 한편 이슬람과 테러를 분리시키는 이론이나 주장들은 설득력이 약하다는 여론도 무시할 수 없다. 우리 사회도 이념적 분열 현상이 너무 심각하다. 이념적 분열은, 국론은 물론이고 가치관과 도덕관의 분열로 이어져 우리 사회의 미래를 어둡게 한다. 우리는 남의 종교도 존중하면서도 그러나 비윤리적, 비도덕적 행위가 종교의 이름으로, 신의 이름으로 자행될 때 도덕적 판단 기준이 있어야 한다. 종교의 일차적 사명은 사람들에게 인생관, 가치관, 윤리관을 제공해야 한다.

불교, 유교, 샤머니즘이 지배하는 극동의 세 나라 중국, 한국, 일본은 종교로 나라가 분열하고 싸우는 일이 이 시대는 비교적 적다. 종교가 국가 발전에 저해되는 일도 비교적 적은 편이다. 수년 전 경부 고속철도 건설 과정에서 부산 금정산 터널을 반드시 뚫어야 하는데 산 주인이 이 산은 자신의 신앙과 관련되므로 절대 양보 못 한다 하여 수년이 지체되는 일이 있었다. 그러나 그것은 극히 예외적인 사건이다. 사람들이 종교를 가지는 것에 비교적 긍정적으로 평하였다. 종교를 가지면 더 좋은 사람이 되니 가정과 사회에 유익하다는 소박한 마음이었다.

그런데 종교 테러로 인하여 사람들은 종교를 보는 눈이 변하고 말았다. 2015년 일본 「문예춘추」 3월호에 한 일본인 작가가 '일신교와 다신교'라는 글에서 "일본의 많은 사람들이 품고 있는 종교 이쿠올(equal) 평화라는 생각은 버려야 한다."라고 하면서 일신교인 유대교, 기독교, 이슬람은 본질적으로 공격적이고 전투적이다. 일본 종교는 그리스나 로마의 종교처럼 다신교라 과격하지도 않고 이교도를 미워하지도 않는다고 다신교를 긍정적으로 평가한다.

그는 또 두 종교의 차이를 의미있게 비교하였다. 기독교는 르네상스를 통하여 위대한 예술도 낳고 대항해를 하였는데, 그것은 반성의 결과이다. 한편 반성하는 것을 모르고 불리한 일이 생기면 책임을 남에게 전가하기 쉬운데, 다른 사람에게 책임을 전가하면 자력으로는 전진의 희망은 없다면서 우회적으로 이슬람을 비판하였다. 일본은 8백만 신을 섬기는 나라로 위험이 없는 나라인데, 선한 의도로 외국에 나갔다가 발을 잘못 들여놓으면 무슨 일이 일어날지 모른다고 테러 위험을 경고하였다.

국제 사회는 이슬람 테러와 무슬림 난민 문제로 많은 나라들이 국론 분열을 겪고 있다. 우리 사회는 이슬람 테러에 대하여 의견이 갈라지고, 서구 많은 나라들은 무슬림 난민을 받느냐 하는 문제로 분열되고 있다.

이슬람 테러에 대하여 한 가지 공통된 견해는 테러범들이 저지르는 살인 행위가 너무나 잔악하다는 데 모두 일치한다. 그러나 이슬람 테러는 "이슬람이다." "이슬람이 아니다."로 분열하고 있다. 이유는 보는 자들이 이미 자기의 색안경을 끼고 보기 때문이다. 어떠한 결론도 논리적으로 설명하여 상대방을 설득시키는 것은 거의 어렵다고 본다. 다만 이슬람을 전혀 모르는 사람들이나 중립적인 입장에 있는 사람들에게는 생각을 바꿀 수 있을지 모른다. 2016년 8월 독일에서 발생한 신부 살해 사건을 외신들이 종교 테러로 말하자 우리는 인터넷에서 강하게 반발하는 댓글을 읽었다. 이러한 사람들에게는 합리적 설명이 어려울 것이다. 안타까운 감정적 반응이다. 미사를 집행하는 노신부를 무자비하게 죽이는 테러범을 외로운 늑대로 볼 수 있는가?

이것은 종교적이나 혹은 종교 심리학, 일반 심리학적 관점에서 연구할 대상이다. 반식민지 감정이라면 신부와 식민지와는 아무 상관이 없다. 프랑스가 미우면 정치가를 테러 대상으로 해야 할 것이고, 프랑스가 히잡을 못 쓰게 하여 테러를 했다면 전 대통령 사르코지를 테러해야 할 것이다.

1. 이슬람은 좋은 종교라는 주장

이슬람 테러의 역풍이 도리어 이슬람 전체로 돌아가고 있다. 그래서 온건한 무슬림 학자들은 테러에 대하여, 이슬람은 좋은 종교라는 변증(apology)의 글들과 책들을 많이 내놓고 있다. 방글라데시 무슬림 학자 사이풀라 카리드(Saifulla Khaled)는 서구 지성인들 및 철학자들이 이슬람을 격찬한 내용을 소개하면서 이슬람의 미래를 긍정적으로 보는 글을 방글라데시에서 발행되는 *Daily Sun*지에 기고했다. 그는 버트런드 러셀, 버나드 쇼, T. W. 아놀드, H. G. 웰즈 등이 이슬람을 아주 훌륭한 종교로 평가한 것을 소개하였다. 버나드 쇼는, "번영하는 미래 사회에서 모든 종교와 신앙은 그들의 효율성을 상실할 것이지만 인류는 모하메드가 전파한 신앙으로 구원에 도달할 것이다."[65]라고 했다. 과거나 현재를 막론하고 서구 사회는 대체로 이슬람에 부정적이지만, 일부 서구 지성인들은 이슬람을 높이 평가하였다. 그러나 버나드 쇼는 "이슬람교는 좋은데 무슬림은 나쁘다."라고 말했다고 한다. 의미심장한 말이다.

2015년 봄, ISIS는 두 일본 사람을 참수하여, 일본 전국이 충격에 빠졌었다. 이 기사도 그 사건이 난 후 직후에 투고한 글이다. 불행하게도 우리가 살고 있는 세계는 종교가 평화, 관용, 사랑, 정의, 질서, 예의보다 증오, 갈등, 분쟁, 배타, 테러로 세계를 불안하게 하고 있다. 이것을 종교학에서는 종교의 역기능(disfuction)이라고 한다.

이슬람 테러가 계속 일어나면 가장 손해를 보는 자들은 바로 무슬림들이다. 이슬람 세계는 비이슬람 세계와 협력하여 테러를 근절시키는 획기적 대책을 함께 세워야 한다. 먼저 ISIS의 무서운 시나리오를 직시해야 한다.

1) ISIS의 무서운 시나리오

작년 초 일본인 두 명이 ISIS의 인질로 살해되자 일본 사회가 큰 충격에 빠졌었다고 앞에서 이미 언급했다. 무엇보다도 그들의 잔인성과 악한

---

65) Saifullah Khaled, "Future of Islam," *Daily Sun, Dhaka, Saturday* (4 April 2015), 7.

의도에 더 분노와 위기를 느낀 것 같다. ISIS는 일본 정부에 2억 달러를 72 시간 내에 보내라고 요구하였다. 2억 달러의 현금은 4.5톤 화물 자동차 한 대분이다. 백화점 봉투 하나에 일본 돈 일만 엔짜리 지폐를 억지로 쑤셔 넣어도 5천만 엔만 들어간다고 한다. 달러로 바꾸어도 백화점 봉투 400개나 된다는 것이다. 이들은 불가능한 것을 달라고 하거니와 상식이 통하지 않는 집단이라고 단정한다. 작년도 일본 정부나 사회 분위기는 인질 대금을 지불할 의도가 전혀 없었다. 두 인질에 대하여 일본 사회는 도리어 비판적이었다. 먼저 인질된 유가와 하루나라는 사업가는 사업에 실패하여 중동에 가서 사업을 시도하다가 잡혔다. 기독교 신자이면서 프리랜서 저널리스트인 곤토겐이찌는 이슬람 취재를 하러 중동을 다녔기 때문에, 친구를 구하려고 다시 시리아로 갔다가 인질이 되고 말았다. 그는 만약 인질이 되면 자기 책임이라고 미리 발표하였다. 일본이 더 놀란 것은 ISIS는 일본 언론 보도나 심지어 곤도가 일본 기독교 인터넷 신문에 기고한 내용도 알고 있었다는 사실이다. 이것은 일본 내에도 자기들 정보망이 있다는 것을 의미한다.

일본인 저널리스트 이케카미 아키라(池上彰)와 외무성 전문가 사토우 마사루(佐藤優)는 대담에서 ISIS의 미래를 3가지 시나리오로 가정하였다. 첫째 시나리오는, ISIS의 목적은 온 세계를 정복하는 것이다. 따라서 "그들이 승리하면 일본 국민은 다 무슬림이 되어 모두 술도 못 마시고, 모스크에 가야 하고 아랍어로 대화해야 한다. 일본이라는 국가도, 일본 국민도 없어진다. 둘째 시나리오는 ISIS가 완전히 없어지는 것이다." 셋째, 시나리오는 ISIS가 소련식이 되는 것이다. ISIS는 과거 국제 공산당 조직인 코민테른과 유사하다. 코민테른은 폭력적으로 기존의 모든 국가들을 없이하고 부르주아지(bourgeoisie) 계급을 타파하여 하나의 거대한 소련 공산당 국가를 세우려고 하였다. ISIS도 혁명을 수출하는 조직이 생기게 될 것이다.

그런데 ISIS가 제일 위험한 것은 핵무기를 가지는 것이다. 핵무기와 미사일로 유럽까지도 위협할 수 있다. 핵무기를 제공하거나 유출 위험이 있는 국가는 바로 파키스탄이고, 파키스탄의 핵무장을 도운 나라는 사우디이다. 두 좌담가는 ISIS의 역사 인식은 진보사관이 아니라 "하강사관 下降史觀"으로 정의한다. 역사의 미래를 향하여 나가지 않고 도리어 거꾸로, 과거로 돌아가려고 한다.[66]

이상의 내용은 두 사람의 좌담 내용이다. 끔찍한 시나리오이지만 전혀 공상 소설로만 볼 수 없다. ISIS는 테러를 수출할 것이라고 말하였는데, 이미 전 세계에 ISIS 테러리스트들이 깔려 있다. 테러 집단들만이 과거로 돌아가는 것이 아니라 이슬람 세계 전체가 과거의 황금시대를 그리워하면서 과거로 돌아가라고 한다.

2) 내부자들의 위기 소리를 들어야 한다

위의 일본 지식인들의 위기론에 대하여 온 세계가 공감할 것이라고 생각한다. 이슬람 세계는, 테러는 이슬람이 아니라는 안일한 변명보다는 과감하게 대처하는 방향으로 나가는 것을 온 세계가 다 원하고 있다. 테러 문제는 이슬람만이 해결할 수 있다고 이미 많은 사람들이 말하였다. 테러를 남의 문제가 아닌 이슬람 전체가 '우리 탓이요'라는 연대 의식을 발휘할 때 이슬람은 평화의 종교로 인정 받을 것이다. 동시에 테러가 날 때마다 미국과 이스라엘의 음모라는 식으로 대응하는 것도 이제는 한계

---

66) 總力特輯,「イスラーム国との新・戦争論」「文藝春秋」, 2015년 3월 : 95-113.

에 도달하였다.

더 이상 '외로운 늑대론'으로 대응하는 것도 바람직하지 않다. 서구의 많은 테러 연구 전문가들도 이슬람 테러의 원인을 주로 사회적, 경제적 소외감에서, 혹은 서구 식민지에 대한 저항감의 발로로, 혹은 이슬람 국가의 독재와 부정 부패, 실업 문제를 원인으로 해석한다. 소위 '외로운 늑대론(lonely wolf)'이 제일 설득력 있는 이론으로 회자되고 있다. 그러나 그것은 테러 가담 이유가 될지는 모르나 알 카에다나 ISIS의 형성 원인은 결코 못 된다.

이슬람 세계에서 일어나는 테러에 대하여 이슬람 세계는 다음의 충고에 귀를 기울여야 한다. 앤드류 크로스는 수년 전 타임지에 기고한 글에서 다음과 같이 말한다 :

> 모든 극단주의자들이 테러를 자행하는 것은 가난이나 절망이 원인이 아니다. 그들이 의도하는 것은 자기 땅을 지배하기 위함도 아니다. 미국의 이라크 침공은 일종의 결과론에 불과한 것이다. 왜곡된 이슬람 사상이 주동기이며, 지하드에 하늘이 보상한다는 사상 때문이다. 서구는 이 과격주의를 군사적으로 달래거나 종결지을 수 없다. 온건 무슬림들이 일어나서 테러 분자들에게 말해야 한다.[67]

2015년 1월 1일 이집트 대통령 압델 파타흐 알 아시시는 알 아즈라 대학교에서 모하메드 생일 축하 기념식 행사 때에 이슬람 지도자들에게 강력하게 이슬람 개혁을 이렇게 외쳤다.

> 나는 다시 말합니다만 우리는 종교 혁명이 필요합니다. 여러분 이맘들은 알

---

67) Andrew Cross, "Letter," *TIME* (August 1, 2007), 2.

라 앞에 책임이 있습니다. 온 세계는 여러분들의 다음 행동을 기다리고 있습니다. 움마 세계가 찢어지고, 파괴되고, 상실되고 말았습니다. 움마는 우리 손에 의하여 상실되었습니다.(68)

알 아시시는 동시에 "이슬람 세계가 도리어 불안, 위험, 살인, 온 세계의 파괴의 원인이 되는 것은 있을 수 없는 일입니다."라고 하였다. 알 아시시는 무슬림 형제단을 탄압하는 자로서, 그들에게는 배교자이다. 알 아즈라 대학교는 세계 최고의 이슬람 대학교이다. 알 아시시 외에 많은 무슬림 지식인들이 이슬람의 위기를 언급하였다. 알 아시시는 수니파와 시아파의 종파 전쟁을 특히 우려한 것 같다.

2. 이슬람 테러에 대한 4 가지 견해들

이슬람 테러에 대한 견해는 극과 극으로 견해를 달리한다. 이슬람 테러가 참 이슬람의 본질이냐? 아니면 이슬람이 아닌가? 중간도 있지만 두 견해는 동이 서에서 멀듯 조화가 거의 불가능하다. 중간 이론을 어렵게 한다. 테러가 이슬람이라는 견해는 코란과 이슬람 역사를 근거로, 원리주의를 비롯한 과격 이론이 발전하였다고 주장한다.

말콤 낸스는 이 주제에 대한 학자들의 견해를 4 가지로 분류하여 소개한다.

첫째, 이슬람 테러는 과격한 이슬람(Radical Islam) 혹은 이슬람 과격주의(Islamic Exrtremism)가 주요한 동기로 작용한다. 특별히 이슬람 종

(68) Eric Stakelbeck, *ISIS Exposed : Beheadings, Slavery, and the Hellish Reality of Radical Islam*, 192-93.

말론 사상이 과격주의를 부추긴다. 이슬람 종말론 사상은 이슬람과 서구 간에 문명 충돌을 불가피하게 한다. 미국 예일대학교 국제 정치학 교수 그래미 우드(Graeme Wood)는 ISIS는, 묵시록적 종말론 사상으로 테러를 일으키는 것을 조금도 부끄러워하지 않는다고 주장한다. 많은 보수주의 학자들은 테러리스트들 스스로 무슬림이라고 주장하고, 또 코란을 인용하는 것은 그 자체가 이슬람이라는 것이다. 패멀라 겔러(Pamela Geller)나 로버트 스펜서(Robert Spencer)도 ISIS는 서구를 공격하는 무슬림 전위대로 본다. 이러한 학자들은 앞으로 무슬림들이 이들 그룹에 가담할 것이기 때문에 이것을 막는 방법을 강구해야 한다고 한다. 아얀 히르시 알리(Ayan Hirsi Ali)라고 무슬림이었던 여자는, 이슬람은 완전히 폭력적 종교이기 때문에 기독교식의 온건한 종교로 개혁되고 변해야 한다고 그녀의 저서에서 역설하였다.

둘째, 테러는 이슬람이 아니라는 주장이다. 테러범이 비록 무슬림이지만 이들의 테러가 곧 이슬람이라고 하는 것은 잘못이다. 테러범들의 행동, 이데올로기는 정통 이슬람과는 거리가 멀다. 오바마는 알 카에다나 ISIS는 참 이슬람으로, 또 자신들은 이슬람을 방어하기 위하여 거룩한 전사라고 주장하지만 이것은 전혀 거짓말이라고 하였다. "그들은 종교 지도자가 아니라 테러리스트일 뿐이다."라고 하였다. 요르단의 압둘라 국왕, 사우디의 살만 국왕, 모로코의 하산 국왕, 그 외 아랍 국가들의 장관들, 무슬림 신학자들, 지식인들은 이 학설을 적극 지지한다.

셋째, 테러는 이슬람과 상관이 없다는 주장이다. 미국방성과 나토는 테러 집단은, 종교와는 아무 상관이 없는 범죄자들로 그들의 관심은 폭탄과 미사일을 목표물에 정확하게 타격을 가하는 데 있다고 분석한다. 말콤 낸스는 이 견해를 아주 순수한 것으로 평가한다.

넷째, 낸스의 주장으로, 알 카에다와 ISIS는 정통 이슬람이 아닌, 지하드의 이단(cult of jihad)이며, 악한 이슬람 광신주의의 풍자 만화(caricatures of the evil Islamic fanaticism)에 불과하다는 것이다. 이들은 무슬림 세계를 기독교와 문명 충돌을 일으키도록 하여 세계를 종말론 전쟁으로 몰고 가는 자들이라고 비난한다. 지하드 이단의 근거는 미국 정보부가 알 카에다주의(al-Qaedanism)로 말한 것과 빈 라덴이 자기 그룹을 승리라는 교단의 이데올로기(Victorious Denomination ideology)로 말한 적이 있다는 것이다. 이상의 내용은 말콤 낸스의 저서를 소개한 것이다.[69]

그러나 말콤 낸스의 이단 정의는 교리적으로 혹은 신학적 설명 없이 이단이라고 하는 것은 설득력이 약하다.

3. 테러는 이슬람이 아니라는 주장

이슬람 테러가 일어날 때마다 무슬림 세계는 이구동성으로 이슬람은 테러 종교가 아니라 사랑과 관용과 평화의 종교라고 주장하면서 이슬람을 변호하는 목소리를 낸다. 조지 부시 대통령은 9.11 테러 후 아프간과 이라크 침공 전에 이슬람 테러는 이슬람이 아니라는 공식 연설을 하였다. 그 후 오바마를 위시하여 많은 서구 지도자들도 이와 유사한 발언을 하여 무슬림들을 달래는 노력을 했다. 오바마 대통령은 모스크까지 방문도 하

---

69) Malcolm Nance, *Defeating ISIS : Who They Are, How They Fight, What They Believe* (New York : Skyhorse Pub., 2016), 187-92.

였다. 미국의 역대 대통령 중에 모스크를 방문한 일은 미국 역사에 없는 일로 알고 있다. 로마 가톨릭 교황도 테러로 사망한 독일 신부의 장례식 전에 이슬람 테러는 이슬람이 아니라고 하면서, 바티칸에서도 많은 테러가 일어난다고 하였다. 의외의 뉴스이다. 이슬람 전도사로 별명이 붙은 말레이시아 전 수상 마하틸은 이슬람은 폭력의 종교가 아니라 평화의 종교라고 역설하였다.

여기서 우리는 일본이 보는 이슬람 테러를 잠깐 언급하고자 한다. 일본의 상당수 학자들은 이슬람과 서구(미국 포함)에 대하여 양도논법(兩刀論法)이다. 즉 이슬람도 문제가 있고 서구도 문제가 있다는 식이다. 이슬람 테러의 원인을 사회학적 관점에서 다룬다. 서구가 무슬림 이민자들을 인종 차별한 것이 주요 원인이라고 보면서 이것을 비난한다. 그러나 일본에서 태어난 사람으로, 또 일본을 연구하고 경험한 자로서 일본 학자들이 서구 사회가 인종 차별을 한다고 비판하는 것에 거부반응을 금치 못한다. 일본은 더 인종 차별하는 나라이다. 서양인에게는 '하이' 하면서 동양인, 특히 한국인을 무시하는 것은 이미 잘 알려진 사실이다.

2015년 3월 일본 NHK는 ISIS 특집 방송에서 "ISIS는 이슬람과 다르다."라는 주제로 ISIS 테러를 심도 있게 다루었다. 그러면서도 아랍 국가는 자체 분열로 붕괴하고 있다고 보도하였다. ISIS의 만행에 대하여는, 이것은 이슬람의 전통이나 교리와는 무관하다는 주장이 세계 언론과 학계를 지배하고 있다. 물론 무슬림 학자들이나 일반 무슬림들은 이구동성으로 테러는 이슬람이 아니라고 항변한다.

나이토 마사노리는 『이슬람 전쟁의 시대 : イスラーム戦爭の時代』에서 진술하기를, 사람들은 이슬람을 오해하고 있다. 이슬람이라는 종교는 이

교도의 섬멸을 시도하라고 가르쳐서 오늘날과 같이 폭력이 연쇄적으로 일어나는 것은 아니다. 이슬람은 이교도와 공존의 가능성을 가르치지, 섬멸을 설교하지 않는다. 모든 무슬림들이 전 세계 이슬람화를 노리거나, 개종이 아니면 싸움을 독려한다고 하는 것은 전혀 근거가 없다. 이슬람은 기독교나 유대교에 대하여 전쟁을 하라고 가르치지 않는다고 하였다.[70]

미국의 이슬람 전문가 에스포지토는, 이슬람은 정당하지 못한 폭력은 지지하지도 않으며, 코란의 하나님은 자비와 사랑의 신이라는 것이다. 코란은 전쟁에 대한 원리와 지침을 제시한다. 코란 48장 17절에서는 전쟁에서도 신체 장애인들을 결코 해하지 말라고 하며, 9장 91절에서는 병든 자를 해하지 말라고 하였다. 만약 위반할 시는 무서운 심판을 받는다고 말한다.

버나드 루이스도 이슬람이 테러 종교는 아니라고 말한다. 그러나 에스포지트나 루이스는 역시 아니다 하지만 이슬람 종교 자체는 서구 문명에 위협이 된다는 것을 노골적으로 암시한다.

이슬람 테러가 이슬람이 아니라는 공식 성명서가 금년에도 발표되었다. 2016년 1월 25일에서 27일까지 모로코 마라케쉬에서 모하메드의 소위 메디나 헌장(Charter of Medina, AD 622년) 1400 주년을 맞이하여 이 헌장을 다시 확인하는 의미의 대회가 열렸다. 이때에 120여 국가에서 온 약 300명의 이슬람 지도자들과 정치가들이 대회 이후 선언서를 채택하였다. '메디나 헌장'이란 모하메드가 유대인과 기독교인 상대로 평화적 공존을 약속하는 헌장이다. 이 헌장에는 법 앞에서 소수자의 동등한 권

---

70) 内藤正典, 『イスラーム戦争の時代 : 暴力の連鎖をどう解くか』(NHK出版, 2009), 59-61.

리, 자유, 자유 재산권을 보장하는 내용이 담겨 있다는 것이다. 이 헌장
은 유엔 인권 헌장과 맥을 같이한다고 말한다. 성명서의 중요한 내용은,
이슬람 이름으로 자행되는 테러가 합법적 정부의 권위를 손상시키고, 이
들 과격 그룹이 이슬람 이름으로 선언하는 내용들은 놀라움게도 이슬람
의 근본적 원리를 왜곡시키고 나아가서는 모든 사람들에게 해악을 초래
한다고 하였다.

주목할 사실은, 성명서는 이슬람 국가의 교육은 결코 과격주의를 선동
하는 교육 내용을 시정할 것을 촉구하였다. 예를 들면, 요르단의 암만의
10학년 교재에서 모하메드는 모든 인류와 싸우라고 명령하였고 이슬람
을 믿는 자만이 살 수 있다고 가르친다. 수년 전 인도에서도 이슬람 이맘
7만 명이 테러를 규탄하는 성명서를 발표하였다. 이슬람은 테러를 인정
하지 않는다고.

1) 원리주의는 이슬람이 아니다

이슬람과 테러는 다르다는 것을 권위 있게 뒷받침하는 이론은 이슬람
원리주의는 이슬람이 아니라는 것이다. 우리는 제4장에서 이슬람 원리
주의는 와합주의에서 나온 것이고, 와합주의는 다만 과격한 이슬람이지
이슬람은 아니라고 주장하는 자들이 없었다. 그러나 원리주의를 연구하
는 국제 정치학자들은 이슬람 원리주의는 정통 이슬람이 아니라고 말한
다. 독일학자 군테르 볼프강은, 원리주의는 정통학자들의 이슬람 사상과
는 거리가 먼 하나의 새로운 평신도 운동으로 간주하며, 독일 원리주의
연구자 베르너 후드 역시 이슬람과 이슬람 원리주의를 하나의 바위 덩어
리로 취급하는 것은 잘못이다. 서구에서는 이슬람이라는 용어가 정치적

인 언어가 될 만큼 거부반응을 가지므로 그 위에다가 원리주의라는 말을 들으면 서구인들은 더 강한 거부감을 가지는데, 이것도 반계몽적이라는 것이다.71)

부드는 원리주의를 사회학적, 심리학적 관점에서 분석하지만, 모든 종교의 교리나 중요한 신학을 다루지 않고 있다.

2) 코란의 잘못된 해석이라는 주장

알 카에다와 ISIS 테러는 코란의 잘못된 해석에 있다고 대부분의 이슬람 학자들이 주장한다. 이들은 영국의 윌리엄 셰익스의 말을 즐겨 인용한다. "마귀도 자기들 목적을 위하여 경전을 인용한다."

최근 이슬람 내부에서도 알 카에다나 ISIS는 코란과 모하메드의 생애를 잘못 해석하는 데 원인이 있다고 주장하면서, 주요 무슬림 국가들은 학교에서 이슬람 교육의 개혁이 필요하다고 제안한다. 사우디의 수니 지도자 알 타엡은 2015년 2월, 테러는 코란과 하디스의 잘못된 해석이 누적된 결과라고 하였다.72)

하지만 이슬람 학자들은 코란에 나오는 "칼의 본문"을 어떻게 해석해야 하는지 정답을 하지 않고 있다고 생각한다. 칼의 본문이란 불경건자를 죽이라는 식의 표현이 코란에 많이 등장한다. 이 주제는 다시 거론할 것이다.

---

71) ブェルナ・フト, 『原理主義: 確かさへの逃避』, 志村 惠 驛 (新教出版社, 2002), 11-12.

72) Ahmed Al Omran, "Muslimc Scholar calls for Reforms," *The Wall Street Journal*, Tuesday February 24, 2015 : 8.

4. 이슬람 테러는 이슬람이라는 주장

서방 세계가 이슬람 테러와 이슬람을 분리시키는 것에 대하여 가장 강력한 경고를 한 자는 『사탄의 본문 *The Satanic Verse*』 저자 살만 루시디이다. 그는 서구 지도자들이나 학자들이 이슬람과 이슬람 테러는 무관하다고 주장하는 데 대하여 경고하였다. 그는 질문하기를 "그렇다면 왜 전 세계의 무슬림들이 빈 라덴과 알 카에다를 지지하며, 수만 명의 무슬림 전사들이 성전을 촉구하는 물라의 호소에 응답하여 아프간 전쟁에 참여하는가?"라고 반문한다.

일본에서 아랍어를 하면서 이슬람을 연구하는 극소수의 학자들은 이슬람 자체 교리가 테러를 유발할 수 있다고 본다. 젊은 이슬람 전문가 이케우찌 사토시는 일본에서 극우파로 분류된다. 이미 사토시를 좀 언급하였지만 그는 노골적으로 코란의 '칼의 본문'이나 종말론은 이슬람 테러의 원인이라고 단언한다.

서방 세계에서 이슬람 테러에 대하여 가장 강력하게 대처하는 나라는 호주이다. 많은 학자들과 전문가들은 노골적으로 이슬람 테러는 이슬람의 본질이라는 식으로 말한다. 2014년 9월 호주 경찰은 ISIS 가담 용의자 15명을 체포하였다. 법무부장관 조지 브란디스 상원의원은 모호하지만 의미있는 말을 하였다. 테러가 이슬람의 본질이라는 말에는 동의하지 않지만 그러나 이슬람이 평화의 종교라는 말은 진실이 아니라고 하였다.

은퇴 교수 클라이버는 이슬람 전문가로서 이슬람 테러나 ISIS는 이슬람 종교의 본질이라고 강한 어조로 주장한다. 그는 전 세계 무슬림의 10-15%는 온건, 개혁 지향적 무슬림이고, 10-15%는 전투적, 극단적 무슬림들로 언제든지 테러에 가담할 수 있으며, 나머지 70% 이상은 전통적 혹은 유사 전통적 이슬람(quasi-traditional Islam)이다. 즉 명목상 무슬림이다. 그러나 테러나 ISIS에 대하여는 모든 무슬림들이 심정적으로 동조한다고 하였다.

이슬람에서 유독 폭력이 많은 데 대하여 일본의 일부 이슬람 전문가들은 그 원인을 이슬람 교리에 돌린다. 이것은 이슬람 학자들이 답해야 할 중요한 사항이다. 그 예로서, 유럽에서 이슬람 이름으로 테러를 행한 자들은 이슬람 가치관이나 윤리 도덕을 유럽인들에게 강요한다는 것이다. 즉 이슬람만이 절대라는 공격적 배타주의가 테러의 원인이라는 것이다. 아마우찌 마사유끼는 유럽에서 "테러의 기본적 책임은 자유나 관용을 악용한 자에게만 있다는 것"을 강조하였다.[73]

특히 서구와 미국의 보수적인 학자들이 신랄하게 비판적 견해를 쏟아내어 많은 저서와 글들이 나오고 있다. 이들이 주장하는 이론들을 다음과 같이 정리할 수 있다. 이슬람 세계는 이들이 제기하는 질문이나 비판에 대하여 합리적이고도 납득할 만한 해명을 하지 않으면, 이슬람은 사랑, 평화, 관용의 종교라는 말은 설득력을 얻지 못할 것이다.

이슬람은 칼의 종교라는 것은 코란과 역사가 증명한다. 테러는 이슬람이라는 주장을 최근 이슬람 국가에서 개종한 학자들이 더 강력하게 주장하고 있다. 그런데 그들은 대부분 가명으로 하는 경우가 많다. 여기서 우리는 제3자의 입장에서 묻고 싶다. 이슬람이 진정 평화의 종교라면 이 정도의 비판도 두려워 가명으로 해야 하는 분위기 자체가 결코 평화의

---

73) 山內昌之, 「西欧のテロとイスラムの間 : 自由と慣用の罠」『中央公論』, 2005年 10月, 192.

종교라고 말하기에는 납득이 가지 않는다. 이 사람들 중 일부는 한국을 방문, 조용하게 세미나에서 코란과 이슬람에 대하여, 이슬람의 문제점을 설명하였다. 코란, 이슬람 교리, 역사, 전통 등 복합적인 요인들이 이슬람 테러를 낳았다는 주장이 최근 더 강하게 제기되고 있다. 알 카에다나 ISIS는 이슬람 교리에서 이탈한 새로운 교리나 의식이나 실행을 만들었다고 주장하지 않는다.

모하메드는 생전에 세계 정복을 명하였다. 그는 죽기 전에 비잔틴 제국 임금에게 항복을 권유하는 서한을 발송한 것으로 전하여진다. 물론 비잔틴제국 임금은 코웃음을 쳤다.

ISIS는 2015년 2월 20일 리비아 트리폴리 앞바다에서 이집트 콥틱 신자 21명을 참수한 후 "십자가 국가들에게 피로 사인한 메시지"라는 동영상을 띄웠다. 이것은 과격 무슬림들의 종교적 의식 행위인 집단적 처벌(collective punishment)이다. 동영상은, 알라는 모하메드를 칼로 보낸 자라고 선언한다. 수라 21:107, "우리는 너를 세상을 위한 자비로 보내었다." 하지만 동시에 하디스에는 "나는 너를 내 손의 칼로 보내어 알라를 찬양하게 하노라, 나에게 복종하지 아니하는 자들을 믿게 하고 복종시키게 하라."라고 하였다.

무슬림들은 "코란이냐 칼이냐" 하는 슬로건을 가장 불쾌하게 생각한다. 이 슬로건은 서양 기독교가 만든 말이라고 하지만 이미 제1장에서 언급한 바와 같이 신은 모하메드에게 이슬람 전파를 위하여 주었다고 역사는 기록한다. 이슬람 역사는 모하메드나 칼리프들이 많은 칼로써 정복한 것은 사실이다. 이것은 코란에도 반영되어 코란은 칼에 대한 본문이 많다. 카렌

암스트롱과 많은 학자들은 이 본문을 "**칼의 본문(Sword Verses)**"으로 표현한다. 코란의 몇 구절을 아래 인용한다.

2:190-192 ▸ 너를 대적하는 자는 신을 위하여 싸우고 그들을 죽이라. 그렇지 않으면 혼란과 억압은 살해보다 나쁜 것이다.

2:193 ▸ 박해가 사라질 때까지 그들에게 대항하라. 이는 하나님을 위한 신앙이니라. 그들이 박해를 단념한다면 우매한 자들을 제외하고는 적대시하지 말라.

2:194 ▸ 살생이 금지된 달은 성스러운 달이거늘 살생을 금하노라 그러나 너희를 공격할 때는 그들이 공격했던 것처럼 그들을 공격하라 그리고 하나님을 공경하라 하나님께서는 의로운 신앙인들과 함께하시니라.

2:216 ▸ 비록 싫어하는 것이지만 너희에게 성전이 허락되었노라 그러나 너희가 싫어해서 복이 되는 것이 있고 너희가 좋아해서 너희에게 악이 되는 것이 있나니 하나님은 너희가 알지 못하는 것을 알고 계시니라.

9:5 ▸ 금지된 달이 지나면 너희가 발견하는 불신자들마다 살해하고 그들을 포로로 잡거나 그들을 포위할 것이며 그들에 대비하여 복병하라. 그러나 그들이 회개하고 예배를 드리며 이슬람세를 낼 때는 그들을 위해 길을 열어주리니, 실로 하나님은 관용과 자비로 충만하심이라. 진실이 그대들에게 명시되매 그들 스스로가 시기하도다. 그러나 하나님의 명령이 있을 때까지 용서하고 간과할지니 진실로 하나님은 모든 일에 전지전능하시니라.

코란에는 지하드를 촉구하는 본문들이 많다. 테러리스트들은 테러의 정당성을 지하드(성전) 이론으로 정당화한다. 여기에 대하여 온건 무슬림 학자들은, 지하드는 노력하고 분투한다는 의미이지 결코 사람을 죽이라는 의미는 없다고 항변 조로 주장한다. 하지만 이 주제를 연구한 학자들에 의하면 코란에는 지하드라는 단어가 164 회 나온다고 한다. 영국 신학자 안드류 커크도 모하메드는 폭력을 동원하는 지하드를 가르쳤다고 말한다. 그는 많은 코란을 인용한다. "지하드는 신이 세운 것으로, 이슬람의 전진을 위하여 사용된 수단이다. 무슬림은 필요하다면 신의 이름으로 투쟁하고 싸우고 죽인다."[74)]라고 하였다. 그가 소개한 코란의 일부를 인용하면,

> **2:190 ▶** 너희에게 도전하는 하나님의 적들에게 도전하되 그러나 먼저 공격하지 말라.
>
> **2:191 ▶** 그러나 그들이 그곳에서 살해할 때는 살해하라 이것은 불신자들에 대한 보상이니라.
>
> **3:169 ▶** 하나님을 위하여 살해당한 자들은 죽은 자로 생각하지 말아라 그들은 살아 있다.
>
> **4:84 ▶** 하나님은 가만히 있는 자보다 싸운 자들을 더 좋아한다.
>
> **25:52 ▶** 불신자들을 따르지 말고 이것으로 그들과 크게 대적하라.
>
> (이상은 영역으로 된 것을 번역한 것이며, 끝의 '대적하라'의 아랍어는 '지하드'이다).

이슬람의 집과 전쟁의 집으로 분리하는 세계관은 비무슬림에 대한 투쟁을 선동한다. 이슬람은 평화의 종교라고 하는데, 아이러니하게도 평화로운 세계 질서를 수립하기 위하여 칼을 필요로 한다. 이유는 평화의 집과 전쟁의 집으로 구분하는 이원론적 세계관은 비무슬림 세계인 전투의 집과 전쟁은 필수적이다.

---

74) J. Andrew Kirk, *Civilizations in Conflict? Islam, the West and Christian Faith*. (Oxford : Regnum Books International, 2011), 75.

지하드는 하늘의 보상이 따른다는 교리는 테러, 특히 자살 폭탄 테러를 선동한다. 2015년 3월 타임지의 한 기자는 지하드 주장자인 아니엠 차우대리(Aniem Choudary)와 인터뷰를 하였다. 그는 대량 살상과 희생 제물로 사람을 죽이는 것은 코란의 명령이라고 밝혔다. 다만 이슬람의 대부분 사람들은 코란의 테러를 권장하는 구절들을 멀리한다. 코란은 성전(지하드)에서 죽거나 희생하면 하늘의 보상을 약속하고 있음을 다음의 구절에서도 엿볼 수 있다.

3:157 ▸ 하나님의 길에서 살해당했거나 죽었다면 하나님으로부터 관용과 자비가 있을지니 이는 생전에 축적한 것보다 나으리라.
3:158 ▸ 만일 너희가 죽었거나 살해당했다면 너희는 하나님께로 돌아가니라.

하디스는 알라를 위하여 성전을 수행하다가 죽은 "지하디스트"는 바로 천국으로 직행하고, 천국에서는 72명의 미인들이 술과 고기를 대접한다고 가르친다. 이슬람은 자신들의 행위로 구원 받는다. 종말에는 모든 사람은 저울에 서게 된다. 악의 추가 무거우면, 지옥으로, 선의 추가 무거우면 천국 가는데 지하디스트는 예외가 된다. 이것을 '지하디스트 천국론'이라고 말한다. 이 교리가 자살 테러의 중요한 동기가 된다고 말한다.

빈 라덴은 앞의 코란의 구절을 최대한 이용하면서 투쟁과 살해는 신의 예정이라고 강변한다. 하지만 모하메드는, 기독교와 유대인들은 동일한 책의 종교의 사람들로 평화롭게 지내라고 가르치기도 하였다.

윌리엄 맥칸트는 시리아 내전이 복잡하게 된 원인을 이슬람 종말론과 관련짓는다. 모하메드는 생전에 알 샴(시리아와 레바논)에서 종말에 불경건한 자와 대전을 벌이게 되므로 그리로 모여들어야 한다고 예언하였

다고 한다. 모하메드는 제자들에게 "샴으로 가라, 그리로 갈 수 없는 자들
은 예멘으로 가라."라고 하였다. 그래서 테러리스트들이 특히 시리아로
집결한다는 것이다.75) 12월 1일자 뉴스위크지에서 이슬람 전문가 쿠르
트 아이켄왈드는"테러리스트를 알라."라는 글에서 ISIS의 주된 동기는 이
슬람 종말론이라고 하였다.

   상당수 이슬람 연구가들은 이슬람 테러의 동기를 이슬람 종말론과 결
부시킨다. 전 세계에서 수만 명의 청년들이 ISIS에 가담하는 동기는 우리
가 생각하는 "외로운 늑대론"(사회, 경제적 소외론 자체에서 일어나는 테
러범)이 아니라 종교적 동기가 더 크게 작용한다. 최근 로이터 통신의 한
기자가 ISIS 가담 청년들에게 가담 동기를 묻자 "종말이 가까웠으므로 위
대한 전쟁"(Grand Battle)에 참여해야 한다고 인터뷰했다. ISIS가 무자비
하게 사람들을 죽이지 않느냐고 되묻자 그것은 서방 언론의 날조일 뿐이
라고 일축해 버렸다고 한다.

   이 논쟁에 대하여 이케우치 사토시가 정확하게 지적한다. 만약 경제적
빈곤으로 ISIS에 가담하였다면, 결코 매력 있는 직업이 아니다. 이라크까
지 가는 경비 등 자신이 부담해야 하고 외국인 지하디스트는 자살 폭탄
대원으로 차출당할 확률이 아주 높다. 돈 목적으로 가는데 자살 폭탄 대
원 노릇을 한다는 것은 논리적으로 모순이다. 빈곤, 사회적 피해 의식,
서구에서 인종 차별 등으로만 해석하면 도리어 문제를 축소시키는 우를
범한다고 경고한다. ISIS 지지자들의 눈에는 이들 전투원이 짧은 생각의
소유자이거나 난폭한 무뢰한이 아니라 성스러운 싸움에 몸을 던진 순수

하고 지조가 굳은 사람들이다.[76]

특히 종말 사상과 관련된 역사 음모론은 과격주의를 선동한다. 역사 음모론이란 종말에는 가짜 메시야가 와서 이슬람을 혼란시키는데, 미국과 이스라엘을 가짜 메시야로 보기도 한다. 여기 근거하여 9.11 테러도 미국이 유대인과 짜고 만든 음모라는 것인데 이것도 종말의 전조라는 것이다. 이스라엘과 미국에 대한 강한 불신이 종교로 표출되고 있다.

역사적으로 시아파 이슬람은 수니파 이슬람보다 묵시록적 종말 사상이 중요한 역할을 하는데, ISIS는 주로 수니파들이다. 그럼에도 ISIS는 종말 사상에 뿌리를 두고 있다. 그 증거는 아프간 전쟁 때 많은 수니파 무슬림들이 참여하였는데, 이들은 아프간 전쟁을 종말의 징조로 보았고 빈 라덴이 미국을 증오한 것도 미국을 종말 시대의 적그리스도로 해석하였기 때문이다. 양파의 종말 사상이 유사한 것은 종말이 되면 기독교의 상징인 콘스탄티노플이 함락되고, 적그리스도가 출현하여 예루살렘으로 갈 것이다. 자기들의 메시야는 지상에 내려와서 적그리스도를 죽이고 모든 사람들을 이슬람으로 개종시킨다. 결국 비무슬림 세계는 정복될 것이다.[77]

ISIS는 시아파를 타도의 대상으로 여기는데, 그런데 종말론 사상은 시아파와 ISIS가 비슷하다. 시아파는 사라진 12번째 이맘에 대한 전설이 있는데, 이 이맘은 마흐디 즉 메시야로서, 심판 때 온다고 확신한다. 예수도 메시야로 지상에 와서 적그리스도와 싸우는 신자들과 함께 성전에 동

---

76) 이케우치 사토시, 『그들은 왜 오렌지색 옷을 입혔을까』, 김정환 옮김 (서울 : 글항아리, 2015), 152.

77) Jessica Stern and J. M. Berger, *ISIS : The State of Terror* (London : William Collins Pub., 2015), 221-22.

참한다. 예수와 그를 따르는 자들은 적을 무너뜨리고 세상을 지배할 것이다. 이란 콤의 시아파의 한 이맘은 필자에게 "종말에 12번째 이맘이 메시야로 지상에 오면, 그때 당신들이 믿는 예수는 메시야를 수종드는 자로 뒤를 따른다. 그때 모든 크리스천들은 자동 시아파 무슬림이 된다."라고 하였다. 우리는 "모든 크리스천들이 자동 시아파 무슬림이 된다."라는 말의 의미를 깊이 음미할 필요가 있을 것이다.

ISIS는 이라크와 시리아에서 연합군과 싸우는 것이 바로 이슬람 예언의 성취라고 믿는다. ISIS는 80개 나라에서 온 전사들은 다비크(이라크 도시)에서 적들과 싸워 승리하게 될 것이다. 서구는 "적그리스도로, 외눈의 거짓말쟁이"이라고 큰 소리친다. 참고로 코란에서 예수는 '이사'로 표현되며, 예언자 중 하나이다. 물론 성경의 예수와는 전혀 다르다. 그런데도 무슬림들은 이슬람이나 기독교는 같은 예수를 믿는 것으로 말한다.

ISIS는 이슬람으로 세계를 정복하고 불신자는 다 죽여야 한다는 논리이다. 끔찍한 종말론 사상이다. 이란의 시아파 무슬림들 일부는 호메이니의 이슬람 혁명을 종말의 징조로 해석하였다. 아프간 전쟁 때 많은 무슬림들이 자발적으로 혹은 사우디 정부의 지원을 받고 참여하였다. 당시 일부 무슬림들은 아프간 전쟁을 종말의 징조로 해석하였다.

테러가 이슬람의 소행이 아니라면 우선 유럽이나 미국의 모스크에서 이맘들이 테러 선동의 설교를 하지 말고, 테러는 이슬람이 아니라고 강하게 외쳐야 할 것이다. 그런데 현실은 그렇지 않다. 모스크의 설교와 마다라사라의 교육은 테러 이념으로 청년들을 무장시킨다고 서방의 정보 관계자들은 다 우려한다.

이슬람 비평가들은 이슬람 테러가 진짜 이슬람이 아니라면, 다음의 사실에 합리적 해답이 있어야 한다고 주장한다.

9.11 테러 이후 아랍 세계는 빈 라덴에 박수를 보낸 자들이 많았다. 심지어 사우디의 무슬림 학자들 간에도 테러는 "이슬람이다", "아니다"라는 논란을 하다가 결론을 못 내렸다. 이미 일본 여성 저널리스트가 9.11 테러 이후 사우디를 방문하였다는 것을 소개하였다. 당시 사우디 분위기는 빈 라덴을 더 영웅시했다고 한다.

1979년 이란에서 호메이니에 의한 이슬람 혁명이 일어났을 때 많은 무슬림 지도자들이 북아프리카, 중동, 동남아에서 찾아와서 호메이니를 축복하였다. 사우디 등 일부 수니파 국가들은 불안해하면서 사태를 지켜보았다. 호메이니는 바로 이라크의 시아파들을 선동, 후세인에게 저항하도록 선동하여 여러 도시에서 데모가 일어났다. 이란은 과격 이슬람 운동을 수출하는 나라가 되었다.[78]

2014년 알 바그다디가 칼리프 국가 선언을 할 때도 수니 무슬림 세계는 크게 환영하였다. 보도에 의하면 ISIS는 시아파 무슬림, 기독교도, 야지니 신도, 전직 이라크 공무원, 군인 등 많은 사람들을 죽였지만 그들이 지배한 지역의 인구는 800만이었는데, 많은 수니파들이 도리어 그들을 협력하였다고 한다. 물론 ISIS는 정복지 주민들 통치와 관리를 잘하였다고 한다.

이슬람 테러의 궁극적 해결자는 이슬람이다. 먼저 이슬람 세계가 단합하여 그들을 배제하고 대적한다면 서서히 사라질 수 있다고 말한다. 팔레스타인에서 하마스 등 테러 그룹이 이스라엘을 향하여 테러를 하면, 이스

---

78) ジョン L. エスポズイト, 『イスラームの威脅 : 神話か現實』, 内藤正典. 宇佐美 久美子 監譯 (明石書店, 1997), 46-47.

라엘로부터 더 큰 보복을 당하여 팔레스타인 주민들이 같은 무슬림이지만 못 살겠다고 아우성쳐서 그들이 이라크와 시리아로 방향을 바꾸었다고 한다. 되로 주고 말로 받는 격이다. 그러나 이슬람 국가들은, 테러는 이슬람이 아니라고 반복하지만 반테러 대책의 실제적 행동은 부진하다. 거기에 대한 대표적 실례가 요르단 국왕 압둘라가 주도한 암만 선언이다. 그러나 암만 선언은 호응이 적었다.

2004년 11월 9일 요르단 왕 압둘라는 자르카위 등 이슬람 과격 그룹들이 타크피르를 선언하면서 같은 무슬림들을 무차별 죽이는 데 대하여 이것은 결코 이슬람이 아니라고 하면서 학자들을 소집하여 암만 선언을 작성, 선포하였다. 성명서는 이슬람 과격주의, 극단주의, 광신주의(fanaticism)를 정죄하고 규탄하였다. 테러는 알라의 법에 위배되는 것이라고 하였다.

압둘라 왕은 동시에 부시를 만나 이라크 침공은 판도라의 상자를 여는 결과가 될 것이라고 경고도 하였다. 당시 아랍 세계나 서방 국가들은 이 성명서에 별 관심이 없었다. 그럼에도 불구하고 압둘라 왕은 이슬람 국가 학자들에게 호소하여 2개월 후에 2백 명 이상의 무슬림 학자들이 더 확대된 내용의 성명서를 발표하였다. 이듬해인 2005년도에는 500명의 무슬림 학자들이 이 성명서를 추천하였다. 자르카위가 선언한 타크피르, 즉 배교자에 대한 정죄와 테러는 있을 수 없는 교리라고 단정한다. 그러나 압둘라 왕의 소리는 크게 메아리치지 못하고 도리어 자르카위가 더 무슬림 청년들에게 어필하였다. 자르카위의 잔인한 테러가 뉴스로, 소셜 미디어로 유포되자 도리어 많은 무슬림 청년들이 자르카위의 테러 그룹에 가담하는 상황이 되었다. 이슬람 세계는 아무런 반응이 없었다.

압둘라 왕은 같은 무슬림에 대한 테러가 계속되자 "잔인한 테러가 이슬람 세계에서 영향을 주는 것은 온건 무슬림들의 책임이다. 다수 무슬림들이 침묵하면 과격주의자들이 지배할 것이다."라고 크게 외쳤다.

이후에도 압둘라 왕은 꾸준히 이슬람 테러에 대한 경고의 소리를 발하였다. 그는 테러와의 전쟁을 위해서는 무슬림 국가들이 힘을 모아야 한다. 이 전쟁은 수 세대에 걸친 전쟁(generational fight)이 될 것이고, 제3차 세계대전이 될 것이다. "이 전쟁은 이데올로기 전쟁이다. ISIS는 서구에 위협이지만 동시에 이슬람에 위협이다."라고 하였다.[79]

2016년 7월 25일부터 27일까지 모리타니아 수도의 국회의사당 앞 천막에서 아랍 정상회담이 열렸다. 모리타니아에는 5성급 호텔이 없어서 천막을 치자 레바논의 한 장관이 너무 불쌍하다고 노골적으로 코멘트 하였다. 물론 모리타니아 정부 당국자들은 발끈하였다.

본래의 계획은 금년 3월 29일 모로코 관광 도시 마라케쉬에서 열리기로 되었는데, 사우디의 요청으로 4월로 연기되었다. 그러나 모로코는 아랍 국가들이 일치를 이루지 못하는데도 마치 하나 된 것 같은 인상을 주고 싶지 않다고 주최를 거절하였다는 것이다. 모로코는 사우디의 와합주의를 싫어하는 나라이다. 아랍 정상 27개 국가 중 사우디, 이집트 등 몇 나라는 정상급이 참석하지 않고 외무부 장관들이 참석하였다. 회담의 모토는 "소망"이며, 주의제는 시리아, 리비아, 예멘과 팔레스타인 문제를 주로 다루었지만 테러리즘을 퇴치하자는 것이 가장 중요한 이슈였다. 첫 발표자는 이집트 수상이 시리아 내전에 IS와 외국군의 개입을 신랄하게 비난하였다. 반면 사우디 외무장관 아델 알 주베일은 시리아에서 아사드

---

79) Joby Warrick, *Black Flags : The Rise of ISIS*, 243-44.

대통령이 물러나지 않는 한 시리아 문제의 해결책은 없다고 주장하였다.

정상회담이지만 많은 정상이 없는 정상회담이 되고 말았다. 사우디 왕과 왕자, 이집트 대통령과 몇 나라 정상들은 참석하지 않았다. 2015년 정상회담은 이집트에서 모여 이집트 대통령 알 시시의 제안으로 아랍 연합군을 구성하여 ISIS를 격퇴할 것을 결의하였지만 실패하였다.

만약 테러가 이슬람이 아니라면 왜 이슬람 종주국 사우디가 테러리스트를 수출하고 자금을 지원하는가? 시아파 나라 이란과 이라크도 마찬가지이다. 같이 경쟁적으로 테러 그룹을 지원한다. ISIS가 이슬람이 아니라면 어떻게 수니파 무슬림들이 알 바그다디를 후원하는가? 사우디 부자들이 바그다디를 후원한다는 것은 이미 언급하였다. 다른 수니 국가 카타르, 쿠웨이트, 터키 등 수니 국가들은 시리아의 알 누스라 같은 알 카에다 그룹을 지원하고 있다. 알 아사드가 독재라는 명분은 설득력이 없다. 사우디 등 걸프 국가들도 다 독재, 권위주의 정치인데, 단지 석유 돈으로 백성들에게 민심을 후하게 써서 백성들은 정치에 신경 쓰지 않는다. 이미 지적한 대로 사우디는 9.11 테러 때 알 카에다를 지원했다.

5. 과격 이슬람설 (Radical Islam)

이슬람 세계가 테러는 결코 참 이슬람이 아니라고 하지만 알 카에다와 ISIS는 이미 2장과 3장에서 설명한 대로 이슬람의 과격 이념에 근거한 것이다. 그리고 테러 이념 제공자들은 그들의 이론을 이슬람 역사, 코란, 하디스, 이전의 학자들의 이론에 기초, 이론을 개발하였다. 이슬람 테러가 이슬람이 아니라면 이들 이념 제공자들의 이론이 잘못되었다는 비판이나 반론이 있어야 한다. 아직 우리는 그러한 글을 접하지 못하였다. 다만 마퀴디시는 자와히리의 타크피르 선언, 즉 같은 무슬림도 죽이는 것은 코란에 없다고 하면서 IS와 결별하였다. 과격하다는 것과 이단이라는 것은 전혀 별개이다. 기독교나 다른 종교에도 과격파가 있다.

더 중요한 것은 알 카에다나 ISIS 대원들은 거의 다 무슬림들이다. 이들은 다 잘못된 이슬람 추종자들인가? 이들은 거의 종교적 확신으로 테러리스트가 되었고, 종교적 확신으로 자살 테러까지 행한다. 죽으면서 "알라후 아크바"(알라는 위대하다.)를 외친다. 비무슬림도 일단 이슬람으로 개종해야 테러리스트 자격이 부여된다.

이슬람을 동정하는 학자들 중에는, 이슬람 테러는 이슬람 이단 혹은 지하드 이단(cult of jihad)이라고 주장한다. 이슬람 테러 그룹이 이단이라면 이슬람 세계는 공식적으로 이단인 이유를 설명하고 이 사실을 발표해야 한다. 낸스는 ISIS를 이단으로 단정하지만 그는 교리나 신학에 근거하지 않고 다만 과격하다는 것만 가지고 이단으로 규정한다. 빈 라덴이 라덴이즘이라는 말을 했다고 이단으로 말한다.

기독교에도 임신 중절 수술하는 의사를 사탄으로 보면서 살해한 사건을 이미 언급하였다. 그 목사는 정통 보수 신학교에서 공부하였고, 그 교파에서 목사 안수를 받았다. 그러나 이단으로 추방하지 않고 성경적으로 타당성이 없는 과격성 때문에 쫓겨났다고 보아야 할 것이다. 기독교에도 과격 종말론 사상이 있다. 이들도 기독교 원리주의자들이다. 그들은 2000년도를 종말의 날로 해석하고, 메시야가 예루살렘 성전에 온다고 확신하고 이슬람의 유명한 모스크(The Dome of Rock)를 파괴하려고 땅굴 파기를 시도하였다. 그러나 이스라엘 경찰에 적발당하고 말았다. 예루살렘은 과격 유대교 신도들과 과격 기독교 신도들의 성지이거니와 시아파도 예루살렘을 해방시킬 대상이다. 수니파 무슬림도 물론 예루살렘은 양보 못할 성지이다.

가톨릭도 예루살렘을 성지로 보는 신학적 잘못으로 인하여 십자군 전쟁을 일으키고 말았다. 성경에 예루살렘이 성지라고 말한 곳이 없다.

이슬람 원리주의도 이슬람 교리와 역사적 배경에서 나온 과격한 이론이라는 것이 지배적인 학설이다. 어떤 학자들은 이슬람 원리주의를 정치적 이슬람(political Islam)으로 정의하는데, 이슬람은 정치와 종교의 분리가 없다. 호메이니가 말한 대로 이슬람은 정치이다. 그래서 정치적 이슬람이라는 용어도 적합하지 않다고 본다.

후아리드 자카리아(CNN과 TIME 객원 해설자)는 중동 출신으로, 테러그룹의 이념을 일종의 이데올로기로 본다. 그는 런던 테러범들을 범죄로 몰게 된 것은 빈곤이나 이라크 전쟁의 불만이 아니라 이데올로기로 설명한다. 그는 영화 "히틀러의 마지막 12 일간"을 예로 든다. 히틀러 부하 요셉 겟펠스와 처는 여섯 명의 아들을 도피시킬 수 있음에도 불구하고 약을 먹여 죽인다. "국가사회주의가 아닌 세계에서 아이들을 키운다는 것은 상상조차 할 수 없다."라고.

앞으로도 테러는 계속될 것이다. 왜 이슬람만이 유독 이러한 세계를 위협하는 과격 원리주의가 나오는가? 먼저 정답은 이슬람은 종교이면서 동시에 이데올로기이다. 구소련 붕괴 후 무슬림 학자들이나 원리주의자들은 스스로 이슬람은 공산주의, 자본주의의 대안 이데올로기로 자처하였다.

이슬람은 처음부터 사회 통합, 부족 통합, 국가 통합의 종교적 집단주의로 시작하였다. 따라서 종교에 관한 한, 개인의 자유를 허용하지 않는다. 이슬람(평화)의 집과 전쟁의 집이라는 이론은 과격주의를 유발하는 요인이다. 무슬림들은 이슬람과 평화(살람)는 동의어라고 말한다. 그러나 이슬람에서 평화는 모든 사람이 무슬림이 될 때만 가능하다. 비무슬림은 정복해야 하므로 비무슬림이 있는 한 평화는 어렵다.

6. 테러 대책은 가능한가?

현대 국제 사회가 수행하는 알 카에다나 ISIS 테러와의 전쟁은 희랍 신화에 나오는 하이드라 괴물과의 전쟁에 비교한다. 하이드라 괴물은 거인 허큐레스가 9개 머리를 가진 괴물을 치지만 도리어 두 개의 머리를 가진 괴물이 등장한다. 빈 라덴이라는 "머리 괴물"을 죽였지만 더 무서운 괴물이 등장하고 말았다. 소셜 네트워크가 외로운 늑대들을 테러로 유도한다. 니스 테러범은 사소한 범죄자였지만 무서운 테러리스트로 변신하고 말았다.

국제 사회는 대테러 대책에 대하여 다양한 의견과 전략을 제안한다. 대테러 대책 역시 완전히 대립된 견해와 이데올로기를 보여 주고 있다. 2016년 7월 15일 니스에서 트럭 테러 사건 이후 프랑스 수상 볼은 테러에 대한 적극적 대안 제시보다도 프랑스는 계몽주의 사상, 인권, 자유, 평등, 박애의 민주주의 가치를 그대로 고수하는 것이 가장 큰 대안이라고 하였다.

여기에 대하여 극우 정당 지도자들은 맹비난을 하고 나섰다. 미국 역시 대립적이다. 미국 공화당 후보 트럼프는 무슬림 이민의 제한적 유입을 재언하였고, 공화당의 킹그리히는 무슬림 이민 신청자는 샤리아 질문을 통하여 샤리아가 미국 법 위에 있느냐고 질문해서 여기 동의하는 자들은 이민을 불허해야 한다는 제안을 하자 관용주의자들은 맹렬이 비난한다.

그러면 이슬람 테러에서 해방될 수 있는 최선의 길은 무엇인가? 주로 미국이 세계 경찰 국가로 테러와의 전쟁을 계속 수행해야 한다고 말한다. 물론 유럽 연합 국가들도 적극 참여하고 있다. 오바마나 많은 이슬람 테러 전문가들은 ISIS를 섬멸할 수 있다고 자신한다. 그러나 너무 낙관적 견해로 들린다. 미국은 철통같은 단속에도 불구하고 테러가 일어나고 있다.

1) 한국도 테러 대상이다

ISIS 영문 기관지 다비크는 전 세계 테러 대상국을 지정하였다. 모든 나라들이 포함되었는데, 한국도 물론 대상국으로 올라 있다. 그러나 어느 나라도 완벽한 대처는 불가능하다고 본다. 한국은 2007년 아프간에서 납치당한 사건 외에도 많은 테러를 해외에서 당한 것으로 보도되었다. 테러범도 이미 몇 건을 검거하였다. 충격적인 뉴스는 수년 전 한 파키스탄인이 한국에 탈레반 조직을 시도하였는데 다행히도 적발되었다. 2002년도 한국 정보 당국은 테러 위험 인물들을 검거 추방하였다. 이미 한국은 이슬람 테러 단체의 돈 세탁 국가로 알려지기도 하였다.

2) 무슬림 공동체와 협조

이슬람 테러를 막을 수 있는 자들은 이슬람 세계와 무슬림 공동체이다. 미국이나 서구 정치가들은 나라안의 무슬림 지도자들과 긴밀한 협조를 하고 있다. 테러가 날 때는 "우리는 테러와 전쟁하는 것이지 이슬람과 전쟁하는 것이 아니다."라고 달래기도 한다. 서구, 미국, 동남아, 호주에서 외로운 늑대는 무슬림 공동체 안에 있고 과격 이념을 전파하고 선동하는 이맘이나 무슬림들을 색출하는 것도 무슬림 공동체의 협조 없이는 불가능하다. 캄보디아에는 50만 명에서 70만 명의 짬족은 거의 다 무슬림이다. 15년 전 이슬람 테러 조직이 짬족 지역에서 청년들에게 의식화 교육을 시키는 것을 미국 정보 당국이 적발하였다. 그래서 미 대사관은 해마다 무슬림 지도자들을 초청, 위로와 간담회를 가진다.

2007년 탈레반이 한국 크리스천을 택한 것은, 한국은 자본주의, 민주주의, 기독교가 강하여 발전하였는데, 반면 탈레반의 이념은 반자본주의, 반민주주의, 반기독교이기 때문에 타깃이 되었다고 당시 이코노미스트지가 보도하였다. 이슬람을 무조건 동정하고 국내의 기독교나 종교인들은 무조건 비판하거나 거부하는 정서가 이미 우리 사회에 뿌리내리고 있다.

제 8 장

서구와 이슬람 : 감정 충돌

1. 감정 충돌론 (Clash of Emotions)

우리는 문명 충돌이라는 표현과 함께 감정 충돌이라는 새로운 이론을 소개하고자한다. 서구는 이슬람 테러와 무슬림 난민들로 인하여 안전한 곳이 없다는 공포의 감정에 사로잡혀 있고, 반면 이슬람 세계의 무슬림들은 서방 세계로부터 모욕을 당한다는 굴욕의 감정(emotion of humiliation)으로 가득 찼다.

프랑스 교수 도미니크 모이시는 저서 『감정의 지정학 *The Geopolitics of Emotion*』에서 서구와 이슬람 세계의 갈등을 문명의 감정적 충돌 (emotional clash of civilization)이라고 정의하였다.[80] 지금 이슬람 세계와 서구 세계가 불행하게도 긴장과 갈등 관계로 발전하고 있다. 특히 아프리카와 아시아의 이슬람 국가 난민들이 서구로 모여들면서 갈등은 더욱 증폭되고 있다. 알 카에다나 ISIS는 서방 세계, 특히 멀리 있는 미국을 적으로 삼아 파괴하려고 테러를 하는데, 다른 무슬림들은 아이러니하게도 멀리 있는 적들의 나라로 가려고 목숨을 걸고 지중해를 건넌다. 이것이 도리어 무슬림들의 자존심을 상하게 한다.

---

80) Dominique Moïsi, *The Geopolitics of Emotion* (New York : A Division of Random House, 2009), 407.

유럽은 무슬림 난민과 테러 공포로 인하여 이슬람 세계에 대한 감정이 좋지 않다. 유럽 국가들은 무슬림 난민 문제로 국론이 분열하거니와 이슬람 공포증이 갈수록 심해지고 있다. 이슬람 공포증과 무슬림에 대한 공포감이 겹쳐지고 있다. 파리나 런던 지하철 혹은 버스에서 스카프(히잡)를 한 여성을 보면 슬그머니 자리를 피하는 백인들이 많다. 어떤 사람들은 모욕적인 표정을 짓거나 욕설도 한다. 오늘 아침(2106년 9월 23일) 프랑스 영어 뉴스는 벨기에 경찰이 무슬림 난민을 프랑스로 강제 추방하여 프랑스인들이 화를 내고 있다고 전한다. 프랑스에서 런던으로 가는 유로터널 입구의 칼라이라는 작은 타운에는 유로터널로 들어가려고 하는 무슬림 난민들을 위하여 프랑스 정부는 임시 난민 캠프를 설치하였다. 이것을 칼라이 정글(Calaias Jungle)이라고 부른다.

모이시는 희망의 감정도 소개한다. 아시아 일부 나라나 사람들은 희망의 감정으로 미래를 향하여 힘차게 전진한다. 거기에 대한 좋은 예가 인도의 일부 지식인들, 특히 경제가 급성장하는 뭄바이 사람들이다. 이들은 희망의 감정(emotion of hope)으로 미래를 낙관한다.

20세기 초반만 하더라도 무슬림 세계는 서방이 과학, 산업, 정치, 학문 등 모든 분야에서 앞서가 무슬림들은 일반적으로 서방 문화를 부러워하고 높이 우러러보았다. 비록 식민지 치하에서 살면서도 서양으로부터 좋은 것을 배우려고 하는 지식인들과 이슬람 개혁자들이 일어났다. 개혁자들은 이슬람 문화를 반성하고 서양을 배우자는 분위기였다. 그러나 지금은 분위기 완전히 바뀌고 말았다.

모이시는 굴욕 감정도 좋은 감정(good emotion)과 나쁜 감정(bad emotion)이 있는데, 한국이나 대만은 일본에 대한 굴욕감을 도리어 도전의 기회로 삼아 발전을 도모한 케이스로 긍정적으로 평가한다. 굴욕감 자체는 인간에게 있을 수 있는데, 어떻게 대처하느냐가 중요하다.

그런데 불행하게도 이슬람 세계는 굴욕감을 증오와 폭력으로 분출하였다는 것이다. 무슬림들은 자기 문화와 사회 혹은 국가의 잘못된 것들을 서구와 미국의 탓으로 돌리면서 증오심을 키우고, 이 증오심이 폭력으로 발전하고 말았다. 물론 모든 무슬림이 다 폭력적이라는 것은 아니다.

빈 라덴은 무슬림 세계 사람들이 가진 보편적인 굴욕감을 폭력으로 보복한 대표적인 케이스일 것이다. 미국을 향한 폭력 행사가 도리어 무슬림들로부터 인기를 얻었다. 이것은 서구에 대한 아랍인들의 굴욕 감점이 얼마나 크다는 것을 증명하고도 남는다. 그들은 이러한 증오심으로 증오할 타자(Others)를 만들었다.

공산주의는 진짜 적이 없으면 가짜 적도 만들어 타도를 외치는데, 이슬람 세계도 증오할 적을 만든다. 모이시가 소개하는 무슬림들의 굴욕의 감정을 중요한 것만 소개하면 다음과 같다.

2. 무슬림들의 굴욕 감정

빈 라덴은 이슬람 세계의 굴욕 감정을 잘 이용한 자이다. 그는 2001년 미국의 아프간 공습 직후, 비디오를 통하여 '이슬람은 지난 80년 이상 모멸과 격하를 경험했다'며 '이슬람의 영광'을 위한 성전을 촉구했다. 이스라엘 건국 후부터 무슬림 세계는 이상하게도 굴욕 감정이 에스컬레이트(escalate)되기 시작하였다.

무슬림들의 굴욕 감정을 학문으로 발전시킨 자는, 비서구 지식인들에게 많이 읽히는 에드워드 사이드(Edward Said)의 저서 『오리엔탈리즘』일 것이다. 그는 팔레스타인계 미국인으로 콜롬비아 대학교 영어 및 비교 문학 교수였다. 그는 이 저서에서 '편견과 오만'으로 가득한 서구의 오리엔트(Orient) 이론과 '서구 제국주의'와 서구의 이슬람 세계 착취를 맹렬하게 비판하였다. 19세기 서구는 여러 분야에서 학문이 발전하면서 동양의 종교, 문화, 역사, 사회, 언어 등 다양한 분야를 연구하였다. 학문적으로 오리엔탈리즘, 심지어 이집트학, 중국학 등 지역학 연구도 발전하였다. 당시 서구 학자들과 사상가들 중에는 이슬람을 높이 평가한 자들도 있다.

그러나 에드워드 사이드가 말하는 오리엔트는 중동만 있다는 느낌을 받는다. 중국, 일본, 한국 등 극동은 오리엔트로 취급하지 않는다. 미국 일부 지식인들은 그에게 부정적이었다. 미국 시민으로서 아랍 세계의 모순이 더 많음에도 불구하고 그 문제는 전혀 고려하지 않고 서구와 미국을 너무 비판하였기 때문이다. 일부 비서구 지식인들의 문제점은, 비서구가 서구보다 문제가 더 많음에도 불구하고 자기 나라의 문화, 정치, 사회의 모순점은 비판하지 않고 서구의 문제를 부각시키는 데 열을 올리는데, 어찌 보면 학문적 인기 전술이라고 볼 수도 있다.

최근 에드워드 사이드를 신랄하게 비판한 자는 이슬람 전문가 버나드 루이스이다. 버나드는 지적하기를 사이드의 서구 비판이 정확하지 않고 감정적인 요소가 많다고 한다. 루이스는 또, 서구 학자들이 이슬람을 비판하면 날카롭게 반응하는데, 구소련이 이슬람을 비판하거나 심지어 억압하는 것도 침묵하였다고 무슬림 학자들의 편견을 꼬집는다.

사이드뿐만 아니라 무슬림들은 서구가 이슬람 세계를 먼저 정복하였다고 비난한다. 그러나 버나드는 사이드의 역사관을 교정하기를, 아랍이 8세기에 스페인, 포르투갈, 시실리를 침공하였고, 1453년에는 오스만 투르크가 비잔틴 제국의 수도 이스탄불을 정복하였다. 사이드는 이집트가 영국에 합병되었다고 하는데, 영국에 합병된 적이 없다. 다른 서구 학자들도 사이드의 이러한 식의 오류는 무지로 인한 실수, 아니면 고의적인 것이 아닌가 하고 의문을 제기한다. 데이빗 프리스 존스(David Pryce-Jones)는 사이드가 서구를 비판하는 인기로 이득도 챙긴다고 신랄하게 비판한다.81)

무슬림들은 이상하게도 자신들은 서구 문명이나 서구의 피해 의식도 강하지만 동시에 자존심도 강하다. 특히 2003년 미국의 이라크 침공 이후 반미 감정이 아랍 세계를 휩쓸었다. 그러나 이러한 감정 이면에 전혀 다른 모습이 있다. 20여 년 전 통계이지만 아랍 청년들 70%는 미국 가려고 한다. 그래서 비자 받기 위하여 아침부터 미 대사관에 줄을 섰다.

아랍 국가의 종교 및 정치 지도자들은 서구 문명에 대한 우월감을 가지고 있는데, 그것은 기술, 과학, 경제에서 앞서서 우월감을 가지는 것이 아니라 주로 종교적이다. 이슬람 종교가 최고이고 알라를 믿는 무슬림이 일등 시민이라는 의식이 강하다. 예를 들면 이란의 최고 지도자 하메이니는 이미 오래전에 이슬람이 서구 문명보다 우월하다고 말한 적이 있다. 이슬람 문명이 더 우월한 이유는 서구 문명은 지나치게 물질주의적이다. 서구는 오직 한 가지 차원, 곧 물질 세계만 생각한다. 서구는 무엇보다도 항상 부(wealth), 과학, 군사, 및 기술에서 진보만을 제일 중요한

---

81) Bernard Lewis, *Notes On A Century : Reflections of A Middle East Historian* (New York : Penguin Group, 2012), 266-270.

것으로 취급한다. 그러나 이슬람의 논리에서는 진보는 다른 차원을 고려한다. 하지만 이슬람은 과학, 정의, 공공 복지, 경제, 국제 관계, 정치, 기도 등 모든 문제에서 영적 차원, 즉 신적인 차원을 더 중시한다.[82] 대부분의 무슬림들은 기독교를 세속적, 물질적 종교로 간주한다. 여기에는 자유주의 기독교의 책임이 크다고 본다. 자유주의 기독교는 영적 차원보다는 현세적 물질 세계에 더 관심을 두었기 때문이다. 초자연세계를 부정하거나 중요시 하지 않게 생각하는 자유주의 신학은 세속주의가 될 수밖에 없다.

1) 굴욕의 역사로 보는 무슬림 세계

무슬림 세계가 크게 자존심의 상처를 받는 것은 1792년 나폴레옹의 이집트 침공이다. 이슬람은 19세기부터 서구와 관계하면서 굴욕감을 가지기 시작했다. 그러다가 20세기에 와서는 서구의 식민지가 된다. 그런데 오스만 투르크가 무려 400년 동안 중동을 지배한 것은 식민지로 생각하지 않는 것 같다. 2차 대전 이후 대부분 아랍 국가들은 이념적으로 공산주의를 더 가까이하여 경제는 사회주의 노선을 택하였다. 그러나 구소련의 붕괴로 아랍을 지원하였던 공산 국가들의 몰락은 아랍 국가에 실망과 좌절감을 주었다. 이상하게도 유일신론을 믿는 이슬람 국가들은 2차 대전 후 이념적으로 공산주의, 사회주의 노선을 걷는다. 이것은 이슬람 세계만 아니라 인도, 스리랑카, 동남아 힌두교와 불교 국가들도 유사하다. 아랍 국가들은 대부분 북한과 먼저 외교 관계를 가졌다. 미얀마, 캄보디

---

82) Akbar Ganji, "Who Is Ali Khamenei?," in *Foreign Affairs* (September/October 2013), 38-40.

아, 라오스 역시 과거에는 북한과 더 가까웠다. 시리아의 한 공군 장교에 의하면 1967년 아랍과 이스라엘과의 전쟁 때 북한 공군 조종사가 시리아 전투기를 몰고 이스라엘 공군과 싸웠다고 한다.

그러나 사회주의 노선의 경제 정책도 실패하고 만다. 설상가상으로 러시아와 중국은, 경제 제도는 공산주의나 사회주의를 버리고 자본주의로 돌아서고 말았다. 아울러 중동 지역에서도 미국의 영향이 증대하기 시작하였다. 아랍 국가들은 큰 석유 소비국인 서구나 미국을 무시할 수 없게 되었다. 하지만 미국의 친이스라엘 정책과 자기들 국가의 독재 권력을 지지하는 것에 대하여 강한 반발심을 가진다. 아랍 스프링 때 일부 아랍 국가들이 보여 준 반서구 반미 감정은 이것을 증명한다.

이슬람 국가들에 자존심의 상처를 입힌 큰 사건은 유엔이 1948년 이스라엘 독립을 인정해 준 일이다. 이로 인하여 서구와 미국은 이스라엘 편이라는 저항감을 더 가지게 된다. 상당수 아랍 지도자들은 인구도, 땅덩어리도 작은 이스라엘은 나라 구실을 못하고 곧 없어질 나라로 생각했다. 미국의 유대인협회 지도자들이 미 외교관들의 중재로 사우디를 방문했다. 그때 유대인 외교관이 사우디 장관에게 팔레스타인도 도와서 이스라엘과 팔레스타인이 공존하도록 하는 것이 어떻겠느냐고 제안하자 그 장관 왈 "이스라엘은 오래 못 갈 나라입니다."라고 하였다.

이란은 이스라엘을 국가로 인정하지 않는다. 철저히 "시온주의자"로 비하하고, 12월의 한 날은 이스라엘을 해방해야 할 날로 호메이니가 선포하였다. 이란인들에게는 이스라엘은 지구상에서 없어져야 할 나라이다. 그런데 그 이스라엘이 더 강해지고 있다. 지금도 이란에서는 넥타이가 없을 것이다. 넥타이는 오래전에 이란에서 사업을 했던 카자흐스탄이 개발했다는 설도 있고 넥타이 원조는 이란이라고 말하는 자들이 있다. 그런데 정작 넥타이 원조국에 넥타이가 없다. 넥타이는 서구 문화의 상징이라고. 아랍 국가들과 이스라엘과의 연이은 전쟁, 특히 1967년의 6일 전쟁(6월 5-10일 간의)은 25 대 1의 전력에도 불구하고 그 엄청난 군사력을 갖춘 아랍 연맹이 패배하고 말았다.

1980년대와 90년대 일본과 한국의 중동 진출 역시 굴욕감을 안기는 사건이다. 이슬람 전문가 버나드 루이스에 의하면 중동에서 일본과 한국의 경제, 기술의 진출은 중동의 자존심에 상처를 준다고 말한다. 중동이 역사적으로 문명의 발상지로 일본이나 한국, 중국에 비길 것이 못 된다고 생각한다. 그런데 최근 일본과 한국이 기술과 경제에서 중동으로 진출하고 있으며, 두 나라 기술에 크게 의존하고 있다. 예를 들면 이란이나 다른 중동 국가에 발전소가 고장이 나면 한전 기술자들이 고쳐 주어야 한다.

2) 서구에서 겪는 무슬림들의 굴욕감

2016년 8월 18일 뉴스위크지는 영국에서 무슬림 여성들은 성(gender), 인종, 종교로 인하여 '3중 벌'을 당한다고 보도하였다. 16세에서 64세까지 노동 가능한 무슬림 여성들의 취업률은 35%에 불과하다. 이것은 영국 여성의 취업률 64%에 비하여 너무 차이가 난다. 9.11 사건 이후 이슬람 단체들은 감시를 당하며, 이슬람 공포증으로 인하여 이슬람 단체들은 반이슬람 공포증을 없애는 운동을 벌였다. 1980년대에 이미 서구에서는 반무슬림 정서가 일어나기 시작하였다. 여기에 대하여, 서구 국가들의 이슬람협회 혹은 무슬림 공동체 지도자들이 항의도 하기 시작하였다. 특히 프랑스에서는 여성들의 히잡이 거리에서 금지되자 과격 무슬림들은 계속 항의하고 데모도 하였다. 이러한 사례는 너무나 많아서 다 거론할 수 없다.

미국의 약 500만 무슬림들은 테러가 일어날 때마다 복잡한 마음을 금치 못한다고 한다. 그러면서도 미국 사회에서 차별과 불편한 생활에 불만을 토로한다. 뉴욕의 무슬림들은 장례식 비용이 5만 불 들어 돈 없어 못죽는다고 개탄한다. 무슬림 여자들의 히잡을 보고 불쾌한 감정을 보이는 백인들에게 대하여 불만이 많다. 문화적으로 동양은 수치 문화(shame culture)이고 서양은 죄책감(guilty complex)의 문화라고 말하는데, 아랍인들의 수치 감정은 굴욕감을 더 강하게 느끼게 한다.

3) 무슬림의 오해

무슬림들이 서구에서 당하는 이러한 굴욕 감정에 어느 정도 동정도 가지만, 굴욕 감정을 분노와 폭력으로 표출하거나, 테러리스트들이 서양인들을 대상으로 테러하는 것에 박수를 보낸다면, 그것은 잘못이라고 생각한다.

과거 역사를 보면, 서구가 먼저 이슬람 세계를 침략하거나 정복한 것이 아니라 이슬람이 먼저 서구는 물론 아시아까지도 정복하였다. 무슬림들은 너무 지나치게 십자군 전쟁에서 당한 것만을 생각한다. 개신교는 예루살렘을 성지로 말하는 것은 다만 예수님의 탄생지, 기독교의 탄생지라는 의미에 불과하다. 예루살렘이 종교적으로 더 이상 거룩한 땅이 아니다. 십자군 전쟁은 가톨릭 기독교가 범한 중대한 오점이다. 그러나 예루살렘을 먼저 정복한 것은 우마이야 제국이고, 다음 11세기 셀죽 투르크족들이다. 그래서 가톨릭 교황이 성지 회복을 외치면서 십자군 전쟁을 선동하였다. 이슬람의 역사는 곧 정복의 역사라는 것은 이미 주지의 사실이다. 휴 케네디의 저서 『아랍의 정복 *The Great Arab Conquests*』은 어떻게 이슬람의 아랍 국가가 세계를 정복하고 통치하였는지를 잘 설명해 주고 있다.

680년 존 바 펜카예라는 수도승은 한적한 수도원에서 세계 역사를 저술하였는데, 그는 중동에서 아랍의 정복 역사에 놀랐다. 아랍 전사들은 옷을 벗은 채, 방패와 창도 없이 말을 달리면서 오만한 페르시아 군대를 이기었다. 그는 아주 짧은 시간에 거의 온 세계가 아랍의 손에 넘어갔다는 사실에 큰 충격을 받았다고 한다. 방어가 잘된 도시도 쉽게 무너졌다. 지중해 바다는 물론 이집트에서 그레데, 갑바도기아, 예멘, 알메니아, 시리아, 페르시아, 비잔틴 제국까지도 다 정복당하였다. 아랍 무슬림 군대는 2만 명을 넘지 않았고 무기도 열악하였다. 정복은 용감하고 경이적이다. 그러나 동시에 잔인함과 파괴의 역사라고 하였다.[83]

아랍인이 이슬람 이전에도 아프리카에 있었는가? 아랍은 원래 아라비아의 베두인족이라고 말한다. 그러면 어떻게 중동과 아프리카에 그 많은 아랍인들이 퍼지게 되었는가? 마호메드 사후 아라비아의 아랍족은 칼로 중앙아시아, 중동, 아프리카, 심지어 구라파까지 진격하였다. 중앙아시아에서는 당나라 군대가 달라스 전투에서 아랍군에 패배, 중앙아시아가 이슬람화되었다. 당나라 군대 장군은 고려인 고선지였다. 하지만 유럽에서는 투르 전투에서 프랑스의 샤르망 대제에게 패하여 유럽 정복은 실패

하고 다만 스페인 일부만 점령하여 지금도 스페인에는 강력한 무슬림 공동체가 있다.

북아프리카의 리비야, 튀니지, 이집트는 본래 아랍인이 원주민이 아니었다. 리비야는 베르버 부족 혹은 아마지그 부족이 원주민이다. 가다피는 1969년 이드리스 왕을 폐위시키고 쿠데타로 정권을 잡아 독재자가 되었다. 그는 원주민 베르버족을 격하시키고 자신은 스스로 베두인의 후손(아랍인)으로 자처하면서 베두인의 텐트 문화를 고집하였다. 유럽을 국빈으로 방문할 때도 호텔에 자지 않고 천막을 치고 잤다.[84]

아랍인들은 7세기 이집트를 위시한 북아프리카를 점령하여 이들 나라들을 이슬람화하였다. 물론 지금도 정복자로서 모든 권력과 지위를 누리고 있다. 이집트 아랍인들은 침략자가 아니라 콥틱인들의 환영을 받으면서 들어왔다고 역사를 서술한다. 그러나 이집트가 아랍에 정복당한 지 60년 후에 콥틱 정교회 니키유 주교는 아랍 침공을 신의 심판으로 받아들이면서도 동시에 정복으로 기술한다. 하지만 현재 이집트인(콥틱인)들은 이러한 과거 역사를 감히 침략이나 정복으로 말하지 못한다고 하는데, 이집트 정교회 신학자 하산은 저서 『현대 이집트에서의 크리스천과 무슬림 *Christians versus Muslim in Modern Egypt : The Century-long Struggle for Coptic Equality*』에서 노골적으로 아랍은 이집트를 침략하였다고 서술한다.

유럽 나라에서 무슬림만 굴욕을 당한 것은 아니다. 유대인들은 무슬림보다 더 많은 수난을 당하였다. 중세기 스페인의 종교 재판은 사실상 유대인들을 이단으로 처형하기 위한 목적이었다. 많은 유대인들이 이단으

---

84) Robert Draper, "Unseen Libya : Reclaiming Its Forgotten Past," *National Geography* (February, 2013), 56.

로 화형을 당하였다. 셰익스피어의 『베니스 상인』은 유럽 사람들이 유대인을 구두쇠로 비방하는 내용의 작품이다. 홀로코스트는 더 이상 말할 것도 없다.

그러나 지금 유대인들은 굴욕 감정을 승화시켜 성공과 발전의 계기로 삼았다. 반면 무슬림들은 후퇴하고 있다. 이 문제에 대하여 올리버 레만은 『이슬람 철학 Islamic Philosophy』에서 계몽주의 철학에 대하여 유대인 학자들은 환영하고, 무슬림 학자들은 거절하였다고 한다. 유대인들은 유럽 사회가 너무 기독교적이어서 비기독교인인 유대인들로서 도리어 차별을 당하였다. 그런데 계몽주의는 세속주의가 되어 종교를 추방하게 되어 반길 수밖에 없었다. 그래서 많은 유대인 학자들이 계몽주의 연구에 동참한다.

하지만 무슬림 학자들은 계몽주의는 이슬람에 중대한 도전으로 받아들였다. 무슬림들은 이슬람교만이 절대, 최고의 종교인데, 모든 종교를 동등하게 취급하는 계몽주의 철학은 이슬람교와는 아주 적대적이다. 반면 계몽주의를 적절하게 수용한 유대인들은 도리어 발전하였다. 르네상스와 계몽주의 이후 이슬람 세계는 서구의 발전을 알면서도 보수성으로 인하여 퇴보하고 말았다.[85]

이슬람교는 원죄 사상이 없다. 원죄를 가진 인간 사회는 어디나 차별이 있다. 이슬람교는 평등을 가르친다고 자부하지만 이슬람 역사를 보면 이슬람 사회도 차별이 심하였다. 비서구인이 서양 국가에 살면 인종 차별은 어쩔 수 없는 것이다. 북아프리카의 흑인 무슬림들은 아랍 무슬림

---

85) オリヴァー・リーマン, 『イスラム哲学とは何か』, 佐藤陸雄 訳(草思社, 2012), 374-79.

들이 흑인을 무시한다고 불평한다. 한국 사람들도 과거 일본 사람들에게
서 엄청난 굴욕을 당하였다. 88 올림픽 이전만 하여도 대부분의 기성 세
대 일본인들은 한국인들을 "조센징"이라고 불렀다. 아주 비하하는 용어
이다. 모이시가 이미 언급한 대로 한국인들은 일본인들의 굴욕적인 언어
에 구애받지 않고 전진했다.

3. 유럽의 불안감 : "유라비아" 공포증

유럽인들이 가장 심각하게 느끼는 위기감은 유럽이 언젠가는 "유라비
아 Eurabia"가 되지 않겠느냐고 심히 불안해 하고 있다. 유라비아란 유럽
과 아라비아의 합성어이다. 즉 유럽이 이슬람화될 수 있다는 불안감이
다. 이 용어를 처음으로 사용한 학자들은 이태리 저널리스트 오리나 팔
라치(Orina Fallaci), 미국 역사가 월터 라퀴어(Walter Laqueur), 유태인
으로 이슬람 전문가인 유명한 버나드 루이스(Bernard Lewis)이다.

이 불안감의 근본 원인은 기하급수적으로 늘어나는 무슬림들의 인구증
가이다. 무슬림들은 산아 제한이 없으므로 인구 증가율이 백인들과는 비
교가 되지 않는다. 동시에 인구 증가와 함께 "이슬람 파워"도 증대되고 있
다는 데 대한 위기감이다. 무슬림들은 다양하게 자기들의 목소리를 내고
있다. 문화적으로, 사회적으로 동화하기보다는 유럽을 이슬람화하려는
목소리가 작지 않다. 이것이 극우 정당을 더 인기 있게 만드는 요인이다.

2016년 6월 테러 후 프랑스 수상 발스(Manuel Valls)는 "시대는 변하였
다. 우리는 테러와 함께 살아야 합니다. 우리는 함께 대처해야 합니다.
우리 함께 집단적 냉정(collective sang froid)을 보입시다."라고 호소했
다. 수상의 연설에서 주요한 대목은 "우리는 테러와 함께 살아야 합니

다."라는 표현이다. 테러를 극복할 방도가 없다는 식의 체념적인 발언이다. 유럽의 불안감을 여실히 드러내는 말이다. 그러나 그는 현지를 방문하였을 때 군중들로부터 야유와 비난을 받았다. 프랑스 정부는 테러에 적절하게 대처하지 못하였다는 비난을 샀지만 동시에 많은 사람들은 테러에 대책이 없다고 시인한다.

수년 전 노르웨이에서 폭탄과 총기 난사로 77명의 목숨을 빼앗아 간 연쇄 테러 용의자 아네르스 베링 브레이비크가 재판에서 "다시 그때로 돌아가도 똑같은 일을 저지를 것"이라고 주장했다. 또한, 자신의 공격을 2차 세계대전을 끝내기 위해 일본에 원자폭탄을 투하한 미국의 결정에 비교하며 민족주의로 무장한 가장 아름답고 장엄한 공격이라고까지 진술했다. 브레이비크는 미리 준비해 간 자료들을 통해 이민과 다문화주의를 옹호하는 노르웨이와 유럽 정부들을 강하게 비판했다. 그는 자신을 실재하지 않는 성전 기사단의 사령관으로 소개했다. 이에 대해 피해자 가족들은 피고인이 자신의 극우주의적인 견해를 피력하는 장으로 법정을 악용하고 있다고 항의했다. 한편, 정신 감정 결과 브레이비크는 형법상 정신 이상자가 아니라는 판단이 나왔다. 그는 이날 재판에서 자신이 자기도취형 성격 장애를 갖고 있다는 일부 주장에 대해 반박했다. 7월 22일 공격은 자신에 관한 것이 아닌 자살 테러였으며 그날 그는 살아남기를 바라지 않았다고 말했다.

1980년대부터 지금까지 프랑스인들은 이슬람을 비판하거나 반대하는 행동을 사회적인 금기로 여겼다. 그 결과 프랑스 정부 및 방송, 언론은 이슬람 세력이 프랑스에 뿌리를 내리도록 사실상 도와준 역할을 한 것이다. 프랑스 출판업자 쟝 로벵(Jean Robin)은 "과거 우리(프랑스)는 이슬람이 프랑스에 적응하도록 기대했으나, 현재 상황을 보니 프랑스가 이슬람에 적응해 가고 있다."라고 했다.

프랑스에 거주하는 무슬림의 인구 증가율은 기존 프랑스인들의 인구 증가율보다 높다. 심지어 일부 무슬림들은 프랑스 내에서도 일부다처제를 유지하면서 이슬람 인구 증가율을 상승시키는 동시에 프랑스 정부로부터 육아 지원금을 보조 받고 있다. 이슬람교 전문가인 프랑스 철학자 라두 스토네스쿠(Radu Stoenescu)는 프랑스 TV에 출연하여 이슬람 종교 지도자들과의 논쟁을 벌이기도 했는데, 그에 따르면 "이슬람 문제는 단순히 숫자 문제만은 아니다. 오히려 그 근본 원칙에 관한 것이다. 이는 공개 토론을 해야 할 문제인 바, 이슬람교는 단순히 신앙인가 아니면 이데올로기인가?"

아울러 그는 다음과 같이 역설한다. "무슬림이 얼마나 많은지는 중요한 문제가 아니다. 사실은 이슬람을 믿는 사람들의 활동이 더 문제다. 그들은 이슬람의 샤리아 율법에 근거한 이슬람 국가를 건설하자는 정치적 주장을 펼치는 정당 활동을 하고 있는 것이다."

1) 미국의 고민

미국에는 약 6백만의 무슬림이 있다. 이들 중에 상당수는 미국 사회에서 문화적으로, 사회적으로 적응을 잘하여 국회의원이 사람까지 있다. 대학 교수에서 다양한 전문 직종에 종사하는 자들이 너무 많다. 그러나 상당수 무슬림들의 의식, 가치관은 미국 사회를 불안하게 한다. 2015년 미국의 한 기관의 통계에 의하면, 51%의 무슬림들은 미국 헌법보다 샤리아를 선호하고, 4명의 무슬림 중 1명은 이슬람이나 모하메드를 비난하

는 자는 폭력으로도 처벌해야 한다고 생각한다. 5명 중 한 명은 미국이
샤리아 법을 지키는 나라로 만들기 위하여 폭력 사용이 가능하다고 생각
한다. 다만 39%의 무슬림들이 미국 법에 따라서 살아야 한다고 생각한
다는 것이다.

다원주의 국가의 모범이라 할 수 있는 미국 역시 이슬람 테러와 무슬
림 불안증이 예외는 아니다. 도날드 트럼프의 반무슬림 발언은 비판과
동시에 무언의 지지를 받고 있다. 그래서 대통령 후보가 되었다고 본다.
중동과 북아프리카에서 온 이민자들 상당수가 알 카에다와 ISIS에 가담
하였다. 미국도 이미 테러를 많이 당하여 여기서 다 언급할 수 없다. 이
주제에 대한 책들이 홍수를 이룰 정도이다. 테러 연구가 에릭 스타켈벡
(Eric Stakellbeck)은 저서 『노출된 ISIS : 참수, 노예, 급진 이슬람의 지
옥 ISIS Exposed : Beheadings, Slavery, and Hellish Reality of Radical Islam』에
서 미네소타 튄 시티에 이민 온 소말리아 청년들 중에 알 카에다와 ISIS
가담자들을 잘 소개한다. 그들은 수십 년 동안 내전 상태의 혼란에서 미
국으로 이민 온 것을 감사하는데, 상당수 청년들은 도리어 테러그룹에
가담한다고 개탄한다. 그는 이들 이민자들을 미네소타에서 시리아, 이라
크의 ISIS로 가게 만드는 근본 원인은 강력하게 보이고 논리가 정연한
급진 이슬람 지하디스트 이데올로기라고 강조한다. 이들은 튄 시티뿐만
아니라 뉴욕, 오클라호마 등 다른 도시에 많으며, 다 연결망이 잘되어 있
다는 것이다. 콜로라도의 샨 콘리라는 백인 여고 학생이 ISIS에 가담한
상황을 자세하게 기술한다.

그러나 스타켈벡이 우려하는 것은 오바마 대통령을 위시하여 많은 좌
파 혹은 진보파 정치가들조차 테러의 무서운 이념을 보지 않고 이슬람과

테러에 거리를 두는 안이한 생각이 더 위험하다고 염려한다. 예를 들면 호와드 딘(Howard Dean)은 한때 민주당 전국 위원(Democratic National Committee) 위원장이었고 대통령 지명전에 도전할 정도의 비중 있는 정치가인데, ISIS를 이슬람 이단이 아닌 단순한 이단이라고 MSNBC 방송 대담에서 말하였다. 2015년 2월 프랑스는 1월 130명을 죽이는 대형 테러에 수백만 명의 사람들이 테러에 대항한다는 국민들의 단호한 결의와 단결력을 보여 주었다. 그때 유럽 대부분의 정상들이 참여, 손잡고 행진했는데, 오바마는 참석하지 않았을 뿐 아니라 대표자도 보내지 않았다고 한다. 심지어 오바마는 2013년 국방대학교 졸업식에서 세계적 테러 전쟁(Global War on Terror)은 종결되었다고 연설하였다.

2) 다문화주의 위기론

유럽은 계몽주의 사상에 기초하여 종교, 인종, 문화의 다원화를 인정하는 다문화주의가 중요한 이념으로 정착하였다. 그런데 일부 무슬림 이민자들은 노골적으로 다문화주의를 정면으로 부정하는 목소리를 서슴지 않았다. 여기에 반발하는 목소리가 터지기 시작하고 있다. 독일에서는 "메르켈 수상은 중동에서 전쟁을 피하여 들어오는 수백만 난민들에게 독일 국경을 열어 유럽에 회복할 수 없는 상처를 입히고 있다. 우리는 유럽을 반대하는 것이 아니라 다른 유럽, 즉 더 나은 유럽, 민족, 가치관, 문화, 정체성이 하나가 되는 유럽을 원한다. 새로운 파시즘은 좌익과 급진적 이슬람에서 일어난다."고.

유럽에서 반무슬림 정서의 단면을 보여 주는 여론 조사가 발표되었다. 2012년 프랑스 무슬림 이민자들에 대한 여론 조사에서 응답자 46%가 무슬림은 프랑스 정체성의 위협으로 본다는 것이다. 2013년 독일의 조사에서는 51%가 위험하다고, 영국에서는 그해 18세에서 24세까지 청년들 응답자 27%가 무슬림은 신뢰하지 않는다는 통계가 발표된 적이 있다.

독일의 안젤라 메르켈 총리는 "그(무슬림)들은 우리와 동화되지도 않았고 동화되려고 노력하지도 않았고 동화될 수도 없다. 그래서 다문화 정책은 철저히 실패했다."라고 폭탄 선언을 했다. 영국의 캐머런 총리도 "우리가 그들을 보호해 주는 동안 그들은 우리 가운데서 원리주의를 키워 나갔다."라면서 "이제 지난날 정치인들이 실패했던 다문화 정책은 다음 페이지로 넘겨야 한다. 어떤 이들은 극단주의 이슬람의 폭력은 거부하지만 서구 민주주의와 자유의 가치를 대적하는 이슬람 세계관의 많은 부분들을 수용하고 있는데 우리 정부는 모든 분야에서 그들과 맞서야 한다."라고 했다.

또한 프랑스의 사르코지 대통령도 "프랑스의 가치에 반대하는 사람들은 모두 프랑스 영토 밖으로 쫓겨날 것이며 어떤 예외도 관용도 없다."라고 하면서 이미 국민의 10%에 육박하는 무슬림들에게 압력을 가하며 여성들의 부르카 착용에 벌금을 부과하고 과격 이슬람 성직자들을 색출하여 추방했다. 한편 스위스는 어느 편에도 치우치지 않는 중립국으로 유명한 나라지만 이슬람 문제가 불거져 사회적 혼란이 일어나고 국민들의 반감이 생기고 있는데도 정부는 다문화 정책을 고집하자 국민들이 봉기하여 11만 5천명이 서명하여 국민투표를 청원했고 결국은 국민투표를 통해 57.5%의 찬성으로 이슬람의 첨탑 건축을 금지하는 법안을 통과시켰다.

북유럽의 노르웨이, 스웨덴, 덴마크는 복지 국가, 복지 자본주의, 교육

등에서 모범 국가이다. 1965년 스웨덴 사회민주주의 정당이 백만 명 프로그램 운동을 전개하여 이민을 받기 시작함으로 노르웨이는 더 이상 동질집단 국가가 안 되고 있다. 백만 명 가정 운동으로 새 주택가를 형성하여 발칸 반도와 그리스에서 이민자들을 받아들였다. 물론 주로 무슬림들이다. 이들은 무슬림 복장을 하면서 식당과 카페의 자리를 차지한다. 하지만 소말리아 이민자들은 스웨덴 사회에 적응하지 못함으로 많은 문제가 일어나고 있다. 특히 이민자들 상당수가 국가 예산에 의존한다.

영국에서 다문화 사회 문제점에 대하여 한 신학자가 다음과 같이 요약하였다.

1) 서구의 자유로운 사회가 관용을 강조하면서 다인종을 받아들이고 다양성을 강조한다. 그러나 이것은 도리어 다른 공동체(다른 인종 사회)를 무시하는 결과를 초래한다.

2) 다문화주의는 게토(ghetto)를 형성한다. 즉 이민자들은 자기들만의 폐쇄적 공동체를 형성하여 개방하지 않는다. 외국인들이 모여 사는 곳에 한국인들의 자유로운 접근이 도리어 어렵게 된다. 안산 외국인 집성 동네가 대표적인 케이스이다.

3) 이러한 게토 사회에서 같은 인종 간에 개인의 인권이 유린당하는 일이 난다(한국에서도 무슬림들의 경우 먼저 온 자가 자기 나라 사람들을 초청한 후 여권도 관리하면서 구박하는 경우가 많이 일어나고 있다).

4) 이민자들은 자기들이 이민 온 나라의 문화나 종교에 적응하지 않고 도리어 자기들 문화의 정체성을 고집한다. 여기서 현지인들과 갈등이 불가피하다. 특히 유럽의 무슬림들은 대표적인 케이스이다. 프랑스에서 차도르가 금지된다. 여기에 대하여 무슬림들은 강경하게 항의한다.

차도르는 이슬람의 상징인데 금지하느냐고.[86]

3) 민족주의적 극우 정당의 상승

유럽은 지금 反(반)이슬람주의를 앞세운 민족주의적 극우파가 득세하면서 극우파와 이슬람 과격 세력 간 충돌과 테러 위협이 일상화되고 있다. 신(新)극우 세력의 공격 대상은 이슬람교이다. 극우파와 이슬람 과격 세력의 폭력성이 맞부딪히면서, 유럽에선 두 세력 간의 충돌이 점점 더 격해지는 악순환에 빠져 있다는 분석이다.

서구는 날로 늘어나는 무슬림 인구와 이슬람 과격주의자들의 테러로 반무슬림 정서가 확산되면서 대중 영합주의인 민족주의(populist nationalism)의 극우 정당이 인기를 얻고 있다. 다문화주의는 실패하였다고 카메룬 영국 수상과 독일 메르켈 수상이 공개적으로 말하였음에도 불구하고 교황은 2016년 초기 유럽은 건국 이념대로 다문화주의와 경제적 평등을 촉구하였다. 그러나 중동 국가 난민들이 독일로 모여들면서 켈른 지역에서 여자를 성폭행하는 일로 독일 국민들의 반발을 샀다. 현실을 무시한 사회 통합, 인종 통합은 인간의 원죄가 방해하는 실제적 상황을 고려하지 않는 이상론이라는 것을 보여 주는 사례라 하겠다.

일본 경제 신문에 의하면 유럽에서 극우 정당은 90년대부터 일어나기 시작하였다. 반이슬람, 반무슬림 정서와 경제 문제로 대중 영합주의의 민족주의(populist naitonalism)가 유럽을 휩쓸고 있다. 영국 노팅엄 대학 매튜 굿윈 교수의 보고서에 의하면 영국 극우 정당인 국민당 지지자

---

86) J. Andrew Kirk, *Civilizations in Conflict? : Islam, the West and Christian Faith* (Oxford: Regnum Books International, 2012), 65-66.

의 40%가 다른 민족과의 대립 과정에서 폭력은 불가피하다고 생각하는 것으로 조사됐다. 조지 마셜 유럽 안보 연구소의 존 르보 교수는 "극우파와 이슬람 과격 분자의 테러가 유럽과 이슬람 간의 문화적 충돌로 발전할 수도 있다."라고 하며 이런 갈등이 제어할 수 없는 수준에 이른다면 매우 위험한 상황이 초래될 것이라고 말했다.

2016년 6월 브렉시트(Brexit)를 반대하던 영국 여성 국회의원 조 콕스(Joe Cox)가 총격으로 사망하는 사건은 영국뿐만 아니라 유럽에 큰 충격을 주었다. 살해자 토머스 마일은 반성 기색도 전혀 없이 도리어 "배신자에게는 죽음을, 영연방(Britain)에는 자유"를 외쳤다. 영국은 유럽 연합을 떠나야 한다는 브렉시트 지지파와 반대파가 팽팽히 맞서고 있는데, 23일 투표로 결정되었다. 반이슬람, 무슬림 이민자 반대를 외치는 목소리가 유럽 전역에서 일어나고 있다. 민족주의를 촉구하는 극우 정당들이 힘을 얻고 있다.

독일 극우 정당 Alternative fur Deutsland(AfD)은 2016년 4월 30일 토요일 남부 스투트가르트(Stuttgart)에서 반이슬람 정책을 결의하였다. 중요한 내용은 "이슬람은 결코 독일의 일부가 아니다."라고 하면서 미나렛(모스크 첨탑), 이슬람 기도 금지, 베일 착용을 금지하는 결정을 하였다. 밖에서는 수백 명의 좌파 반대자들이 시위 데모로 경찰과 충돌, 구속되었다. 좌파 웹사이트는 2천명의 회원 주소를 공개하였다. 이 정당은 3년 전 지방 선거에서 3주에서 의회 진출에 성공, 100만 명 무슬림 이민을 받아들인 메르켈 정책에 정면 도전, 메르켈의 연정 정당인 Christian Democrats와 다른 정당은 이 당과의 연합을 거부한다. EU 탈퇴를 주장, 그러나 내부에 온건파와 강경파의 갈등 조짐을 보이고 있다.

그 외에도 덴마크의 덴마크 인민당(Danish People's Party), 이태리의
북부연맹(Northern League)이 있다. 프랑스의 민족 전선(National Front)
은 2015년 선거에서 6백 80만표를 얻었고, 핀란드의 핀란드 당(Finns
Party), 헝가리의 조빅당(Jobbik Party), 그리스의 황금당(Golden Dawn)
등이 있다.

네덜란드의 헤이르트 빌더스(Geert Wilders)는 이슬람 킬러로 유명하
다. 그는 국회의원으로 2007년도는 과격 이슬람 이맘들의 설교 내용을
편집한 피트나(Fitna)를 전 세계에 배포, 이슬람 공포증을 더욱 확산시키
는데 큰 역할을 하였다. 그는 물론 이슬람 테러리스트 공격 1호 대상이
다. 그는 네덜란드 자유당 대표이다. 2015년 11월에는 사우디 국기를 희
화화한 스티커를 제작했다. 스티커에는 녹색 깃발에 '이슬람은 거짓말,
무하메드는 범죄자, 코란은 독약'이라는 문구를 흰색으로 적었다. 사우
디 국기에는 같은 방식으로 '알라 외에 신은 없으며 무하메드가 알라의
메신저'라는 문구가 적혀 있다.

4) 도전당하는 계몽주의 철학

세속주의를 낳은 계몽주의 철학도 이슬람 테러의 대상이다. 전문가들
은 프랑스의 계몽주의 철학이 더 테러의 원인이라고 분석한다. 이렇게 프
랑스가 이슬람 테러의 타깃(표적)이 되자 프랑스가 고심하고 있다. 홀랜
드 대통령은 프랑스가 ISIS와의 전쟁 상태라고 말하였다. 가장 큰 이유는
유럽 나라 중에서 가장 적극적으로 이슬람 테러와 싸우는 데 앞장선 나라
가 되었다. 2014년 9월 이후 프랑스는 시리아와 이라크의 ISIS 머리 위에
폭격을 가하기 시작하였다. 여기에 대하여 ISIS의 홍보관 아부 모하메드

알 아드나니는 프랑스가 보복 대상의 중심이 될 것이라고 선언하였다.

이것은 결국 이념과 가치관의 충돌이다. 프랑스는 바스티유 혁명 이후 자유, 평등, 박애라는 민주주의 가치관을 발전시킨 것에 대한 강한 자부심을 가진다. 프랑스 계몽주의 철학은 모든 종교를 평등시하며 종교 관용 정책을 취한다. 그러나 민주주의라는 이념은 이슬람과는 배치된다. 이 문제에 대하여 시리아의 한 ISIS 대원은 프랑스의 세속주의는 "문명 충돌의 메시지가 호응을 얻을 수 있는 아주 적절한 상징적 타깃"이라고 하였다. 계몽주의 철학도 타깃이다.

프랑스는 프랑스 계몽주의 철학에 대한 자부심이 대단히 강하다. 프랑스 시민들은 테러 후에 오히려 100만 명 넘는 시민들이 우리는 계몽주의 철학에 기초한 비판의 자유는 양보할 수 없다고 외쳤다. 손에 손을 잡고 행진하는, 프랑스 최대의 데모 행진이라고 말한다. 계몽주의 이념인 자유, 평등, 인권은 서구에 민주주주, 자유, 인권이라는 보편적 가치관을 확립하였다.

계몽주의 철학의 종교관은 모든 종교는 다 같다는 다원주의 사상이다. 이것은 무슬림들이 제일 듣기 싫은 소리이다. 이슬람만이 절대 진리인데, 종교가 다 같다고 하는 것은 그들에겐 심각한 도전이다. 계몽주의 철학자 레싱(Gotthold Ephraim Lessing)의 『현자 나단 *Nada der Weise*』의 이야기는 이슬람에게는 위험천만한 사상이다. 이 책에서 레싱은 임금이 금반지는 하나뿐인데 아들은 셋이어서, 가짜를 똑같이 만들어 세 아들에게 주었다. 세 아들은 다 자기 반지가 진짜라고 믿고 있다. 레싱에 의하면 모든 종교도 이와 같다는 것이다. 그래서 그는 루터교에서 추방당한 사람이다. 공교롭게도 레싱은 유대인이다. 그의 사상이나 인종 배경은 테

러 대상 제1호가 되고도 남는다. 공교롭게도 계몽주의 사상가들 중 유대
인이 많았다. 시리아의 한 ISIS 대원은 프랑스의 세속주의는 "문명 충돌
의 메시지가 호응을 얻을 수 있는 아주 적절한 상징적 타깃"이라고 하였
다. 17세기 유럽에서 계몽주의가 일어나기 시작할 때 이미 이슬람 세계
는 계몽주의를 위험한 사상으로 배격하였다.

프랑스는 여성들의 차도르 착용을 불법화하였는데, 최근에는 해수욕
장에서 부르키니 착용을 금지하여 무슬림의 반발을 증폭시키고 있다. 이
것은 자기들 종교의 핵심 원리를 파괴하는, 이슬람의 근본을 흔드는 것
으로 생각한다. 이슬람은 의식과 복장 자체가 바로 이슬람 교리의 본질
이다. 여성이 신체를 노출하는 것은 불경건에 속한다. 프랑스가 당하고
있는 문제는 현대 국제 사회가 다 같이 염려해야 할 심각한 가치관의 충
돌(clash of value system)이다.

또한 수년 전 프랑스 정부와 의회는 무슬림 여성들이 버스 지하철 등
일부 공공 장소에서 히잡을 착용하는 것을 금지시켰다. 가정이나 길거리
에서는 히잡 착용이 가능하다. 영국은 여기에 대한 흥미로운 코멘트를
했다. 사르코지 대통령이 더 극단적인 법안을 시도하였으나 한발 양보한
것이라고. 프랑스 국민을 대상으로 한 여론 조사에서 57%가 금지를 지
지한다. 스위스는 모스크의 첨탑 건설 금지 법안을 국민투표에서 통과시
켜 아랍 국가의 반발을 일으켰다.

5) 독일의 다문화주의 불안감

이민자를 제일 환영한 독일은 2015년 11월에만 하더라도 소위 독일 특
유의 환영 문화(Willenkommenskultur)가 지배하였다. 그러나 난민들에

의한 성폭행 사건과 2016년 여름에 발생한 몇 건의 테러 사건은 그러한 분위기에 찬물을 끼얹고 말았다. 난민 수용을 적극 추진하는 메르켈의 입장을 곤혹스럽게 하고 있다.

독일 기드온협회가 매일 2천권의 성경을 무료로 배부하는 일은 전혀 문제가 되지 않는다. 그러나 최근 독일에서 참 종교(True Religion)라는 이슬람 단체가 3십만 부의 복사된 코란을 무료로 배부해 큰 반발이 일어났다. 이 단체는 주로 상가 지역에 정보 판매대(information stands)를 설치, 배포하는 방식을 사용한다. 독일어를 사용하는 유럽 사람들에게 2천5백만 권의 코란을 배포하기를 원하는 그들의 계획으로 정보 당국자들은 크게 놀랐고 정치가들은 이런 코란 배포를 비난하고 나섰다. 현재 출판사의 코란 인쇄 계약은 취소되었다.

문제는 코란 자체에 있는 것이 아니라 그것을 나누어 주는 단체에 있다. 참 종교는 살라피즘(Salafism)이라는 이슬람 원리주의 단체이며, 지도자는 이브라임 나기(Ibrahim Abu Nagie)이다. 그는 팔레스타인 출생으로 쾰른에 근거지를 둔 설교자이며 다른 종교에 대해 매우 배타적인 사상가이다. 그는 사람을 자기 편으로 끌어들이는 데 뛰어난 기술을 가졌다.

웨스타팔리아주 내무장관 랄프 자게르(Ralf Jager)는 살라피주의가 국민의 주권을 신정 국가로 대치하려 한다고 우려한다. 정보 당국자들은 살라피주의 회원 숫자를 3천명에서 1만 명으로 추산한다. 이들은 최근 "종교의 자유가 어디 있느냐?" "어디에 민주주의가 있느냐?"라는 등의 문제를 웹사이트에 게재했다.

제 9 장
아시아 종교 갈등

1983년 사무엘 헌팅톤이 문명 충돌론(Clash of civilization)을 발표하자 많은 반대와 비판을 받았지만 지구촌 현실은 종교를 중심으로 가치관, 복식, 의식 구조, 사회 제도 등 많은 분야에서 실제로 충돌이 일어나고 있다. 헌팅톤이 의미하는 문명의 정의는 사실 종교가 핵심이다. 즉 종교를 중심으로 21세기는 서로 협력하거나 서로 충돌한다는 것이다. 특히 기독교 서구와 이슬람의 충돌이 가장 심각할 것이라고 예언하였다. 지금 서구를 기독교 국가로 볼 수 없지만 기독교 가치관과 이념이 큰 영향을 준 것은 사실이다.

1. 종교 없이 국제 정치를 논할 수 없다

사람들은 '종교'라는 단어를 싫어하는 경향이 있다. 그러나 인류의 첫 전쟁이라 할 수 있는 가인이 동생 아벨을 죽인 것은 종교 문제 때문이다. 1990년 초반부터 서구와 일본의 국제 정치학자들은 종교를 논하지 않고는 국제 정치를 연구하거나 논의할 수 없다고 하였다.

일본 경제 신문은 1991년 여름부터 특별 취재반을 편성하여 92년 초까지 구소련, 동구, 미국, 중동 여러 나라를 분담하여 방문 조사하게 하였다. 그해 연구 결과로 나온 것이 『종교에서 읽는 국제 정치 宗教から読む 國際政治』(1992)이다. 미 행정부도 아프간 전쟁과 80년대 후반 동구를 변

화시킨 자유화 물결이 종교에서 촉발되었다는 사실을 크게 깨닫고 종교적 관점에서 국제 정치를 논의하기 시작하였다. 당시 세계 많은 나라에서 종교가 글로벌 파워(global power)가 되었다는 사실을 직시하였다. 구소련에서 사람들은 공산주의라는 이데올로기가 지상에 천국을 만든다고 약속하였는데, 불행하게도 그것은 거짓말이 되어 대신 종교에서 대안을 찾았다는 것이다. 이제 과격주의 종교 그룹들은 역시 천국을 약속하고 있다.

이러한 상황에서 헌팅톤 이론이 나왔는데, 종교를 모르거나 싫어하는 국제 정치학자들은 "기독교적이다.", "미국 우월주의 발상이다."라고 하면서 비난하거나 거부하였다. 그러나 헌팅톤은 기독교 신자라고 생각하지 않는다.

일본 경제 신문이 당시 국제 정세를 비교적 정확하게 분석하였다고 본다. 그 책은 재미있는 내용도 소개한다. 구소련 붕괴 후 바티칸 교황청도 가톨릭 파워를 강화하기 위하여 북한에도 메시지를 보내었다고 한다. 그 메시지를 심부름한 사람은 바로 빌리 그레이엄 목사였다.

당시 냉전 시대가 지나가면서 세계는 심각한 정체성의 위기를 겪으며 종교 복고 조짐을 보이기 시작하였다. 국제 정치가 신질서를 맞이하면서 무신론적 이데올로기에 실망을 느끼고 대신 종교에 기대하는 분위기가 되어졌다는 것이다. 구소련의 군인들이 소련의 해체를 저지하려고 쿠데타를 시도했지만 러시아 정교회의 파워가 쿠데타를 저지하였다. 동구는 희랍 정교회와 러시아 정교회가 부흥하는 분위기를 보였고, 중동은 이슬람 부흥과 함께 원리주의가 등장하기 시작하면서 유럽과 이슬람이 대립 분위기로 나가고 있다고 분석하였다. 유럽에서 이슬람 공포증이 일어나기 시작한 것은 1980년대 후반으로 분석한다. 영국과 독일에서 무슬림 인구가 증가하고 이들이 종교적 목소리를 내기 시작하자 종교 관용의 분위기가 서서히 사라지는 방향으로 나가기 시작하였다. 예를 들면 영국의 한 무슬림 지도자는 영국 사회에 술 담배를 금지하는 법을 제정하라고 촉구하였고, 여자들 몸을 많이 노출하는 광고는 억제해야 한다는 등, 영국 사회와 문화에 동화하지 않고 도리어 이슬람의 문화를 강요하는 단계로 발전한 것에 불안감을 가지게 되었다.

우리 사회는 종교를 드러내 놓고 말하기를 꺼리는 사회 분위기이다. 특히 일본 사람들은 종교를 말하는 것에 좀 인색한 편이다. 그래서 아랍 국가에 여행할 때 출입국란에 종교를 적게 되어 있는데, 많은 일본 사람들은 "무종교"로 적는다. 여기에 대하여 아랍 사람들은 이해를 못한다. 어떻게 사람이 종교가 없느냐고.

헌팅톤은 이슬람과 기독교의 충돌을 많이 강조하였지만 그러나 반드시 그런 것만은 아니다. 우리 사회 언론도 서구 대 이슬람, 혹은 기독교 대 이슬람의 갈등 구도로 몰아가면서 갈등의 책임은 "배타성이 강한" 기독교에 책임이 있다는 식이다. 이슬람은 더 배타적인 유일신 신앙인지를 몰라서 그런지, 아니면 고의인지? 지구촌의 현실은 이슬람과 서구만의 갈등과 충돌이 아니라 모든 종교가 공통으로 당면하고 있다.

인도는 많은 종교를 탄생시킨 나라이다. 그러나 그 종교로 인하여 갈등과 충돌이 잠잘 날이 없다. 힌두교는 종교들 가운데 가장 포용적인 것으로 알려져 있지만, 현실은 그렇지 않다. 힌두교와 이슬람 간의 계속되는 분쟁은 대부분의 경우 힌두교 원리주의자들이 일으키고 있다. 인도가 겪고 있는 종교적 갈등은 편잡의 시크교도들은 분리 독립을 원한다. 잠

무와 카슈밀에서는, 무슬림들은 자치권을 요구하는데 인도 정부는 완강히 거부한다. 1986년 제정된 이혼법 문제로 힌두교와 무슬림 간의 분쟁이 심각하다. 카스트 제도는 인도 사회가 안고 있는 고질적 문제이다. 계층 간 불화가 단순하지 않다.

소승불교 국가 인도차이나에도 불교와 무슬림 간의 충돌이 증가하는 추세이다. 스리랑카에서는 불교와 타밀 힌두교 간의 내전에 가까운 분쟁이 지금 좀 소강 상태이다. 인도네시아와 말레이시아에서 이슬람과 소수 종교와의 갈등, 특히 기독교와의 충돌은 늘 외신 뉴스를 장식한다.

왜 이러한 충돌이 일어나는가? 가장 큰 이유는 종교가 개인을 구원의 길로, 하늘 가는 길을 안내하는 역할을 하면 충돌은 발생하지 않는다. 그런데 종교가 대부분 국가와 사회 통합 구실을 하는 이데올로기가 되어 버렸기 때문이다. 이슬람이 다와(Da'wah : 초청 혹은 전도)로 한 나라를 이슬람 국가로 만든 것이 아니다. 불교도 힌두교도 마찬가지이다. 왕이나 추장이 종교를 결정하면 백성들은 그대로 따라갔다. 왕의 종교가 백성의 종교가 되는 셈이다. 이것을 "위에서 아래로의 종교"로 표현한다. 중세 로마 가톨릭도 그러한 식으로 유럽을 기독교 국가(Christendom)로 만들었다. 사람을 죽이는 전쟁을 하면서 물속으로 몸을 잠그는 세례 혹은 침례를 하였다. 그래서 오른손은 번쩍 들어서 물속에 잠그지 않았다고 한다. 또 사람을 죽여야 하니까. 종교가 사회나 국가를 통합하는 수단이 된다. 종교학에서는 이것을 사회 통합(social integration)이라고 말한다. 여기서 사람들은 종교를 벗어날 자유가 없다. 불교 국가에 태어나면 자동으로 불교도가 되고, 이슬람 국가에 태어나면 무슬림이 된다. 힌두교도 마찬가지이다. 막스 베버는 이것은 출생 종교라고 한다. 그래도 기독교는 종교를 바꿀 자유가 있지만 다른 종교는 그러한 자유가 거의 없거나 어렵다. 이슬람은 종교를 바꾸면 무서운 배교자가 되어 버린다.

유엔 인권헌장 18조는 종교의 자유를 말하는데, 아시아에서는 이 헌장이 소용없다. 그런데 이 법을 안 지켜도 유엔 회원국이 되는 데는 지장이 없다. 오히려 이슬람과 힌두교는 유엔 인권헌장은 1948년 기독교 국가가 다수일 때 "그들 마음대로 만든 것이다."라고 하면서 자기 종교 인권헌장을 따로 만들었다.

2. 힌두교의 문명 충돌

인도가 왜 종교 문제로 시끄러운가? 종교 원리주의는 늘 말썽이다. 인도가 영국에서 독립하면서 인도를 힌두교 국가로 만들려는 사람들이 있었다. 이들을 원리주의자라고 한다. 힌두교 부흥은 이것을 더 부채질하였다. 인도의 많은 지식인들이 힌두교에서 문화적, 국가적 정체성을 찾으려고 하였다. 서구 문화의 물을 먹은 네루(Jawaharlal Nehru)와 간디(Mahatma Gandhi)는 종교적 자유가 보장된 18세기 미국식의 세속 국가를 건설하려고 하였다. 하지만 힌두교 과격주의자들의 생각은 달랐다.

종교는 나라도 분열시킨다. 인도, 파키스탄, 방글라데시는 2차 대전 전에는 하나의 인도였다. 그러나 종교 때문에 너무 싸워 영국이 인도에서 물러가면서 두 종교가 한 나라 안에 있기 어렵다고 판단, 파키스탄, 방글라데시가 분리되어 나갔다. 비폭력 시민 운동가 간디는 이것을 막기 위하여 이슬람 지도자와 협상하기 위하여 집을 나서다가 과격 힌두교도에게 암살당하고 말았다. 그러나 아직 인도에는 1억 8천만의 무슬림이 있다.

1) 힌두교 원리주의 등장

최근 인도의 종교 갈등도 힌두교 원리주의 등장으로 인한 것이라고 하여도 과언이 아니다. 인도 수상 모디는 힌두교 원리주의 그룹인 인도 인민당(Bharatiya Janata Party : BJP) 당수였다. 이 정당은 노골적으로 오래전부터 인도를 힌두교 나라로 만들려고 하고 있다. 그래서 1990년대 중반에 정당이 발간하는 「힌두스타임 *Hindus Times*」은 노골적으로 무슬림들과 기독교인들은 인도를 떠나라고까지 하였다. 종교 갈등이 발생하지 않을 수 없다. 힌두교 원리주의자들은 자기들의 이념을 원리주의로 말하지 않고 공동체주의(communalism)라고 말한다. 그러나 이 용어는 다른 종교 공동체와 공생 공존한다는 의미는 전혀 없다. 아니, 그것과는 아주 정반대의 의미가 있다.

그런데 이러한 종교적 국수주의를 뒷받침해 주는 인도의 학자가 있다. 지금 캘커타에 거주하는 공학자 라나짓 팔(Ranajit Pal)은 저서 『비(非)조네시아 인도학과 알렉산더 대왕 *Non-Jonesian Indology and Alexander*』에서 그리스 문명과 인도-이란 문명을 동일시하고 인도-이란 문명이 모든 문명과 종교의 근원지가 된다는 인종 우월론적인 종교 이론을 제시하였다. 그는 힌두교, 불교, 기독교, 이슬람을 포함한 모든 종교가 세이스탄(Seistan : 현재의 아프간과 파키스탄 서북부에 위치함)에서 시작되었다는 것이다.[87]

---

87) Ranajit Pal, *Non-Jonesian Indology and Alexander* (New Dehli : Minerva Press, 2002). 145ff.

그는 노골적으로 인도가 문명의 요람지(cradle of civilization)로, 바벨탑도 세이스탄에 세워졌다고 주장한다. 그는 그리스 문명과 인도-이란 문명을 동일시하고 인도-이란 문명이 모든 문명과 종교의 근원지라는 것이다. 힌두교, 불교, 기독교, 이슬람을 포함한 모든 종교가 세이스탄에서 시작되었고, 예수의 탄생지도 세이스탄이라는 것이다. 그는 90년 초기 『불교의 메소포타미아 기원설』이라는 저서를 내었는데, 이 책은 일본어로 번역되었다. 그는 또 주장하기를 아리안 인종인 헬라의 알렉산더도 불교 신자로서, 불교의 보호자, 전파자 노릇을 하였다는 것이다.

힌두교 원리주의가 말하는 공동체주의는 사실상 인도인 중심의 배타적 민족주의를 대신하는 일종의 이데올로기이다. 힌두교 원리주의 역시 이슬람 원리주의와 마찬가지로, 세속주의에 대한 강한 반작용으로 등장했다. 힌두교 원리주의는 인도의 세속화 과정에 반대한다. 원리주의자들은 인도에 강력한 힌두교 공동체를 세워야 하며 다른 종교들은 쫓아내야 한다고 주장한다. 인도의 한 힌두교 학자는 이러한 관점으로 공동체주의를 정의한다. 즉 원리주의를 공동체주의로 말한 것은 한 종교 공동체가 그 사회를 지배하는 것을 의미한다. 한 종교 공동체가 다수가 되어 그 사회를 지배할 때 그것도 완전히 민주적이라는 것이다.

인도가 영국 식민주의에서 해방되자 곧 이 용어가 등장하였는데, 네루는 이 단어를 아주 싫어한 것으로 알려져 있다. 또한 모든 힌두교 학자들이 "힌두교 원리주의"라는 용어를 싫어하여 공동체주의라는 용어를 선호하였다. 원리주의는 편협성과 불투명성이라는 부정적 이미지를 준다는 것이다.

그러나 공동체주의라는 용어 역시 논쟁의 요소가 있다. 인도는 종교 폭력이 아주 깊이 뿌리박혀 있다고 말해도 무방하다. 힌디어(Hindi 語)에는 아예 *dharmiklarai* 라는 종교 전쟁을 의미하는 단어가 있다. 이 단어는 일상생활에서도 사용된다고 한다. 인도에는 개방적이고 교육 받은 사람들이 많이 있지만, 그들은 배타적이고 편협한 과격 힌두교도들의 파괴적 힘을 통제할 수는 없다고 한다.

인도의 원리주의 등장은 종교 갈등을 불러올 수밖에 없다. 앞으로 인도는 인구 증가가 중국을 앞지를 것이다. 인구 80%가 힌두교이고 10%가 무슬림이지만 무슬림 인구 증가는 인도를 불안하게 한다. 갈수록 두 종교의 충돌이 증가하는 추세이다. 힌두교 지역에서 무슬림이 소를 잡아먹는 일로 분쟁 갈등이 심심찮게 일어난다.

2) 힌두교와 이슬람 충돌

두 종교의 가장 큰 충돌은 1992년 12월 아요댜(Ayodya)의 오래된 이슬람 사원을 파괴함으로 생긴 충돌이다. 아요댜는 지금도 인도의 휴화산이다. 힌두교도들은 이곳을 힌두 라마 신이 태어난 곳으로 믿고 있다. 힌두교도들은 여기에 라마(Rama) 신을 위한 사원을 재건축하려고 하였다. 세계힌두연합이라는 원리주의 그룹이 라마 사원을 재건하려고 하자 큰 충돌이 일어나고 말았다.

인도 힌두교 지도자들이 최근 캘리포니아 중등학교 교과서에 인도를 남아시아(South Asia)로 표기하고 힌두교의 계급주의를 사회 교과서에서 언급하였다. 여기에 대하여 힌두교 지도자들이 크게 반발한 것이다. 인도가 독립된 하나의 나라와 문화로 취급되어야 하는데, 남아시아로 하고, 또 "왜 남의 문화를 건드리느냐?"라고 항의한 것이다. 그 항의에 대하여 미국 교수들은 자기들이 다루는 인도 문화와 사회는 파키스탄도 포함되기 때문에 부득이 남아시아로 한 것인데, 그것은 정당하다는 것이다. 그리고 계급주의는 엄연한 하나의 오래된 문화이므로 교과서에서 삭제할 수 없다는 것이다. 힌두교 지도자들은 인도의 계급 제도를 논하는 것 자체가 인도를 비하할 수 있다는 것이다.

3) 힌두교와 시크교 충돌

초기 급진적 힌두교도들은 인도 내에 있는 불교와 시크교에 대해서는 관용을 보이는 것 같았다. 하지만 힌두교도들과 시크교도들 사이의 대립은 만성적인 종교적, 정치적 문제로, 인도 정부와 사회를 심각하게 위협하고 있다. 사실상, 인도에 시크교가 출현한 것 자체가 두 종교 사이의 종교적 갈등을 일으키게 되어 있다. 그 이유는 시크교는 주로 힌두교의 카스트 제도에 대항하는 강력한 반작용으로 생기게 되었기 때문이다. 시크교의 창시자 나나크 찬드(Nanak Chand, 1469-1539)는 유일신에 대한 신앙을 강조하고 우상 숭배와 카스트 제도를 반대했다. 따라서 낮은 카스트 계층이 대규모로 시크교로 유입되면서 공격적 신조를 발전시키게 되고, 이로 인하여 폭력이 일어나게 되었다.

찬드는 힌두교와 이슬람에서 보편적인 원리들을 차용해서 새로운 종교를 만들면서 새로운 사회-종교적 신조를 첨가하였다. 그는 자기 제자들이 은둔하면서 명상만 하기보다는 경건하게 열심히 일함으로써 사회 문제에 적극 참여할 것을 가르쳤다.

17세기 초 이슬람 박해에 대한 반작용으로 시크교가 나타나면서 시크교와 이슬람 사이에도 갈등이 생기고 말았다. 특히 전투적 시크교도들은 몸에 지니는 다섯 개의 문장으로 유명하게 되었다. 곧 머리와 수염, 머리 빗, 무릎 길이의 바지, 오른쪽에 강철 팔찌, 그리고 단검(sabre)이다. 세월이 흐르면서 시크교도들은 북인도의 정치에서 주도권을 가지게 되었고, 무슬림들과 힌두교도들에 맞서 많은 전투를 치렀다. 다른 모든 방법들이 실패했을 때, 성스럽고 공의로운 목적을 위해 무력을 사용하는 것이 이들에게는 정당화되었다.

하지만, 현재 시크교와 힌두교의 대립은 역시 시크교의 무력 운동에서 비롯되었다. 이것은 펀잡(Punjab)주에 독립된 시크교 국가를 세우려고 하는 데 원인이 있다. 펀잡 지역에서 시크교 혁명주의자들이 벌이는 분리 투쟁 운동은 인도 정치에 심각한 도전이 되었다.

현재 시크교와 힌두교 대립의 대표적인 사건은 인도의 공안부대가 황금 사원을 공격함으로 일어났는데, 이로 인해 수천 명의 시크교도들이 학살되었다. 시크교도들은 인도 공안부대에게 학살당한 시크교 테러리스트들을 순교자라고 존대하였다. 국제 사면 위원회(Amnesty International)는 1987년 이후 인도 정부가 불법적으로 수많은 시크교 개혁주의자들을 학살한 데 대해 책임을 추궁하였다. 결국에는, 이러한 사건들로 인해 한 급진적인 시크교도가 인디라 간디 수상을 암살하기에 이르렀다.

4) 힌두교와 기독교 충돌

힌두교와 기독교 간의 충돌 역시 너무나 복잡하고 지금도 계속되고 있는데, 물론 힌두교가 가해자이고 기독교인들은 피해자가 될 수밖에 없다. 통계에 의하면 1964년부터 96년까지 기독교의 박해 건수는 불과 38건이었지만 그 이후 해마다 박해가 증가하고 있다.

1999년 교황 방문 때 사건이 유명하다. 1999년 11월 6일 교황 John Paul 2세가 인도를 방문, 간디의 무덤에 교황은 다음과 간단한 기념사를 남겼다. "한 문화는 배타적으로 되려고 하면 살아남을 수 없다."라고. 이 것은 간디가 남긴 말을 교황이 인용한 것에 불과하다. 그리고 "주후 3000 년이 되면 이 거대한 나라에 엄청난 신앙의 추수를 보게 될 것이다."라고 하자 힌두교 원리주의자들은 격분하였다. "우리는 그들이 가난한 자와 문맹인들과 굶주리는 자들을 이용하는 이런 식의 위선적인 방법을 혐오 한다." 이들은 교황의 방문에 대항하여 고아에서 델리까지 1,600 km의 행진을 주도하기도 했다.

기독교가 크게 박해를 받은 최근의 사건은 2008년 오리사 주에서 발생 한 반기독교 폭동이다. 300개 마을로 퍼진 폭력 사태로 4,400채 집이 소 실되고 5만 명 이상이 이 사태를 피해 분산되었다. 작년에는 하라슈트라 주(州) 기독교 지도자들은 힌두교 지도자들을 비난하는 성명서를 발표하 였다. 이유인즉 과격 힌두교도들이 기독교인들에게는 수돗물 공급을 중 단하며, 신자들에게는 땔감나무도 팔지 않아 식생활을 아주 어렵게 한다 는 것이다. 심지어 예배 활동도 못하게 하였다. 이것을 주도한 힌두교 집 단은 힌두교 민족주의정당인 힌두트와(Hindutva)라는 원리주의 집단이 다. 금년에도 박해는 중단되지 않고 더 증가하는 추세이다. 그래서 푼잡 지역의 개신교 지도자 50명은 특별성명을 발표하였다. 상황이 이대로 가 면 인도 기독교는 중대한 어려움에 처할 것으로 본다.

그러나 힌두교만이 기독교를 박해하는 것은 아니다. 무슬림들도 기독 교에 폭력을 가하는 행위가 자주 발생한다.

힌두교와 기독교 간의 대립에 대하여, 인도의 한 대표적 신학자는 기독교가 힌두교에 가장 큰 위협이 된다고 주장한 바 있다. 로빈 보이드(Robin Boyd)의 이론을 요약하면, 기독교 역사는 다른 종교들과의 갈등의 역사이다. 기독교는 철학과 문화와도 갈등이다. 기독교의 첫 번째 큰 충돌은 유대교와의 대립이었으며, 두 번째는 그리스 문화와의 대립이었다. 기독교는 헬레니즘의 장벽을 넘어 그리스 밖의 세계로 전파되었다. 그러나 세 번째 기독교와 이슬람 간의 긴장과 대립은 중요하지 않다. 이유는 이슬람은 유대-기독교에서 나왔기 때문이라는 것이다. 그는 심지어 기독교와 중국 문화와의 대립도 중요하지 않다. 유교와 도교는 "불교 전통에서 유래된 인도인들의 산물"이기 때문이다. 따라서 기독교에 대한 세 번째로 크고 결정적인 대립은 힌두교와의 대립이라는 것이다. 기독교는 힌두교와 함께 지속되거나 패망한다는 것이다.

3. 이슬람과 타 종교 충돌

힌두교 나라 인도는 16세기 초기부터 19세기 초반 영국의 식민지가 될 때까지 이슬람의 무굴 제국이 지배하였다. 이때 인도에는 시크교가 있었다. 이슬람 파워가 강해지면서 이슬람은 시크교를 그냥 두지 않았다. 이슬람 정신이 강한 지도자 중에 사이드 아흐마드라는 '평화의 집 *Darul Aman*'이란 이론을 연구하였다. 그리고 그는 완전한 이슬람 사회 건설을 위하여는 무력 투쟁도 불사한다고 주장하였다. 그는 1831년 5월 펀잡의 시크 왕국(Sikh kingdom of Punjab)을 침공하였다. 하지만 시크교도들의 완강한 저항으로 발라코드 전투에서 6백 명의 무자헤딘(이슬람 전사)이 죽고 말았다. 물론 그와 다른 지도자도 죽었다. 이슬람과 시크교의 충돌 혹은 전쟁은 무굴 제국이 패망하는 1857년까지 계속되었다.

이슬람은 다른 종교에 대하여 미얀마와 태국을 제외하고는 대체로 가해자 입장이지 피해자 입장은 아니다, 이 문제는 여기서 다 거론할 수 없다. 역사적으로 기독교는 다른 종교의 나라를 기독교로 바꾼 역사가 거의 없다. 도리어 빼앗긴 역사는 있어도. 아프간은 10세기까지는 불교 국가였다. 그러나 이슬람이 먼저 공격자로 들어와서 불교 국가를 이슬람 국가로 만들었고, 동남아 인도네시아, 말레이시아도 힌두교, 불교 국가였다. 지금 인도네시아에서는 주로 이슬람이 공격자로, 다른 종교를 박해하고 폭력을 자행하는 일이 너무 많이 일어나고 있다. 인도네시아는 세속적 이슬람 국가를 선언하자 과격 이슬람 세력들은 이슬람 원리주의 국가로 만들지 않은 데 대한 불만을 다른 종교에 대한 보복으로 분노를 표출하고 있다. 그럼에도 불구하고 2년 전 인도네시아는 세속적 무슬림이 대통령이 되었다. 자카르타 시장은 기독교 신자이다.

4. 불교와 타 종교 갈등

헌팅톤은 문명 충돌론에서 불교는 아예 제외시키고 말았다. 그의 이론은, 불교는 기독교처럼 출생지 국가 인도에서는 사라졌고 동남아, 중국, 한국 일본으로 갔지만 기존 문화에 많이 흡수되었다. 중국에서는 유교와 도교에, 다른 나라에서는 다른 종교와 많이 혼합되어 정체성을 상실했다는 것이다. 그래서 특히 일본과 중국은 불교 문명으로 말할 수 없다는 것이다. 헌팅톤은, 일본은 신도(神道)라는 독립된 문명권으로 취급한다. 그래서 일본은 한국과 중국과 지리적으로 가깝고 문화적으로도 빚은 졌지만 신도라는 독립 문명권을 형성하여 세 나라는 멀고도 가까운 나라가 된다는 것이다. 정확한 지적이다. 그러나 헌팅턴은 동남아시아에 무서운 군사적 불교(militant Buddhism)가 등장한 것을 간과하고 말았다.

불교도 50년대와 60년대에 스리랑카, 태국, 미얀마 등에서 부흥 운동이 일어나고 이 부흥 운동이 불교 원리주의 운동으로 발전하였다. 불교 부흥 운동은 결코 불교도의 숫자를 증가시킨 것이 아니라 내적으로 불교를 각성시켜 개혁 운동, 포교 활동 등으로 과거 정적인 종교에서 동적 종교로 발전한 것이다. 통계상 현대에 와서 다른 종교와는 달리 신도수는 감소한 것으로 나타난다. 그러나 종교의 인구 통계는 의미가 없다. 발표된 종교 인구는 그 종교 국가와 문화권에 속한 사람 숫자이지 다 열심있는 신도는 아니다. 불교도라고 말하지만 불교를 모르는 사람이 대부분이다. 소승불교는 대승불교보다 국가 통합, 공동체 통일을 이루어 주는 데 역할을 하였다. 종교가 이데올로기가 되는 셈이다. 이데올로기로서의 종교는 다른 종교와 화합보다는 갈등을 유발한다. 불교 원리주의는 동남아에서 더 종교적 민족주의 성향을 띠게 되었다.

불교 원리주의도 이슬람과 같이 서구 식민지, 세속주의, 타종교의 도전적 선교 운동에 대한 반작용으로 일어난 운동(reaction movement)이다. 특히 영국의 식민지였던 스리랑카 불교는 더 타 종교에 공격적이 되었다. 그래서 국제 정치학자들은 스리랑카 불교를 군사적 불교로 정의한다. 스리랑카 불교는 영국을 정치적 제국주의(political imperialism)로, 기독교 선교는 영적 제국주의(spiritual imperialism)로 공격하면서도 서구 문명과 기독교에서 많은 것을 차용하였다. 기독교의 YMCA에 대항하

여 YMBA를 조직하는 식으로. 동남아는 소승불교는 석가모니가 본래 의
도하였던 개인의 해탈 혹은 구원과 상관없이 국가 혹은 국가 혹은 공동체
의 이데올로기로 변질하고 말았다.[88] 과거 불교는 이슬람으로부터 공격
을 당하였다. 인도네시아의 불교는 이슬람에게 정복당하였고, 13세기 인
도에서는 이슬람의 공격으로 많은 승려들이 죽는 역사도 있었다. 그러나
현대 불교는 당하고만 있는 입장은 아니다. 아프간에서 탈레반이 세계 최
대의 불상을 파괴한 것은 충돌이 아닌 일방적 "우상 파괴"였다. 일본 불교
가 최근 불상을 다시 복원하였다.

불교 원리주의는 문화적 배타주의와 손을 잡았다. 스리랑카의 주류 인
종인 싱할리인들은 다 불교도들이다. 싱할리 사람 "equal" 불교도라는
등식이 성립된다. 세계적 종교, 혹은 보편적 종교(universal religion)로
서 본래의 정체성을 상실하는 방향으로 나가기 시작하였다. 종교는 세계
성이라는 정체성 때문에 선고나 포교를 하는데, 세계성을 제거하고 선교
한다는 것은 모순이다. 스리랑카에서는 많은 과격 원리주의 집단이 일어
났다. 인민 해방 전선(the People's Liberation Front), 모국 방어 운동
(Movement for the Defence of the Motherland)이라는 원리주의 그룹이
있다. 이들을 "불교 행동주의자(activist)" "불교 국수주의자" "싱할리 불
교 극단주의자 등의 이름을 붙였다. 스리랑카 원리주의는 이념적이라기
보다는 행동파에 가깝고 너무 인종 중심적 폐쇄성을 드러낸다. 국제 정
치학 교수 율겐마이어는 종교 원리주의를 종교적 민족주의로 정
의하는데, 스리랑카 원리주의는 여기 해당될 것이다.[89]

---

88) Ho Jin Jun, *Religious Fundamentalism and Pluralism in Asia*(Colorado
     Springs: International Academic Pub., 2002), 162-67.

이들은 석가모니가 불교를 보존하고 보호하기 위해 지명한 민족이 싱할리라고 주장한다. 또한, 그들은 스리랑카 섬을 *dhammadipa*로 생각하는데, 그것은 불교의 가르침인 *dhamma*의 섬(*dipa*)이라는 뜻이다. 이 사상은 곧 스리랑카 북쪽의 힌두교 타밀족 배타 운동으로 발전하여 지금도 충돌이 일어나고 있다. 불교는 관용이고 명상 종교라는 말은 스리랑카에서는 해당되지 않는 말이다. 인도의 대통령과 스리랑카 대통령이 인도 군대를 동원하여 진압하자고 회담까지 할 정도였다.

1) "미얀마의 빈 라덴" 아신 우라두

미얀마에는 뚜렷한 불교 원리주의 집단은 없지만, 몇몇 불교도들과 정치 지도자들이 미얀마를 불교 국가로 만들기 위해 기독교도들과 무슬림들을 압제하는 과정에서 원리주의 운동이 등장하였다. 2년 전 타임지는 "미얀마의 빈 라덴"이라는 표지 타이틀로 아신 우라두라는 과격 불교 승려가 이끄는 "969 운동"(코짜욱코)을 소개하였다. 이 기사는 미얀마의 이미지에 타격이 될 수밖에 없다. 그래서 미얀마 군사 정부는 타임지 배포를 중단시키고 말았다. 미얀마는 서북쪽의 로힝가 80만 무슬림을 학대하는 것으로 국제 사회에서 널리 알려졌다. 우라두는 유엔 인권대사 이양희 박사가 미얀마를 방문, 로힝가 무슬림 문제로 정부와 협의하는 회의장에까지 들어와서 "창녀 물러가라."라고 소리쳤다. 우라두는 무슬림을

89) Mavis L. Fenn, *Review* of *Buddhist Fundamentalism and Minority Identities in Sri Lanka,* eds., Tessa Bartholomeusz and Chandra R. de Silva (New York : State University of New York Press, 1998), 1. http :// jbe.gold.ac.uk/6/fenn991.htm. 99-07-26.

비유하기를 "집 옆에 미친개를 두고 편히 잠잘 수 있느냐?"라고 하면서 무슬림 탄압을 정당화하였다. 미얀마 정부는 그에게 어떤 제재도 하지 않았다. 미얀마도 미얀마 사람 '이쿠올' 불교이다.

미얀마는 정치 난민을 많이 만드는 나라이다. 미얀마 헌법에 공식 명칭은 미얀마 연방국가(The Union of Myanmar)이다. 135개 인종과 다종교가 연방 국가를 이룬다는 내용이다. 이 명칭대로라면 모든 인종(ethnic group)과 종교가 동등하게 취급되어야 한다. 그런데 1962년 군부가 쿠데타로 집권하면서 미얀마 불교 사회주의 노선을 선언하였다. 그 말은 불교와 미얀마 인종이 우선권이라는 것을 의미한다. 그래서 숫자가 많은 카렌족, 카친족, 샴족은 독립하기 위하여 지금도 중앙정부군과 충격전을 벌인다. 태국 난민 수용소에는 이들 정치 난민이 10만 명 넘는다.

로힝가 무슬림 80만 명은 이미 오래전에 방글라데시에서 이주해 왔지만 미얀마 정부는 이들을 불법 난민으로 취급, 시민권은 주지 않는 것도 고사하고 가혹한 차별 정책을 취한다. 이들은 제한된 지역에 살면서 거주이동의 자유가 없다. 무슬림들과 과격 불교도들 간에 충돌은 너무 많이 일어났다. 난민 중 가장 비참한 자들은 무슬림 로힝가 난민들이다.

90년대 유명한 독재자 탄원 집권 시절에 유엔 인권 단체가 미얀마 정부에 세계 인권 선언을 요구했는데, 미얀마의 군사 정부는, 인권 문제는 미얀마의 전통과는 맞지 않는 서양적 산물이라고 비난한 적이 있다. 정부는 국제 사면 기구의 보고서에 "잔인하다"라는 표현을 도리어 신-식민주의와 제국주의라고 거부했으며 국제 연합 대표들과 다른 관찰자들이 인권의 문제를 조사하기 위해 접근하려는 것도 거절했다.

2) 태국 남부의 불교와 무슬림 충돌

태국 남부 지역 3개주는 불교도와 무슬림 간의 충돌이 잦은 지역이다. 원인은 태국이 1902년 말레이 무슬림계 독립 술탄 왕조를 병합하였다. 20세기 초만 하여도 태국은 다인 종교, 다종교 사회였다. 통일된 태국은 20세기 초기이다. 그 과정에서 많은 지역들은 태국에 편입되는 것은 거부하였다. 남부의 파타이 지역은 말레이어를 하는 무슬림들이 주류를 이룬다. 그런데 1932년 태국 정부는 이들에게 태국어 태국의 복장 등 태국 문화를 강요하며, 이슬람 학교는 폐쇄하고 이슬람 법정까지 문을 닫게 하였다. 여기서 강한 반발이 일어나고 말았다. 1948년에는 하지 술롱 톰니아라는 무슬림 지도자가 데모를 선동, 큰 충돌로 무려 300명이 죽었다. 그는 수감되었다가 1954년 경찰관에게 암살당하였다. 이후 이 지역에는 지하 조직이 결성되었는데, 이들은 이슬람과 사회주의 노선을 따랐다.[90]

정부군과 과격 무슬림 간의 충돌은 2004년부터 더 과격하기 시작하였다. 그래서 불교쪽에서는 총을 드는 승려가 등장할 정도가 되고 말았다. 두 종교 간 갈등으로 현재까지 약 5,000여 명 이상 사망한 것으로 알려지고 있다. 현재 국왕이 사망하면 남부 지역의 무슬림들은 더 강하게 분리 독립을 요구할 것으로 전망한다.

5. 이스라엘의 종교 갈등 사례

유대교는 유대인들만이 믿는 민족적 종교(national religion)라고 할 수

---

90) Chris Baker and Pasuk Phongpaichit, *A History of Thailand* (Melbourne : Cambridge University Press, 2014), 173-74.

있다. 마치 일본의 신도도 일본 사람들만이 믿는 종교이기 때문에 민족 종교에 속한다. 그런데 이 두 종교의 유사성을 주장하는 저서가 1990년대에 일본에서 출판된 적이 있다. 유대계 한 서양 학자가 신도의 신사는 유대교 회당과 아주 유사하다고.

유대교, 기독교, 이슬람은 아브라함을 다 한 조상으로 믿는다. 물론 조상의 개념은 다르다. 그러나 아브라함이라는 한 뿌리에서 3 종교가 나왔다고 하지만 가지는 너무 다르다. 유대교는 이슬람과도 화해가 불가능하지만, 과거 유대인들이 서구 기독교 국가에서 당한 박해와 홀로코스트의 감정으로 인하여 기독교도 증오한다. 특히 유대교 원리주의자들은 기독교를 제일 증오한다. 한 유대교 원리주의 신자들은 "하나님이여 배교자들은 희망이 없게 하옵소서. 특히 크리스천들은 속히 멸망하게 하옵소서"하고 기도한다.

현대 유대교는 정통파, 보수파, 개혁파 3그룹이 있는데, 정통파는 지금도 토요일 안식을 철저하게 지킨다. 안식일은 아무 일도 하지 말라는 계명을 따라 엘레베이트 스위치도 손대지 않는다. 이것은 오래전 주한 이스라엘 대사가 필자에게 한 말이다. 그러면 스위치를 손으로 누르지 않고 어떻게 운행하느냐고 물으니 자동으로 층층마다 선다고 한다. 안식일에 전화벨이 울리면 어떻게 하느냐고 물으니 수화기를 들지 않아도 응답할 수 있도록 자동화되었다고 한다. 비프스테이크 먹은 후 커피 서비스에 설탕만 주고 우유는 안 된다고 한다. 우유와 고기를 같이 먹지 말라는 구약의 계명대로 한다는 것이다. 정통파들은 이러한 식으로 율법 준수를 중시한다. 좀 오래된 이야기이지만 한 이스라엘 병사가 안식일 날 자동

차를 타고 정통 유대인들이 많이 사는 동네에 들어갔다가 아주 혼이 난 일이 있었다. 나이 많은 사람들이 "어디, 안식일 날 자동차를 타고 여기 들어오느냐?"라고 하면서 때릴 듯 화를 내었다고 한다. 지금 이스라엘은 세속주의와 경건주의자들 간의 갈등이 심각하다.

유대교 원리주의 그룹도 다양하고 복잡하다. 대표적인 원리주의 그룹으로 Gush Enimum, The Block of the Faithful, Haredi Fundamentalists 등 많으며 유대인 정당도 국회의원 수가 불과 120명 정도인데, 유대교 정당은 10개가 넘는다. 하레디 원리주의 집단은 앞으로 메시야가 지금 이슬람의 알 악사 모스크와 The Dome of the Rock가 서 있는 바로 그 장소에 재림한다고 믿고 있다. 이곳은 옛날 유대의 유명한 성전이 있었던 곳이다. 이들은 이 두 모스크는 파괴해야 메시야가 재림할 수 있다고 생각한다. 예루살렘의 이 장소는 3 종교 과격 그룹들이 서로 양보할 수 없는 성지이다. 국제 정치학자들은 이곳이 바로 중동의 화약고라고 말한다. 2000년 1월 1일에 이곳에 메시야가 재림한다고 믿는 미국의 과격 세대주의 종말론자들이 땅굴을 파고 들어가서 이 모스크의 파괴를 시도하다가 이스라엘 경찰에 체포되고 말았다. 유대교 과격주의 한 에피소드를 소개하면, 수년 전 이스라엘 국회의사당에서 한 국회의원이 신약 성경을 찢는 사건이 발생한 적이 있다. 그는 "신약 성경은 스페인에서 종교 재판으로 많은 유대인을 죽이게 하였고 또 홀로코스토로 많은 유대인을 죽이게 한 책"이라고. 여기에 대하여 유대인 복음주의 교회들은 정중한 코멘트를 하였다. 마치 미국의 한 과격 목사가 공개적으로 코란을 불태운 행위와 유사하다고. 그러나 이러한 일이 벌어지게 된 원인 제공은 기독교가 한 것 같다. 한 기독교 선교 단체가 이스라엘의 120명 국회의원들에게 신약 성경을 발송하자 여기에 대한 반감으로 이스라엘 국회의원들이 대단히 분개하였다는 것이다. 이러한 상황에서 그 국회의원이 성경을 찢어버리고 말았다.

오래전에 이스라엘 의회에서 큰 논쟁이 있었다. 문제의 발단은 극보수 유대교 신자 청년들, 특히 신학생들은 병역이 면제되는데, 그 수가 자그마치 징집 연령 청년들의 13%가 된다. 여기에 대하여 세속주의자들과 현대파 유대 정당은 적극적으로 반대하였다. 그런데 네탄야휴 수상은 병역 면제를 고집하는 극우파 유대교 정당에 아부만 한다고 신랄하게 비판하고 연립 정부를 탈퇴하였다.

유대 최고 법원은 누구를 막론하고 유대인으로 병역 면제는 불법으로 규정하였다. 이스라엘에는 탈(Tal)이라는 법이 있었다. 유대교 경전을 공부하는 하레디 유대인 청년들에게는 병역을 면제하는 것이다. 그런데 최근 법원은 이것을 불법으로 규정하고 말았다. 카디마당은 병역 회피자들에게 벌금형은 물론이고 심지어 징역형까지 구형할 것을 주장하였다. 문제는 이들 청년들은 대부분 실업자라는 것이다. 복지로 인하여 세금을 많이 부과해야 하는데 이들은 군대도 안 가고 세금도 안 낸다 는 것이다. 안 내는 것이 아니라 없어서 못 낸다는 것이다. 여기에 시민들이 불만을 드러내기 시작하고 있다.

제10장

한국 다문화주의의 방향 : 좋은 무슬림, 좋은 한국인

종교는 불행하게도 생리상 평화와 화합보다 갈등과 대립이 특징인 것처럼 보인다. 그러나 다양한 종교, 인종, 언어, 문화가 서로 조화롭게 평화적 공존을 하는 사회가 발전한다. 한국은 종교 다원화가 잘되어 발전한 나라로 평가한다. 그런데 우리 사회도 9.11 테러 이후 한국 사회에 이슬람 파워가 눈에 띄게 증가하면서 기독교와 이슬람이 갈등하는 조짐도 보이고 있다. 정부가 할랄 식품 공장 건립을 추진하자 기독교계와 지역 주민들이 연대하여 저지하는 상황으로 발전하기도 하였다. 우리 사회도 이슬람이라는 종교와 우리 사회 안의 무슬림들을 어떻게 대할 것이냐가 중대한 이슈로 등장하고 있다. 기독교라고 과격하게 대하는 것도, 너무 무관심한 것도 다 바람직한 것은 아니다. 우리 국가는 헌법상 종교의 자유가 보장된 사회이다. 따라서 어느 종교든지 신앙의 자유와 포교 혹은 선교의 자유가 있다. 그러나 사회적 화합을 해칠 정도로 자기 종교의 원리나 이념에 근거하여 권리 주장을 하면 이미 위기에 돌입하였다는 것을 의미한다. 영국이나 미국 등 일부 국가에서처럼 이슬람의 샤리아 법이 한국에서 시행된다면 심각한 문제가 아닐 수 없다. 우리는 서구에서처럼 다문화주의가 실패하였다는 소리가 나와서는 안 된다. 우리 사회가 나아가야할 다문화 정책의 방향을 잘 설정해야 할 것이다. 우리는 이슬람과 무슬

림 문제를 어떻게 다룰 것인지 과거 서구 역사를 거울로 삼아 모범적인
답안을 찾아야 할 것이다. 먼저 가장 민감한 이유는 기독교와 이슬람의
관계이다.

1. 이슬람과 기독교 : 공존은 가능한가?

1) 서구에서의 이슬람과 기독교

우리 사회에 기독교와 이슬람의 공존을 가능하게 하기 위하여 교리적
조화를 시도하는 노력이 있다. 무슬림 학자들은 유대교, 기독교, 이슬람
은 아브라함의 종교로 공존할 수 있다고 말한다. 2007년 138명의 이슬람
지도자들이 주도하고 기독교의 진보적 신학자들이 동조하여 '공동의 언
어(*A Common Word between Us and You*)'라는 성명서를 채택하였다. 이
성명서는 수백 명의 기독교 지도자들의 서명을 받았다. 내용은 기독교와
이슬람은 유일신 사상과 하나님 사랑, 이웃 사랑으로 얼마든지 화해가 가
능하다는 것이다. 이 성명서의 발단은 2007년 교황 베네딕트 16세가 이
슬람을 무서운 공격의 종교로 말한 비잔틴 제국 임금의 말을 인용하자,
이슬람 국가들이 발끈 들고 일어났다. 그래서 무슬림 학자들과 이슬람 지
도자들이 먼저 성명서를 초안하여 기독교 지도자들의 서명을 받아냈다.
한국의 몇몇 목사들도 여기 서명하였다. 그러나 이 성명서는 복음주의자
들로부터 많은 비난을 받았다. 결과적으로 문서는 기독교가 양보하는 문
서거니와 도리어 기독교를 분열시켰다고 비판을 받았다.

금년 미국 휘튼 대학교의 한 여교수가 이슬람의 알라와 기독교의 하나
님은 같은 신이라고 주장하자 미국의 크리스천들 중에 동의하는 사람들
이 많았다. 그러나 반대의 목소리가 더 강하여 그것을 주장한 여교수는

정직을 당하였다. 주류 기독교는 그러한 주장을 용납하지 않는다. 정통 무슬림 학자들도, 정통 기독교 학자들도 이러한 타협적 성명서에 결코 동의하지 않는다.

서구 역사에서 두 종교는 대립의 역사이다. 반면 그리스 정교회와 러시아 정교회의 나라에서 두 종교는 공존과 갈등의 역사이다. 서구에서 두 종교간의 큰 충돌은 십자군 전쟁이지만, 단테는 『신곡』에서 모하메드를 지옥에 보내었다.

그러나 종교 개혁자들도 이슬람을 부정적으로 해석하였다. 칼빈은 『기독교 강요』에서 이슬람을 터키로 표현하는데, 터키란 오토만 투르크의 준말이다. 칼빈은 무슬림과 투르크를 거의 동의어로 사용하였다. 그리고 이슬람은 잘못된 우상 종교에 불과하다고 하였다(**강요**, 제3권 13:5; 4권 2:10, 16 등). 마르틴 루터는 오스만 투르크의 콘스탄티노플 정복을 부패한 비잔틴 기독교에 대한 하나님의 심판이라고 말하였다. 그러나 루터는 코란을 불태우는 교황과는 달리, 코란을 번역하고 출판하는 것을 지지하였다. 이유는 이슬람이 어떤 종교인지를 신학적으로 알기 위한 목적이었다.

1492년 콜럼버스가 신대륙을 발견하러 갈 때 그는 벌써 이슬람을 알고 있었다. 스페인에는 한때 이슬람 제국이 있었고 당시도 많은 무슬림들이 있었다. 그는 신대륙의 부와 유럽 군대의 힘을 빌려 이슬람 군대를 정복하는 꿈을 꾸었다. 그는 이러한 꿈을 아메리카라는 신대륙에서 달성하고자 하였다.91) 일설에 의하면 콜럼버스는 유대인이라고 한다.

---

91) Graham E. Fuller, *A World Without Islam*, 230.

2) 토머스 제퍼슨과 코란

미국에서 일찍이 이슬람이 아주 무서운 종교임을 체험한 인물은 미국의 제3대 대통령 토머스 제퍼슨이다. 그는 책 읽기를 좋아하였다. 그래서 법과대학 재학 시절에 우연히 영어로 번역된 코란을 읽었다. 그는 코란을 읽은 후 이슬람은 집단주의 종교이고 정교 분리가 아니므로 종교가 막강한 힘을 행사한다는 것을 알았다. 그는 이슬람과 가톨릭은 개혁이 없는 종교, 국가 권력을 등에 업는 종교로 인식하였다.

그는 버지니아 국회에서 정교 분리를 법으로 만들면서 기독교를 국교로 하지 않았다. 후일 그는 외교관으로 프랑스와 영국을 방문하던 중, 런던에서는 동료 외교관 존 아담스와 함께 트리폴리에서 온 아프리카 나라 대사 압둘 라만(Abdul Rahman)을 만나게 되었다. 제퍼슨과 아담스는 대사에게 왜 지중해에서 무슬림 해적들이 미국 상선을 습격하여 달러를 강탈하고, 심지어 미국 선원들을 노예로 삼느냐고 항의하였다. 그러자 알둘 라만 대사는 코란을 들이대면서 자기 나라가 미국과 싸우는 것은 성전이라고 큰 소리를 쳤다. 그러면서 대사는 만약 무슬림이 전투에서 죽으면 낙원으로 간다고 덧붙였다. 제퍼슨은 아랍어를 아는 미국 국부 중의 한 사람으로, 모교인 윌리엄 메리 대학(College of William & Mary)에 오리엔탈 언어학부를 세울 것을 제안하였다. 그럼에도 불구하고 그는 무슬림을 포함하여, 어느 종교인이든지 이민으로 받아들이는 법을 제정하였고 동시에 종교 자유 헌장(A Bill for Establishing Religious Freedom)을 제정하였다. 그는 과격 이슬람과 싸운 첫 미국인이 되는 셈이다.[92] 역사에

---

92) Glenn Beck, *It Is About Islam : Exposing the Truth about ISIS, Al Qaeda, Iran, and the Caliphate* (New York : Threshold Editions, 2015), 1-5.

의하면, 당시 일부 개신교 지도자들은 제퍼슨의 세속적 헌법 초안에 항의
하였다고 한다. 제퍼슨은 집단주의 종교인 이슬람의 집단화를 두려워 한
것 같다. 그래서 종교를 철저히 개인의 자유로 돌렸다고 해석한다.

지금 미국에도 반 무슬림 정서가 심각한 수준이다. 복음주의 기독교가
강한 미국은 특히 9.11 이후 미국 사회의 이슬람 파워를 경계하고 있다.
특히 빌리 그레이엄의 아들 프랑클린 그레이엄은 이슬람에 대하여 강성
발언을 많이 한다. 그는 TV 방송에서 "우리가 이슬람을 공격하는 것이 아
니라 이슬람이 미국을 공격한다."라고 하였다. 많은 미국의 복음주의 크
리스천들은 부시나 오바마 대통령이 이슬람과 이슬람 테러를 분리하는
데 대하여 못마땅하게 생각한다. 미국의 복음주의 크리스천 1/3 이상은
오바마는 무슬림이라고 믿고 있다.

3) 비서구에서 이슬람과 기독교

서구에서는 기독교와 이슬람은 대립각을 세우지만 다른 나라에서도
두 종교가 개와 고양이의 관계만은 아니다. 그리스 정교회의 비잔틴 제
국은 비록 오스만 투르크에게 정복당하였지만 이슬람과 그리스 정교회
가 비교적 평화롭게 공존하였다. 아마도 이것은 모하메드가 동방 기독교
를 알고 있었다는 것과 무관하지 않다고 본다. 모하메드는 시리아 여행
중 네스토리안 교회 목사 집에서 하룻밤 묵은 일이 있다. 시리아에는 그
집이 전쟁 전에 남아 있었다. 이슬람은 그리스 정교회(동방 정교회)의 의
식이나 건축 양식을 모방하였다. 무슬림들은 이슬람이 다른 종교에서 무
엇을 차용하였다고 하면 아주 싫어한다. 그러나 이것은 현실이다. 오스
만 투르크가 비잔틴 제국을 정복한 후도 이슬람과 기독교가 어느 정도

공존하였다는 것을 잘 증명하는 것은 유명한 콘스탄티노플 성당이다. 한국 관광객들이 많이 찾는 이 성당은 오스만 투르크가 정복한 후 케말 파샤 이전에는 모스크로 사용하였다. 성당 바깥에는 미나렛 탑이 있다. 그러나 내부는 십자가와 이슬람 상징이 나란히 하고 있다. 동방 정교회 국가들인 중동은 이슬람에게 정복당한 후 기독교인들은 소수 종교자인 딤미즈로 생존하였다. 서구 기독교보다 대립 의식이 적은 것은 동방정교회는 정통 교리를 지키는 열정이 서방 기독교보다 적었다. 그래서 서방 기독교는 동방기독교를 이단시하였다.

러시아는 그리스 정교회를 국교로 채택한 후, 대국이라는 자존심 때문에 그리스 정교회를 러시아 정교회로 명칭을 바꾸었다. 그러나 이미 러시아 영토에는 많은 무슬림들이 있었기 때문에 러시아는 무려 천 년 동안 이슬람과 공존하였다. 지금도 러시아에는 10%에서 15%의 무슬림들이 있다. 러시아 군인들 중에 무슬림이 차지하는 비중이 아주 높다. 아프간 전쟁 때는 소련 무슬림 군인이 같은 무슬림과 싸우는 상황이 되었다. 다만 소련 공산당은 무슬림을 많이 박해하였다. 지금도 체첸은 독립을 하겠다고 러시아를 상대로 테러를 해서 러시아 정부는 체첸 과격 무슬림들을 극히 경계하고 있다. 9.11 테러 이후 러시아와 중국은 테러리스트들에 대한 경계를 강화하고 이 문제에 있어서는 서방과 연대한다.

그러나 20세기 오스만 투르크는 알르메니아 기독교인 150만 명을 인종학살함으로 지금도 이 문제는 서구에서 논란이 되고 있다. 독일에서는 홀로코스트가 없었다고 말하면 불법이 되고, 프랑스에서는 알르메니아 기독교인의 학살을 부정하면 불법이 된다.

2. 다문화주의 위기론

기독교와 이슬람이라는 종교는 화합과 공존이 어렵다. 그러나 온건 기독교인과 온건 무슬림은 잘 공존할 수 있고, 실제로 공존하는 일이 많다. 그것은 다문화주의 정책 때문이다. 유럽은 계몽주의 철학에 기초하여 종교, 인종, 문화의 다원화를 인정하는 다문화주의가 중요한 이념으로 정착하였다. 그로인하여 서구는 미국과 달리 정통적 기독교 문명의 정체성을 상실하고 말았다. 이 문제에 대하여 미국 시카고 대학교 철학교수 마크 라이라는 신랄하게 서구 계몽주의의 이념적 실패를 질타한다. 라이라는 계몽주의와 혼합한 자유주의 기독교는 성경의 하나님을 유산시키고 대신 이성에 기초한 도덕적 교양인, 국가의 자존심, 윤택한 경제적 삶을 설교하였지, 새 사람이 되어야 한다는 성경의 메시지를 설교하지 않았다. 서구 문명은 성경적 기독교를 포기함으로 위기를 자초하였다고 역설한다.[93] 서구는 정통 기독교를 버림으로 영적, 도덕적 무정부 상태이다. 서구의 세속주의와 퇴폐주의 문화는 외형적 경건을 중시하는 이슬람의 도전에 직면하고 있다. 그렇다고 이슬람 문화가 더 도덕적인 것도 물론 아니다.

일부 무슬림 이민자들은 노골적으로 다문화주의를 정면으로 부정하는 목소리를 서슴지 않았다. 여기에 반발하는 목소리가 터지기 시작하고 있다. 서구는 바야흐로 테러와 무슬림 난민으로 "이슬람 공포증"이 심각한 상황이 되어졌다. 우리 사회도 다문화라는 말을 싫어하는 자들이 많다고 한다. 외국인 노동자들로 인한 사회 갈등이 일어나고 있다. 서구에서 다문화주의가 실패하였다는 서구 정치가들의 탄식을 이미 소개하였다.

---

93) Mark Lilla, *The Stillborn God : Religion, Politics, and the Modern West* (New York : Alfred A. Knopf, 2007), 299-308.

1) 이슬람화는 절대 안 된다

우리는 먼저 이슬람화를 결코 용납(容納)하여서는 안 된다. 이슬람화(Islamization)를 영어로 Islamicization, Islamification, 혹은 Muhammadization 으로 말하는 학자들도 있다. 이슬람화란 한 사회가 이슬람이라는 종교의 이념과 가치관을 채택, 이슬람이 국가와 사회 전체를 지배하는 것을 의미한다. 제5장 이슬람 원리주의 국가에 대한 설명에서 이슬람화된 나라들의 문제점을 거론하였다.

이슬람은 정치와 종교의 분리가 없는 통합적 사회 시스템이다. 이슬람은 종교이면서 동시에 이데올로기이다. 이슬람 학자들은 스스로 미래 세계는 공산주의, 자본주의가 붕괴되면 이슬람이 제3의 이데올로기라 될 것이라고 말하였다. 우리는 이것을 결코 용납할 수 없다. 이슬람은 민주주의 대신 신본주의(神本主義), 인권 대신 신권(神權)을 주장한다. 아주 그럴듯하게 보이지만 실상은 신본주의라는 명분으로 민주주의는 실종되고, 인권도 사라진다.

중동과 아프리카의 많은 이슬람 국가들은 이미 민주주의는 불가능하다는 것을 보여 주고 있다. 아랍 스프링 이후 온 세계는 아랍 국가들이 민주주의로 나갈 것으로 기대하였다. 그러나 그 기대는 빗나가고 말았다.

쿠니에다 마사시는 아랍 국가의 상황을 아주 예리하게 지적하고 국제 사회에 다음과 같이 충고한다. 아랍 국가 사람들이 들으면 분노할지 모른다. 그가 주장하는 내용을 요약하면,

2003년 부시는 아랍 세계에 민주주의 정권을 세우겠다고 선언하고 미군 파병을 결정했다. 그러나 그의 이상은 완전히 무너지고 말았다. ISIS 등장은 이것을 증명한다. 아랍의 독재 정권은 판도라 상자이다. 통제 불

능의 혼란을 막기 위해 뚜껑을 억지로 덮으면 어떨까? 그 예가 바로 사담 후세인 정권이다. 말하자면 혼란을 막기 위한 철근 정치였다고 말할 수 있을지? 서구식 근대 국민국가(nation-state)는 생각도 할 수 없기 때문에 강권 정치가 필요하다. "민주주의를 시행하면 모두가 행복해진다."라는 유토피아적 발상으로 독재를 타도하였지만 민주주의 정권은 들어서지 못하였다. 이라크 침공 후의 이라크와 "아랍의 봄"의 결과는 이 사실을 잘 보여 주고 있다.

아랍 세계에서는 지금 민주주의 국가란 어디에도 없다. 장기적으로도 그것은 아예 있을 수 없는 것인지 모른다. 현재로서는 진행 도상에 있다고 할까? 아랍 세계의 문제의 본질은 흑과 백이라는 이원론적 논리로 이해할 수 없다. 이원론적 해결책을 구하는 것은 위험하다. 아랍 세계의 현실을 정확하게 보면 해결의 실마리를 찾기가 쉽지 않다. 그렇다면 테러의 공포에 떠는 국제 사회에서 살아가지 않으면 안 되는 것이 아닌가? ISIS는 혼란한 시대가 낳은 극단적 현상의 결과이다. 어떠하든지 그것은 사라지게 해야 할 것이다. 그러나 사상, 신념이라는 마음은 계속 살아 있다. ISIS는 소멸되어도 마음속에 남아 있는 ISIS식의 신앙, 즉 사상과 신념을 그대로 계승하는 사람들이 아랍 세계에 다 흩어져 있다. 이들은 사회가 혼란하게 되면 다시 등장할 것이다. 그들은 "7세기 시대를 지금에도 살리자"라는 극단으로 용감하게 이상을 실현하자고 할 것이다. 그렇게 되면 어떻게 할 것인가? 굳이 말하자면 어쩔 수 없이 그나마 나은 독재 정권과 손을 잡는 현실적 각오가 현재 국제 사회에서는 필요할지 모른다.[94]

다른 일본 학자도 오래전에 유사한 말을 하였다. "아랍 제국의 정치 체

---

94) 国枝昌樹, 『イスラム国の正体』(朝日新聞出版, 2015), 220-21.

제는 비민주주의이고 권위주의 체제가 특징이다."라고 하였다.[95] 2011년 아랍 스프링이 아랍 국가에 봄을 가져올 것으로 기대하였다. 그러나 그 기대는 무산되고 말았다. 아랍의 정치 현실은 민주주의와는 거리가 멀다. 아랍 스프링은 봄 대신 겨울을 가져오고 말았다.

우리는 좌파와 이슬람의 불순한 동맹을 우려한다. 한국 사회에서 이슬람 파워의 증가는 기독교인들과 보수 세력을 불안하게 하고 있다. 금년 익산의 할랄 단지 조성을 반대하는 과정에서 기독교와 지역민들이 합세하여 저지한 것 같다. 만약 우리 사회가 좌파와 이슬람이 연대하고, 동시에 기독교와 우파가 연합하여 서로 대립한다면 심각한 문제가 아닐 수 없다.

우리는 이미 이슬람 국가에서 실패한 종교를 우리 사회에 끌어들이는 것은 신중해야 한다. 이것은 다문화 정책과 정반대로 나가는 것이다. 이슬람 내부에서 일어나는 이슬람 붕괴설에 귀를 기울이어야 한다. 구글(google) 사이트에 영어로 "collapse of Islam"(이슬람 붕괴)을 치면, 버나드 루이스는 일찍이 이슬람의 위기를 예언하였다. 그런데 그가 말한 것과 유사한 이슬람 위기설이 힘을 얻고 있다. 특히 무슬림 국가의 지식인들이 이슬람의 위기를 더 강하게 주장한다.

이라크 국방부 장관을 지낸 알리 알라위는 저서 『이슬람 문명의 위기 *The Crisis of Islamic Civilization*』에서 루이스와 아주 비슷한 사상으로 이슬람 문명의 위기를 논하였다. 알라위는 이슬람 문명은 서구화와 국제화에 대처하지 못하였고, 국내적으로는 개혁과 민주화와 인권 문제에서 실패하였다고 신랄하게 비판한다. 내부자의 분노에 찬 자기 문명의 고발이라고 해야 할 것이다.[96]

---

95) 山本達也, 『アラブ諸国の情報統制』(慶應義塾大學出版, 2011), 25.

서구로 가려는 무슬림 난민들은 이슬람 국가의 실패를 여실히 증명하고도 남는다. 6월 20일은 세계 난민의 날이다. 2015년 말 기준으로 유엔이 발표한 전 세계의 난민은 6,530만 명인데, 이들 난민들의 절대다수가 무슬림들이다. 이들은 과격 무슬림들이 멀리 있는 적으로 규정한 "기독교 서구"로 몰려들고 있다. 이슬람 세계의 심각한 모순을 드러내고 있다. 그런데 지금 서구는 "외국인 혐오증의 분위기climate of xenophobia"가 심각한 수준이다.

우리는 좋은 무슬림은 수용해야 한다. 그러나 이슬람을 받아들이는 것은 신중을 기해야 한다. 코란은 이슬람이 다른 종교와 평화적 공존을 어렵게 한다. 코란의 다음 구절에서도 이 사실을 엿볼 수 있다.

5:3 ▶ 오늘 너희를 위해 너희의 종교를 완성했고 … 이슬람을 너희의 신앙으로 만족케 하였노라.

3:19 ▶ 하나님의 종교는 이슬람뿐이며 … 하나님의 말씀을 불신하는 자 하나님의 심판을 곧 받으리라.

3:85 ▶ 이슬람 외 다른 종교를 추구하는 자 결코 수락되지 않을 것이니 내세에서 패망자 가운데 있게 되리라.

48:28 ▶ 복음과 진리의 종교를 하나님의 선지자에게 보내시어 모든 다른 종교 위에 있도록 하신 분이 바로 하나님이시니 증인은 하나님만으로써 충분하니라.

어느 종교를 막론하고 열정과 헌신적인 종교인은 자기 종교가 절대 진리라고 믿을 권리가 있다. 그런데 사람들은 이것을 배타주의로 비난한

---

96) Ali Alawi, *The Crisis of Islamic Civilization* (Yale University Press, 2009)를 참조할 것.

다. 그러나 배타주의는 신학적 배타주의와 사회적 배타주의로 구분해야 한다. 자기 종교만이 절대 진리라고 확신할수록 도덕적, 인격적 열매로 자기 종교의 장점을 증명해 보여야 한다.

2) 좋은 무슬림, 좋은 한국인

만약 한국에 사는 무슬림들이 다 좋은 무슬림, 좋은 한국인이라면 전혀 염려할 필요가 없다. 조지 워싱턴은 크리스천이 아니라 프리메이슨 신자였다. 그는 모든 종교인들을 다 이민자로 받아들였다. 그래서 미국은 종교로 이민을 제한하지 못한다. 그러나 그는 조건을 달았다. "행실이 반듯한 사람을 받아들일 것을" 9.11 테러 이후 미국의 무슬림들은 심각한 고민에 빠졌다. 미국의 많은 무슬림들은 정체성의 갈등을 심각하게 느끼고 있다. 좋은 무슬림이면서, 동시에 좋은 미국인이 될 수 있는지를 고민하고 있다. 미국 무슬림 50% 이상이 미국 헌법보다 샤리아 법이 우위라고 생각한다는 것이다. 그래서 공화당 후보 도날드 트럼프는 노골적으로 반무슬림 정서를 드러내어 미국 사회가 분열하고 있다.

그런데 금번 민주당 전당대회 때 이라크 전투에서 사망한 한 무슬림 미국 군인 아버지의 연설이 큰 감동을 주었다. 아들은 애국 미국 시민이었고 무슬림이었다고. 무슬림과 미국인이 배치되지 않았다. 반면 2009년 5월 무슬림 장교 니달 하산은 무차별 총격으로 동료 군인 16명을 살해하였다. 그는 후일 미국 시민권자로 선서한 것을 후회하고 미국 시민권을 포기하였다. 많은 사람들은 그를 정신 이상자 혹은 외로운 늑대로 좋게 평하려고 하였다. 그러나 그는 미군 드론 공격으로 사망한 예멘 출신의 과격 이맘 안와르 알 아우라키와 이메일을 주고받은 것이 드러나고 말았다.

우리 사회는 좋은 무슬림, 좋은 한국인을 품어야 한다. 또 그들이 사회 적응을 잘하도록 도와야 한다. 우리가 경계하는 것은 과격 이슬람주의자들과 테러리스트들이다. 전 세계 무슬림 인구의 85% 이상은 온건 무슬림이다. 모든 무슬림이 테러리스트가 아니며, 과격 이슬람주의자들이 아니다. 이슬람을 모르면서 무슬림으로 살아가는 자들이 더 많다.

다른 종교인들에 비하여 무슬림 사회가 대체적으로 더 시끄럽고 불평과 증오가 많다. 반미, 반서구, 반제국주의는 이슬람 세계만이 당한 것이 아니라 모든 비서구 세계도 동일한 경험을 하였다. 그런데 유독 이슬람 국가들만이 저항과 폭력으로 대처하는 것이 많다. 어느 사회도 개인의 문제를 다 해결해 줄 수는 없다. 가령 한국 청년이 동경 거리에서 왜 과거 일본이 한국을 식민지 지배하였느냐고 큰 소리치면서 테러를 한다면 그것을 수긍하는 한국인이 있을까? 단연코 없다고 본다. 그러나 이슬람 사회에서는 그러한 폭력의 논리가 통한다는 데 문제가 있다.

3) 유엔 인권헌장이 정답이다

유엔 인권헌장은, 종교는 개인의 자유로 규정하였다. 그러나 비기독교 종교는 종교를 결코 개인의 자유가 될 수가 없다고 맞선다. 특히 이슬람은 종교는 가족 공동체, 극가의 선택이지 개인의 선택은 불가능하다고 주장한다. 서구는 종교를 개인의 "비즈니스"로, 이슬람은 집단적 선택이라고 함으로 대립각을 세운다. 국제 정치학자들은 이것을 가치관의 충돌(clash of value system)이라고 정의한다. 이슬람은 자기 종교를 떠나는 것은 무서운 배교 해위이다. 죽음을 면치 못한다. 여기서 충돌과 갈등이 불가피하다.

우리 사회는 유엔 인권헌장을 존중한다. 유엔 인권헌장 18조는, 종교는 개인의 자유에 속한다. 택할 자유, 바꿀 자유, 안 믿을 자유가 있다. 우리는 이것을 보편적 가치관(value system)이라고 말한다. 이 원리는 어느 나라, 모든 사람에게 적용되어야 할 법이라고 믿고 그렇게 실천한다. 종교의 자유는 민주주의 사회의 가장 필수적인 원칙이다. 종교의 자유가 모든 자유의 기본이다. 진정한 민주주의도 종교 자유에서 시작한다. 종교의 자유는 남의 종교도 존중해야 한다. 내 종교를 절대 진리로 판단하는 것은 신의 영역에 속한다. 아무도 내 종교의 옳고 그름을 시비하지 못하고 각자의 신앙과 신념에 따라 믿고 행동하되 사회와 국가에 유익을 주어야 한다. 종교 문제로 화합을 해쳐서는 안 된다. 우리 사회는 모든 종교가 평화롭게 공존하는 다원화 사회이다.

모든 종교는 선의의 경쟁을 통하여 서로 배울 수 있고 사회와 국가의 공통된 이슈를 위하여 서로 협력해야 한다. 현대는 종교적 에큐메니칼 시대이다. 그것은 자기 종교를 포기하고 대화하라는 것이 아니라 비종교적 문제에서 협력하라는 것을 의미한다. 즉 같은 시민으로, 사회인으로 혹은 공동체 사람들로서 말이다. 네덜란드의 종교학자 반 델 류우는 종교는 상호 만남과 상호작용을 통하여 발전한다고 하였다. 그리고 선교는 종교의 본질이라고 하였다. 종교가 선교, 포교 혹은 전도를 중단할 때는 그 종교는 자기 확신과 생명이 없다는 것을 의미한다.[97] 따라서 전도 자체가 문제가 아니라 어떻게 하느냐의 문제이다. 우리 사회가 발전하려면 먼저 종

---

97) G. Van der Leeuw, *Phenomenologie der Religion* (Tubingen : J. C. B. Mohr) 참조할 것.

교들이 자본주의식 시장 논리에 따라 선의의 경쟁을 할 때 사회도, 종교
도 발전한다. 미국, 한국, 일본, 및 서구 국가들은 이러한 케이스의 표본
이다. 한국은 특히 종교 다원화가 가장 이상적으로 실천된 나라 중 하나
이다. 이것은 일본보다 더 발전하였다. 일본은 보이지 않는 중에 종교, 특
히 기독교에 대하여는 차별이 심한 나라인데도 외부 세계는 이것을 눈여
겨보지 못한다. 시골에서는 예수를 믿으면 일본어로 '무라하찌부(村八
分)'로 통한다. 이 말은 모욕적인 용어이다. 국제화 시대에 종교도 국제화
되어야 한다. 국제화되는 첫째 조건은 인간의 보편적 가치관인 인권, 자
유, 관용, 평등을 종교가 먼저 실천하고 권장해야 한다. 종교 간의 평화와
화해와 공존이 없이 국제적 평화를 기대할 수 없다.

4) 호주가 비교적 좋은 모델이다

호주가 이슬람 테러와 다문화주의에 잘 대처하는 비교적 모범 국가라
고 평가한다. 호주 정부는 시민권 제한 법안을 논의하며, 학교에서는 학
생들이 이슬람 급진주의 영향을 차단할 뿐만 아니라 급진주의 테러의 선
동을 받지 않도록 학교 교육을 강화해야 한다고 문교부 장관이 밝혔다.
호주는 국회에서 ISIS 가담자들에게 시민권을 박탈하는 것은 물론이고
호주 국가의 문화와 가치관에 적응하지 않고 이슬람에 더 충성하는 시민
들에게 시민권을 제한하자는 법안을 여야가 다 동의하면서 신중하게 논
의하였다. 무슬림들이 폭력적으로 나오면 경찰이 먼저 총을 발사할 수
있는 권리를 주었다고 한다. 다만 호주는 불쌍한 난민들을 너무 냉정하
게 돌려보낸다고 비난을 받는다. 그러면 우리는 어떻게 해야 할 것인가?
우리 사회는 이민 2세대에 대한 교육과 배려가 정부, 사회, 지역 사회,

학교, 교회, 종교 단체, 및 봉사 기관 차원에서 수행되어야 한다. 소위 다문화 가정의 어린이들이 왕따당하는 일이 일어나고 있다. 우리 사회도 인종 차별이 심한 나라라고 말한다. 서구의 무슬림 슬럼가는 테러리스트를 양성하는 온상이 되고 있다. 우리도 테러리스트 온상이 되는 무슬림 슬럼가는 미리 막아야 한다.

이미 우리 사회는 더 이상 단일 민족이 아니라고 유엔이 공식적으로 선언하였다. 다원화 사회로서 성숙성을 보여야 한다. 그러나 우리 문화의 정체성과 정치의 정체성 및 가치관의 통일성 혹은 일체감을 가져야 한다. 민주주의, 종교 자유, 인권 등 우리의 가치관과는 배치되는 외국인을 수용할 경우 갈등이 불가피하다. 서구와 미국이 논의하는 이민법이나 외국인 수용을 참고로 해야 한다. 일본은 노동자로 5년 이상 거주하는 것을 제한하자는 논의가 일어나고 있다. 온건한 무슬림은 잘 수용하고 문화 적응을 잘하도록 도와주어야 한다. 그러나 자기들의 종교나 이념 등을 강요하는 것은 절대 용납되어서는 안 될 것이다.

결론

본서의 결론을 정리하고자 한다. 본서는 수니파 무슬림들이 동경하는 과거 칼리프 국가의 문제점을 지적하였다. 고대 칼리프 시대가 무슬림들에게는 황금시대가 될지 모르지만 비무슬림 들에게는 수난의 시대였다. 그럼에도 불구하고 이슬람은 초기 100년 만에 로마 제국보다 더 넓은 영토를 정복하였고, 8세기 이후 이슬람은 높은 문명을 발전시켰다. 자신의 문화가 없는 투르크와 중앙아시아의 많은 인종들은 서구 기독교 문명과 중국 문명의 사이에서 이슬람 문명을 선택하였다.

초대 칼리프 국가를 그대로 재현하는 ISIS의 야망은 세계 정복이다. 알카에다와 ISIS 대원들은 결코 외로운 늑대들만의 집합체가 아니라 이슬람이라는 종교를 이념으로 발전한 과격 그룹이다. ISIS 등장의 책임은 미국이나 서방 국가에 있지 않고 수니파와 시아파의 갈등과 전쟁이 일차적 책임이며, 아랍 스프링이 실패한 것이 중요한 원인이다. 그리고 이슬람 원리주의 국가들의 공동적 책임도 무시할 수 없다. 미국이나 서방 국가는 2차적 책임이다. 현대 사회를 휩쓰는 모하메드-막스의 협력이라는 불순한 이념적 연합이 ISIS를 등장시켰다.

현대 국제 사회는 갈수록 세속화가 신속하게 진행되지만 종교 원리주의는 종교가 지배하는 국가와 사회 건설을 도모하면서 종교 갈등을 유발한다. 문명 충돌은 현실이다. 한국의 다문화주의는 이제 중대한 도전에 직면하고 있다.

우리는 2차 대전이나 캄보디아 킬링필드 때 서구 좌파 지식인들이 범한 오류를 반복해서는 안 될 것이다. 당시 미국의 좌파 지식인들은 나치 히틀러와 일본의 군국주의를 좋게 보고, 미국의 전쟁 개입을 반대하였다. 1975년 폴 포트의 공산 정권이 대량 학살하는 사실을 프랑스 신부 프란시스코 퐁쇼는 죽음을 무릅쓰고 국제 사회에 알렸다. 그러나 좌파 지식인 노암 촘스키 같은 자들은 그것을 극구 부인하였다. 우리도 지금 유사한 상황에 처하고 있다.

우리들의 다문화주의는 관용과 포용을 원칙으로 해야 하지만 결코 우리 문화, 가치관, 헌법의 정체성이 훼손되는 것을 용납해서는 안 될 것이다. 우리나라는 예의와 중용의 도를 중시하는 동방예의지국이었다.

참고 문헌

외국어 도서

Allawi, Ala A. T*he Crisis of Islamic Civilization*. New Haven : Yale University Press, 2009.

Amos, Deborah. *Eclipse of the Sunnis*. New York : Personal Books Group, 2010.

Ansari, Hamid. *The Narrative of Awakening: A Look at Imam Khomeini's Ideal, Scientific and Political Biography*. Tehran : The Institute for Compilation and Publication of the Works of Imam Khomini, n.d..

Bassam, Tibi. *Die Fundamentalistische Herausforderung : Der Islam und die Weltpolitik*. Munchen : Verlag C.H.Beck, 1992.

Beck, Glenn. *It Is About Islam : Exposing the Truth about ISIS, Al Qaeda, Iran, and the Caliphate*. New York : Threshold Editions, 2015.

Dyer, Charles H. *The Rise of Babylon*. Chicago: Moody Publishers, 1973.

Erelle, Anna. *In the Skin of a Jihadist : A Young Journalist Enters the ISIS Recruitment Network*. New York : Harper Collins, 2015.

Fatema, Memissi. Die Angstvorder Modern; Fraue und Manner zwischen Islam und Demokratie. Munchen : Deutscher Taschenbuch Verlag, 1996.

George, Friedman. *Flashpoints, the Emerging Crisis in Europe*. New York : Doubleday Book, 2015.

Gerges, Fawaz A. *A History of ISIS*. Princeton : Princeton University Press, 2016.

Hossein, Motabaher. *Von Nationlistaat zum Gottestaat : Islam und sozialer Wandel im Nahen und Mittleren Osten*. Berlin: Kohlhammer, 1995.

Husain, Ed. *The Islamist : Why I Became an Islamic Fundamentalist, What I Saw Inside, and Why I Left*. New Dehli : Penguin Books, 2009.

Johnnie, Moore. *Defying ISIS*. Nashville : Thomas Nelson, 2015.

Kaplan, Robert D. *Soldiers of God : With Islamic Warriors in Afghanistan and Pakistan*. New York : Vintage Books, 2001.

Kennedy, Hugh. *The Caliphate*. London : Penguin Random House, 2016.

Kennedy, Hugh. *The Great Arab Conquests*. Philadelphia : Da Carpo Press, 2007.

Kirk, Andrew J. *Civilizations in Conflict? Islam, the West and Christian Faith*. Oxford : Regnum Books International, 2011.

Lewis, Bernard. *The Crisis of Islamic*. London : Phoenix, 2003.

Lewis, Bernard. *Notes On A Century : Reflections of A Middle East Historian*. New York : Penguin Group, 2012.

Lilla, Mark. *The Stillborne God : Religion, Politics, and the Modern West*. New York : Alfred A. Kopf, 2007.

Macdonald, James. *When Globalization Fails : The rise and fall of pax America Data*. New York : Farrar, Straus, and Giroux, 2015.

Marty, Martin. *Accounting for Fundamentalism*. Chicago : The

University of Chicago Press, 1994.

McCants, William. *The ISIS Apocalypse : the History, Strategy, and Doomsday Vision of the Islamic State.* New York : St. Martin's Press, 2015.

Moïsi, Dominique. *The Geopolitics of Emotion.* New York : A Division of Random House, 2009.

Munson, Henry. *Islam and Revolution in the Middle East.* New Haven, Yale University Press, 1988, 4.

Nance, Malcolm . *Defeating ISIS.* New York : Skyhorse Publishing, 2016

Neely, Brent J. and Peter G. Riddel, eds., *Islam and the Last Day.* Victoria : CSIOF, 2014.

Neumann, Peter R. *Die Neuen Dschihadisten : IS, Europa und die nächste Welle des Terrorismus.* Berlin : Ulstein Buchverlage, 2015.

Özay, Mehmet. *Fundamentalismus und Nationalstaat : Der Islam und die Moderne* Hamburg : Euroaische Verlangstalt, 1994.

Payne, Tony. *Islam in Our Backyard.* Matthias Media, 2002.

Reuter, Christoph. *Die Schwarze Macht : Der Islamische Staat und die Strategen des Terrors.* Munchen : Deutsche Verlage - Anstalt, 2015.

Roy, Olivier. *The Failure of Political Islam*, tr. Carol Volk. London: L. B. Tauris Pub. 1994.

Sada, George. *Saddam's Secret : How an Iraqi General Defied and Survived Saddam Hussein.* Integrity Pub. 2006.

Schwartz, Stephen. *The Two Facets of Islam : Saudi Fundamentalism and Its Role in Terrorism.* New York : A Division of Random House, 2003.

Sekulou, Jay. *Rise of ISIS.* New York : Howard Books, 2014.

Stakelbeck, Erick. *ISIS Exposed : Beheadings, Slavery, and the Hellish Reality of Radical Islam.* Washington D. C. : Regnery Publishing, 2015.

Spencer, Robert. *The Completse Infidel's Guide ISIS.* Washington, D. C. : Regnery Publishing, 2015.

Stern, Jessica. and J. M. Berger, *ISIS: the State of Terror.* London : William Collins Books, 2015.

Wagner, William . *How Islam Plans to Change the World.* Grand Rapids : Kregel Publications, 2012.

Warrick, Joby. *Black Flags : The Rise of ISIS.* London : Crogi Books, 2015.

Weiss, Michael. and Hassan Hassan. *ISIS : Inside the Army of Terror.* New York : Regan Arts, 2015.

Writings and Declarations of Imam, Khomeini, *Islam and Revolution,* Hamid Algar, tr., Berkely : Mizan Press, n. d..

주요 논문과 기사들

Bajekal, Naina. "The Welcome Germans open their homes to refugees," *Time.* October19, 2015 : 75-79.

Betts, Alexander. and Collier Paul, "Help Refugees Help Themselves Let Displaced Syrians Join the Labor Market," *Foreign Affairs.* Vol. 94, No. 6(2016) : 84-91.

Byman, Daniel. "Beyond Counterterrorism Washington Needs a Real

Middle East Policy," *Foreign Affairs.* Vol. 94, No. 6(2016) : 11-18.

Byman, Daniel. "ISIS Goes Global Fight the Islamic State by Targeting Its Affiliates," *Foreign Affairs.* Vol. 94, No.6(2016) : 76-85.

Cohen, Jared. "Digital Counterinsurgency How to Marginalize the Islamic State Online," *Foreign Affairs.* Vol. 94, No. 6(2016) : 52-58.

Drehle, David Von. "The Fight against ISIS," *Time.* Vol. 186, No. 22-23, 2015 : 18.

Drehle, David Von. "The terror of ISIS, month by mount," *Time.* Vol. 186, No. 22-23, 2015 : 22.

Drehle David Von, "Not their problem? ISIS's neighbors have other priorities," *Time.* Vol. 186, No.22-23, 2015 : 25.

Edward, Haley Sweet. "New concerns about encryption after the Paris attacks," *TIME.* 2015 : 29.

Iraq, Hilla. "Islamic State suicide truck bomb kills scores south of Baghdad," *TheNation .* Tuesday, March 8, 2016 : 7A.

Jones, Sam. "France emerges as a focus for ISlamist terror," *PT Weekend.* 16 July/17 July, 2016 : 2.

Khedery, Ali. " Iraq In Pieces Breaking Up to stay Together," *Foreign-Affairs.* Vol. 94, No. 6(2016): 33-41 No. 6(2016) : 33-41.

Klein, Joe. "U. S. presidential candidates need to get real about ISIS," *Time.* Vol. 186, No. 22-23, 2015 : 28.

Lumpur, Kuala. "Philippine Muslim rebels warn IS seeks foothold in Mindanao region," *The Nation.*Tuesday, March 8, 2016 : 4A.

Mc Cants, William. "How Western Europe Became a Prime the Battle Ground in the War AgainstTerror," *Time.* Vol. 187, No. 12, 2016 : 20.

Mc Donald, Charlotte. Gibson "Terror overshadows life in the capital of Europe," *Time*. April 4, Vol. 187, No.12, 2016 : 16.

Melhen, Hisham. "Keeping Up With the Caliphate an Islamic State for the Internet Age," *Foreign Affairs*. Vol. 94, No. 6(2016) : 148-153.

Morell,Michael. Marine Le Pen,Kamel Daoud ,Admiral James Stavridis and Madeleine Albright " Forum : What the next?," *Time*. Vol. 186, No. 22-23, 2015 : 30.

Newton, Jay. Small "Why France struggles to assimilate immigrants," *Time*. Vol. 186, No.22-23, 2015 : 27.

Pollack, Kenneth M. Pollack "Fight or Flight America's Choice in the Middle East," *Foreign Affairs*. March / April Vol. 95, No. 2, 2016 : 62-75.

Shuster, Simon. / Idomeni, Greece "No Man's Land While Europe reels, thousands of refugees are Trapped in nor northern Greece," *TIME*. April 4, 2016 : 20-29.

Shuster, Simon. "Smugglers' Cove," *TIME*. October19, 2015 : 36-43.

Stent, Angela. "Putin's Power Play in Syria, *Foreign Affairs*. Vol. 94, No. 6(2016) : 106-113.

Vick, Karl. "The terrorist threat from ISIS may be about to get worse. Much worse," *Time*. April 4, Vol. 187, 12, No. 2016 : 5-8.

Vick, Karl. "The Great Migration," *Time*. October19, 2015:26-35.

Walt, Vivienne. "The Lost Boys of Europe," *Time*. October19, 2015 : 62-65.

Walt, Stephen M. "ISIS as Revolutionary State New Twist on and old story," *Foreign Affairs*. Vol. 94, No. 6(2016) : 42-51.

The New normal. "Bombings in Brussels," *The Economic*. March 26,

2016: 12.

Not advised. "Apostasy and Islam," *The Economic*. March 26, 2016 : 45.

The long emergency. "Terrorism in France," *The Economic*. March 26, 2016 : 48.

Migrants and bombs. "Turkey and the EU," *The Economic*. March 26, 2016 : 49.

Chronicle of a death foretold. "The future of China," *The Economic*. March 26, 2016 : 76.

"The spoils of war," *FT Weekend*. 30/31 January 2016 : 20.

"Let Britain be free, Europe's far-right parties urge, *Bangkok Post*. Sunday, June 19, 2016 : 7.

일본어 자료(무순)

若林半. 『回教世界と日本』, 大日社, 昭和13年.

山尾 大. 『現代イラクのイスラーム主義運動：革命運動から政権党への軌跡』, 有斐閣, 2011.

池內 惠. 『アラブ政治の今を讀む』, 中央公論新社, 2004.

牟田口義朗. 『物語　中東の歴史：オリエント5000年光芒』, 中公新書, 2002.

森本一夫. 『聖なる家族：ムハンマド一族』, 山川出版社, 2010.

大高美貴. 『イスラム国　残虐支配の真実』(双葉社, 2015).

国枝昌樹. 『イスラムの生体』(朝日新聞出版, 2015).

師岡カリーマ・エルサムニー 『イスラームから考える』, 白水社, 2008.

日本経済新聞社 編. 『宗教から読む国際政治』, 日本経済新聞社, 1993.

佐藤和孝. 『アフガニスタンの悲劇』, 角川書店, 2001.

島崎晋. 『目からウロコの民族・宗教紛争』, ＰＨＰ研究所, 2002.

酒井啓子. 『イラク戰争と占領』, 岩波書店, 2004.

堂義憲. 『世界の民族. 宗教かわかる本』, 書房, 1994.

宮崎正弘. 『テロリズムと世界宗教戦争』, 德間書店, 2001.

山内昌之. 『イスラムと國際政治』, 岩波新書, 2004.

山内昌之. 『中東 新秩序の形成 アラブの春を超えて』, NHK出版社, 2012.

山本七平 加瀬英明. 『イスラムの読み方』, 祥伝社, 平成 17年.

渥美堅持. 『イスラム過激運動：その宗教的背景とテロリズム』, 東京堂出版, 平
　　成 14年.

池上彰. 『大人モ子トモモわかるイスラム世界の大疑問』, 講談社, 2002.

宮田 律. 『イスラム パワ：21世紀を支配する世界最大勢力の謎』, 講談社, 2001.

山内昌之. 「西欧のテロとイスラムの間：自由と慣用の罠『中央公論』, 2005年
　　10月：182-192.

曽野綾子. 『アラブの格言』, 新潮社, 2004.

藤本勝次. 『マホメッ：ユタヤ人との抗争』, 中央公論社, 昭和 49年.

中東調査会, 特輯. 「アラブの春」の行き詰まりサラフイー主義の台頭』『中東
　　研究』No. 517 号 (vol 1, 2013).

中東調査会, 特輯. 「アラブの春」をどう読むか？『中東研究』, No. 513号. Vol.
　　3. 2011.

バトリック・コバーン著. 『イスラムの反乱』, 大沼安史訳, 禄風出版, 2015.

サミユエル・ローラン. 『イスラム国：謎の組織構造に迫る』, 岩澤雅利 訳, 集英
　　社, 2015.

ロレッタ・ナボリオーニ. 『イスラム国テロリストが国家をつくる時』, 村井章子
　　訳, 文藝春秋, 2015.

ベンジャミン・ホール. 『なぜISISは平気で人を殺せるのか』, 夏野翠 訳, ビジ

ネス社, 2005.

アデイート・ダウイシャ.『民主化かイスラムか：アラブ革命の潮流』, 鹿島正裕 訳, 風行社, 2013.

オリヴァー・リーマン.『イスラム哲学とは何か』, 佐藤陸雄 訳, 草思社, 2012.

ブェルナ・フト.『原理主義：確かさへの逃避』, 志村 惠 驛, 新教出版社, 2002.

アンとワーネ・バスブース.『サウジアラビア：中東の鍵を握る王国』, 集英 社新書, 2004.

Ⅰ・ブルマ＆Ａ・マルガリート, 掘田江里 驛.『反西洋思想』, 新潮社, 2006.

佐美久美子 監譯 明石書店, 1997, バーナード・ルイス, 臼杵陽, 今松泰 驛『イ スラムはなぜ没落したか？』, 日本評論社, 2003.

국내 도서

이케우치 사토시.『그들은 왜 오렌지색 옷을 입힐까』, 김정환 옮김 서울 : 20세기 북스, 2015.

종교문화연구소.「이슬람화의 사례」,『종교문화연구』No. 1. 2013.

종교문화연구소.『아랍의 봄, 봄인가 겨울인가』, 서울 : 종교문화연구소, 2013.

전호진.『이슬람 : 종교인가? 이데올로기인가?』, 서울 : SFC, 2002.

전호진.『전환점에 선 중동과 이슬람』, 서울 : SFC, 2005.

전호진.『이슬람 원리주의의 실체』, 서울 : 한반도국제대학원, 2007.

ISIS 정체와 야망
"뉴욕에서 보자!"

2016년 10월 10일 초판 1쇄 발행

지 은 이 전 호 진

펴 낸 이 황 성 연

펴 낸 곳 글샘출판사

주　　소 서울특별시 중랑구 상봉동 136-1
　　　　　성신빌딩 3층

등록번호 제 8-0856

총　　판 하늘물류센타

전　　화 031-947-7777

팩　　스 0505-365-0691

I S B N 978-89-91358-49-2 03230

Copyright ⓒ 2016, 전호진